MARKETING TRENDS 2014

Francisco Alberto MADIA de Souza

MARKETING TRENDS 2014

M. BOOKS

M.Books do Brasil Editora Ltda.

Rua Jorge Americano, 61 - Alto da Lapa
05083-130 - São Paulo - SP - Telefones: (11) 3645-0409/(11) 3645-0410
Fax: (11) 3832-0335 - e-mail: vendas@mbooks.com.br
www.mbooks.com.br

Dados de Catalogação na Publicação

MADIA de Souza, Francisco Alberto
Marketing Trends 2014/Francisco Alberto MADIA de Souza.
2014 – São Paulo – M.Books do Brasil Editora Ltda.

1. Marketing   2. Administração

ISBN: 978-85-7680-229-7

© 2014 by Francisco Alberto MADIA de Souza.

EDITOR
MILTON MIRA DE ASSUMPÇÃO FILHO

Produção Editorial
Lucimara Leal

Coordenação Gráfica
Silas Camargo

Capa e Editoração
Crontec

2014
Proibida a reprodução total ou parcial.
Os infratores serão punidos na forma da lei.
Direitos exclusivos cedidos à
M.Books do Brasil Editora Ltda.

FICHA TÉCNICA

MARKETING TRENDS é uma publicação anual do MADIAMUNDOMARKETING, resultado de um exaustivo e intermitente trabalho de pesquisas de informações de diferentes fontes e plataformas, com todas as análises correspondentes, no sentido de mapear e identificar as *Tendências do Marketing e dos Negócios* para os próximos anos, realizado especialmente para os alunos das turmas do MMM – MADIA MARKETING MASTER – o MBA em *Marketing* da MADIA MARKETING SCHOOL.

De autoria e responsabilidade do diretor-presidente do MADIAMUNDOMARKETING, Francisco Alberto Madia de Souza, e com o suporte e colaboração de sua equipe de consultores e parceiros e dos diretores-sócios:

Fabio Madia – diretor de planejamento e consultor master com especialização em marketing global
Sônia Teixeira – diretora de cursos e treinamentos em marketing consultora master responsável pela Madia Marketing School
Rosamaria H. H. Barna – diretora de assuntos legais relacionados ao marketing e consultora master responsável pela Madia & Barna Advogados
Marcia Aparecida de Sousa – diretora administrativa
Maria Helena dos Santos – diretora financeira

HOMENAGEM

Em 1997 colocamos em pé um sonho. Uma Escola de Marketing de verdade. Uma Escola de Marketing livre para ensinar. Uma Escola de Marketing com conteúdo exclusivamente original e originário da prática. Da prática de mais de 1.200 trabalhos para mais de 500 empresas realizados pelo MADIAMUNDOMARKETING – Consultoria Internacional de Marketing - em seus 33 anos de existência.

Essa escola é hoje uma das grandes referências em ensino de Marketing no mundo, e, muito especialmente, no Brasil. A Madia Marketing School. Que prepara e capacita profissionais e empresários na ideologia da empresa moderna, segundo PETER DRUCKER – o Marketing. Ao todo, e nos primeiros 15 anos que agora completa, mais de 4.000 profissionais e empresários craques em marketing.

Esta edição do *Marketing Trends* 2014 tem como objetivo maior homenagear esses mais de 4 mil queridos amigos. E, de forma especial, os 269 que cursaram e concluíram com brilhantismo o MMM – Madia Marketing Master – o MBA em Marketing da Madia Marketing School.

Assim como os 38 professores, profissionais e empresários consagrados e especializados que vieram compartilhar com extremo amor e total generosidade seus inestimáveis conhecimentos com nossos Masters.

A eles – profissionais, empresários, professores, e, acima de tudo, AMIGOS –, e a todas as demais pessoas que também nos honraram com a confiança e preferência, nosso eterno e emocionado muito obrigado.

Francisco Alberto MADIA de Souza

Alunos

Adriana de Lemos do Valle
Alaide Silva Volpe Furtado
Alan França Pires
Alan Jorge Olivera Silva
Albertoni Bloisi Neto
Alessandro Paleologos
Alexander Buholzer
Alexandre Cesar Bonfá
Alexandre José de Araújo Costa
Alexandre José Prearo
Alexandre Vieira Silva
Alexandre Vinicius Moura
Alexandro Amaral Crespo
Alfredo Fernández de Larrea
Aline Cherez Martins Correa
Almeris Armiliato
Álvaro Fávaro Júnior
Ana Lucia Silveira Peixoto
Anderson Gottardi
André Romanó Andreoli
Anesio Fassina Filho
Angela Maria Menegaço
Anthony N. Mcneill Ingham
Antonio Carlos Novaes Souza
Antonio Carlos Werlich Dias
Antonio Melicio Filho
Ariane Noronha Nassau Cruz
Arnaldo Nissental
Arthur Pinto de Oliveira Neto
Ataíde Teruel Perez
Beatriz Peres Goettert
Birgit Alexandra Baecker
Bruna Bichara Correa
Bruno Leonardo Simionatto
Carla Monteiro Van Maele
Carlos Alberto Dias
Carlos Antonio Monteiro
Carlos Henrique de Souza
Carlos Magno do Nascimento
Carlos Ricardo Silva
Carolina M. C. de Oliveira
Caroline Sanchez
Cássia Pimentel Niel
Cátia Favale

HOMENAGEM

Celso Consolo
Celso Marin Vergeiro
César Adriano Figueiredo
Cesar Eduardo Pedroso
Christian Heinlik
Clauber Luiz Motta de Mendonça
Claudia Cecília Bindo
Claudia Cristina Mendes Colucci
Cláudio Aparecido Goulart
Claudio Luiz Barres
Conrado Santos
Constantino Marques Neto
Cristiane Uhlig Fernandes
Cristiano Calamonaci
Cristina Rosa de Freitas
Cynthia Bueno
Daniel A. N. de Barros
Daniel Gabriolli Martins
Daniel Martinho Manna
Daniel Setin
Daniela Cavalcante Gomes
Daniela Pauer
Danilo Fernando Goulart
Denise Gasparino Olovics
Dimitrios Paleologos
Eder Avad Callefi
Edison Tadayuki Ishibashi
Edson Tadeu Sanches Macedo
Eduardo Aidar Netto
Eduardo Fioramonte Anselmo
Eduardo J. Ribeiro Seidenthal
Eduardo Vieira Cipullo
Eliane Rodrigues Munhoz
Elvio Giovanni Tieppo
Ênio Vergeiro
Ercio Antonio Ribeiro
Erica Maria Mitteregger
Erika Akemi Thinen
Euizer Domingos Forner
Everton Pequeno
Fabiana Christina Reis Gama
Fabiano Xavier Fontes
Fábio Gonçalves da Silva
Fabio Q. Barbosa Madia de Souza
Fabrício Cunha Machado Tozzi
Fátima A. de Souza Pinho
Fátima de Sá Pereira
Fernando Barbosa Recco
Fernando Casagrande da Silva
Fernando Costa Lummertz
Flávia A. M. de Souza Adamo
Flávia Consorte Gouveia
Flávia Maria do Carmo Camarero
Flávia Perez Coutinho
Flaviana Garcia Gouvêa
Gabriel Couto Ferreira Lima
Gabriel Dolcemascollo Rossi
Gilberto de Souza Biojone Filho
Gilberto José de Oliveira Lima
Gilberto Marrey Ferreira
Gilberto Mendes
Guilherme J. da Paz Sanchez
Guilherme Preto Calacibeta
Guilherme Toussaint Nascimento
Gustavo A. Almeida Gardiano
Gustavo H. A. Giglio
Heber Acacio da Silva
Hélio Freddi Filho

Heloisa Ribeiro Borges
Herbert José de Souza Mendes
Herbert Luiz Dias Greco
Jackson da Silva Domingos
Janaina Stuque Castro
Jarbas Gibrail de Oliveira
Jayme Monteiro Neto
Jean Philippe Leroy
João M. de C. Guanaes Gomes
João Marques Correa Jr.
Jober Chaves Azevedo
Jony Nasrallah
Jorge Assad Taiar Sahão
Jorge H. Zampieri de Mello
Jorge Luiz Fugazzotto Tadei
Jorge Marcelo Nomura
José Carlos Seibold
José Fernando Gagliardi Palermo
José Francisco Agostini Roxo
José Louis da Silva Essabbá
José Manuel Cascão Costa
José Mauro Lopes Gabriolli
José Paulo Pereira Silva
José Reinaldo Gomes
José Ricardo Mangassarian
Julia de Cássia Barbosa Prearo
Juliana Bairros
Juliana Salomão Paço
Jussara P. Bonadio Fogaça
Karina Boso de Faro Passos
karla Adoryan
Léo do Amaral
Lia Martins Pereira
Licia Scaff Vianna

Liliane Boiajion
Louise Rossetti Ogibowski
Luciana Martinez Ceccato
Luciana Petrin
Luciana Rodrigues Braz Bezerra
Luciane Cristina Cocco
Luciano Marra
Luis Antônio Lima
Luís Guilherme R. do V. Damiani
Luisa Refinetti Guardia
Luiz Carlos Alves Thiebaut
Luiz Claudio do Prado M. Miguel
Luiz Felipe M. de Freitas Horta
Luiz Fernando Lucho do Valle
Luiz Fernando Novelli Gentil
Luiz Fernando Quaglio
Magda da Paz Santos
Maíra Bondezzan Teles Moreira.
Marcela Pfeiffer Miranda
Marcelo Domingues de Oliveira
Marcelo Feldman
Marcelo Luiz Martins Lenhard
Marcelo Poli Figueiredo
Márcia Brandão Tavares
Marcio Henrique Marques
Marco Aurélio Mezzacapa
Marcos Aurélio Rodrigues Pico
Marcos Biaggio
Marcos Cesar Barros
Marcos Tadeu Francisco
Marcus Vinicius Corrêa Leite
Marcya Machado
Maria Cecília Frozza
Maria Cristina Fernández

HOMENAGEM

Maria das G. D. de Sousa Oliveira
Maria do C. A. da C. Silveira Hardt
Maria Isabel Pocai
Maria T. Q. Barbosa Haddad
Mario Borba Cruz
Mário Hirata
Marly Aparecida Alexandre
Martins Vieira Júnior
Natalia C. M. Contieri
Nelson Cabral Junior
Newton Kenji Suzuki
Oswaldo Arruda Junior
Paola Faro da Costa
Patricia Diehl Madeira
Patrícia Marra
Patricia Peck Pinheiro
Patricia Penna Ferreira
Paula Mélega Re
Paulo Edson A. de Oliveira
Paulo Luís Fodra
Pelayo Magraner Paixão
Rafael Augusto Caetano Bruno
Rafael Azevedo Barbosa
Rafael Furquim
Rafael Moreira Figueredo
Rafael Payão
Rafaele Madormo
Rangel Vilas Boas
Reginaldo Antonio dos Santos
Reinaldo Bim Toigo
Renata Botene
Renata Giordano de Castro
Renata Serpejante Benedito
Renato Botti Monteiro
Renato Nunes de Abreu
René Alvaro Fonseca Angelino
Ricardo Alves Oliveira
Ricardo Batista de Moraes
Ricardo Jardim Leça
Ricardo Marques De Féo
Ricardo Marques de Oliveira
Roberta Ribeiro de Mendonça
Roberto Nogueira Onaga
Roberto Schwarz
Rodolpho Monegaglia
Rodrigo Artur Bronzatto
Rodrigo Casali Altobello
Rodrigo Fiorini Picolo
Rodrigo Nista Spis
Rogério Lamarca
Rogério Paulino dos Reis Oliveira
Rosana Elisabete F. Trovão
Rose de Almeida
Rosimery Vicente de Siqueira
Rudney Guarnieri Marcondes
Ruth Roysen Kolber
Ruth Tânia Goldhar
Samantha Mariotto
Sandra Maria Sernaglia
Sebastião da Costa Pedo
Selma Ferraz Souto
Serge Lories
Sérgio Cabernite
Sergio Felicio Ribeiro
Severino Trajano Lopes Junior
Sidney de Lima
Silvana Carvalho Widmanski
Silvia Maria Mendonça Campos

Silvia Martins Aron
Sônia Aparecida Teixeira
Sonia M. M. França Rezende
Takeshi Haraguchi
Tamara Berwanger da Costa
Tania Rodrigues Cury
Tatiana Barbosa Pereira
Thais Trevisan Ramalho
Thiago Eduardo Volpe Furtado
Ticiana Werneck Zibull
Valdemar Alves Menezes Neto

Valdir José Lanza
Valéria dos S. C. Yugue
Valter Camilo da Silva
Vanderlei Violin
Vanessa S. M. de Souza
Victor Puccini
Vinicius Fernando Silva Vilela
Vitor Augusto Kawauchi
Viviane M. C. Giannoni
Wilson Haroldo Bego

Professores

Adriano Blatt
Alfredo Duarte
Anete Selma Schonenberg Bekin
Antonio C. Amaru Maximiano
Armando C. T. – in memoriam
Arnaldo Brazil Ferreira
Beatriz Machado
Beth Furtado
Celia Belem
Cristy Araújo
Eduardo J. Ribeiro Seidenthal
Fabio Quartim B. M. de Souza
Fauze Najib Mattar
Francisco Alberto M. de Souza
Francisco Cavalcante
Francisco Javier S. M. Alvarez
Giselle Tromboni
Helton Haddad Silva
Jaime Troiano

Jorge Américo S. Machado
Luís Fernando Camargo
Luís Roberto Corsi Grottera
Luis Tadeu Dix
Marcelo Miyashita
Margot Carvalho Soliani
Martha Terenzzo
Miguel Angelo M. de Souza
Milton Bigi
Patricia Marra
Paulo Gaudencio
Percival Caropreso Júnior
Ricardo Pomeranz
Rosamaria H. H. Barna
Sandra Cristina Naime
Saul Faingaus Bekin
Tom Coelho
Ulisses Zamboni
Valéria C. P. do C. Camarero

Sumário

CAPÍTULO 1
ADMIRÁVEL MUNDO NOVO 19

    VAMOS PERDER O ATALHO 20
    BECO COM OU SEM SAÍDA? 22
    VOCÊ É SEU PASTOR 23
    SER É NÃO TER 24
    ADEUS, VELHA DEMOCRACIA 26
    APRESSADO QUEIMA A BOCA? 27
    2018 SE APROXIMA 28
    AS NOVAS METRÓPOLES 29
    MUNDO NOVO, DECISÕES ANTIGAS 31
    PEQUENAS PRECIOSIDADES 32
    SUCESSO E RECONHECIMENTO 34
    ARRUMANDO AS MALAS ANTECIPADAMENTE 36
    FIO E FOMOS, OU GERAÇÃO FLUX 38
    MUNDO COMPARTILHADO 39
    A INVASÃO SILENCIOSA DOS MAKERS 40
    "REDES DE INDIGNAÇÃO E ESPERANÇA" 42

CAPÍTULO 2
INTELIGÊNCIA DE MERCADO 45

    INTERESSES DIVERGENTES 46
    LEALDADE E SUBMISSÃO 47

CHAMEM O MAPA!.. 49
OS CONSELHOS DE NUNES 50
A VOZ DOS PRODUTOS 51
UM EXEMPLO, UMA INTERROGAÇÃO 53
FIAT NA CABEÇA.. 54
O JANTAR 56
EMPRESAS BARCOS.. 57
CARONA EQUIVOCADA, NELLO 59
MÉDICOS DE SINTOMAS 60
SÓ OS PARANOICOS SOBREVIVEM 62
PARKOUR EM MARKETING 63
O LUXO PELO LUXO DEFINHA.. 65

CAPÍTULO 3
SUCESSOS, FRACASSOS, APRENDIZADOS 67

TERCEIRIZANDO A COZINHA 68
ROSA CHÁ – CARRO SEM MOTOR 69
NOKIA, A CANOA ERRADA 71
O CERTO NO LUGAR ERRADO 72
O ÉDIPO KASSAB 74
O MAIS CONTINUA MENOS 75
SE TIVER RODANDO UM FILME ERÓTICO DO LADO... 77
MUITOS LEÕES MORRERAM DO CORAÇÃO 78
COMPRA COLETIVA AGONIZA 79
VAZAMENTO SEM FIM... 81
ÁGUA E VINHO, OU DESAFIOS DA ATRACAÇÃO 82
ATIRANDO EM TODAS AS DIREÇÕES 83
ERA UMA VEZ O REI TOMATE 85
AS PEÇAS QUE FALTAM NO BOTICÁRIO 86

CAPÍTULO 4
BRANDING 89

PININFARINA E O TESTAROSSA 90

SUMÁRIO

QUERIDA, ESQUECI O PASSAGEIRO 91
"SE NADA LHE FOR REVELADO ENTÃO VOCÊ NÃO TEM
NADA A VER COM ISSO" 93
ADIDAS, A DONA DA BOLA 94
NIVEA DESTRAMBELHA NOS 100! 95
ABERCROMBIE&FITCH, OU O ENCURTAMENTO DOS CICLOS 97
O JOBS, DA PORTO SEGURO, FOI PARA O CONSELHO 98
TOP OF MIND – 22 ANOS 100
COMO AP&GUENAR UMA MARCA 101
DE IKEDA PARA GLÓRIA DO GOITÁ 103
ALGUMA COISA ACONTECE NO MEU CORAÇÃO QUE
SÓ QUANDO CRUZO A BROADWAY COM A 7ª 104
NATURA RECALIBRA PONTARIA; É POSSÍVEL? 106
"CASE" NEYMAR 107
OS 2 PRINCIPAIS MANDAMENTOS DE MARKETING
E BRANDING 109

CAPÍTULO 5
DESAFIOS, AMEAÇAS, OPORTUNIDADES 111

YAHOO! E "SANTA" MARISSA 112
SAUDADES DE MRS. ALBEE, AVON! 113
UMA NOVA E REDENTORA LUZ NO HORIZONTE DO BRASIL 115
CENAS DE UM MALL 116
P&G – O VATICANO EM CRISE 117
30 ANOS A MAIS E NOVAS OPORTUNIDADES 119
CONCIERGERIE, OU, CONCIERGE? 120
O CAÇADOR DE OPORTUNIDADES 122
FELIZ ANO NOVO 124
A HORA E A VEZ DE ENÉAS 125
BRECHAS ESTREITAS DEMAIS 127
A HORA DE VENDER A EMPRESA 128
AS 100 MIL LOJINHAS DA LUIZA 130
EM BUSCA DO CAMINHO DO LUCRO 131

CAPÍTULO 6
COISAS DO BRASIL **135**

- SEMEANDO E PLANTANDO O NOVO BRASIL 136
- FAQUIRES DO MUNDO MODERNO 137
- O DIA EM QUE ALCKMIN ESCORREGOU 138
- A KOMBI SOBREVIVERÁ? 140
- O DANONE DA DANONE 141
- SE YASMIN É VELHA, O QUE SOMOS NÓS? 142
- SONHICIDIO DUPLO 144
- ELES, OS CHINESES, CHEGARAM! 146
- MATAMOS O PAPAI NOEL 147
- HOMENS COM MAIS DE 60 ANOS 149
- NEM 880, QUEM SABE 200 150
- EM DEFESA DE ARISTÓXENO, SÁTIRO, EUDEMO E CRITOLAU 152
- AS VENCEDORAS 153
- MELHOR QUE TOMBAR, MATAR DE VEZ 154
- ÓTIMA NOTÍCIA, IMPORTANTES LIÇÕES 156
- DE TIO PARA SOBRINHA 157
- PAUTA MÍNIMA 158
- ADEMAR DE BARROS 160

CAPÍTULO 7
EFEMÉRIDES E ÍCONES **163**

- A RAINHA DA SUCATA 164
- O HOMEM QUE DESPEDIU STEVE 165
- ELE, O CARA, MARC ANDRESSEN 167
- KAKINOFF, UM NOVO ROLIM? 169
- NEWSWEEK PUXA A FILA 170
- QUANDO O MELHOR AMIGO MORDE 171
- 45 ANOS DE EXAME 173
- SAI JAMELÃO ENTRA MATO GROSSO 174
- "EU SOU EU E AS MINHAS CIRCUNSTÂNCIAS" 176
- CITI, O MAIS RESILIENTE DOS BANCOS 177
- HASHIMA, PRIPYAT, ORDOS, ORKUT 179

MARKETING, MAIS FORTE DO QUE NUNCA 181
AS MELHORES MENSAGENS AOS FORMANDOS 182
A VELHA DEMOCRACIA AGONIZA 184
VESPÚCIOS E COLOMBOS 185

CAPÍTULO 8
INOVAR É PRECISO, VIVER NÃO É PRECISO 189

MEXA NA VIDA; SEJA INFANTIL! 190
BACHELORETTE 191
O UNIQLO TADASHI 192
DESTA VEZ O DINHEIRO VAI ACABAR, MESMO 194
SOLIDÃO OU BRAINSTORMING? 195
SENTIDOS OPOSTOS 197
PEGN – O EXEMPLO 198
EMAGRECER, FINALMENTE, É POSSÍVEL 200
MARISSA AÇODADA 201
EU VOU, EU VOU, PRA CASA AGORA EU VOU 202
ECONOMIA, R$ 3,5MILHÕES; VENDAS, +40%;
RECEITAS, + 70%!!! 204
O ERRADO QUE DEU CERTO 206
RODEADO POR NOMOFÓBICOS: TALVEZ, VOCÊ. 207
JOICHI ITO, O JAPONÊS DO MEDIA LAB 208

CAPÍTULO 9
BALANÇO DE CATEGORIAS 211

UM NOVO LÍDER A CAMINHO 212
OS SHOPPINGS DA GRANDE SÃO PAULO 213
OS NÚMEROS DA SARAIVA 214
A MALDITA "DOR DE CABEÇA" 216
DEPENDENCIA E SUBMISSÃO 217
O EFEITO CUPIM 219
CADEIRA NÃO É CERVEJA 221
RESTAURANT WEEK, OU, RESTAURANT YEAR? 222

15 ANOS DE UM SANTO REMÉDIO 223
COMER BEM E SE CUIDAR 225
ORAÇÃO PELOS DONOS DE RESTAURANTES 226

CAPÍTULO 10
MARKETING LEGAL 229

MÁ CONDUTA CUSTA CARO 230
DOIS AMBIENTES, UMA MESMA JUSTIÇA 231
SEU PRODUTO TEM IP? OU IGP? 232
APRISIONADOS PELA GARANTIA 234
ASSASSINATO DA CERVEJA 235
ESPARZIR OU ESPARGIR? 236
NINGUÉM É DE NINGUÉM, OU, PORTABILIDADE 238
"ENGRAVIDEI NA BALADA E NÃO SEI QUEM É O PAI" 239
A GUERRA DAS CÁPSULAS DE CAFÉ 241
MEDICINA? WHO CARES... 243
ENFIM, AS RAÍZES 244

Referências 247

capítulo 1

ADMIRÁVEL MUNDO NOVO

Já não está tão longe assim. Já é possível ver seus contornos. Aos poucos, e gloriosamente, o Admirável Mundo Novo vai se revelando. E se PETER DRUCKER estiver certo – e sempre está – em 2018 conheceremos suas principais componentes e características. O mesmo e bom mundo velho, agora revisto e melhorado, e com duas peles, ou melhor, dois ambientes: o analógico e o digital.

Assim, tudo o que precisamos fazer ontem é cuidar da inclusão digital ampla, geral e irrestrita de todos os brasileiros. Prioridade zero. As empresas se prepararem para migrar da sociedade industrial – vertical, sólida, hierárquica e onde o capital é o dinheiro – para a sociedade pós-industrial ou de serviços, horizontal, líquida, colaborativa e onde o capital é o conhecimento.

Daqui para frente, você é seu pastor. Antes de ir onde quer que seja recorra aos préstimos de todas as pessoas do ambiente digital mais que desejosas e dispostas a ajudá-lo. Democracia velha, indireta, nunca mais. Jamais ser apressado, sempre ser rápido. Morando nas novas metrópoles onde praticamente se faz tudo sem sair de casa.

E por mais paradoxal que possa parecer, retomaremos hábitos e costumes do passado; não se trata de saudosismo, é que o Admirável Mundo Novo nos possibilita recuperar alguns de nossos melhores hábitos e costumes. E, assim, decidimos arrumar as malas antecipadamente. Não que queiramos abreviar nossa existência. Queremos ganhar leveza e nos desvencilharmos de infinitas quinquilharias que roubam nossa energia, tempo, prazer, felicidade.

Agora o mundo é compartilhado. Somos todos, independentemente da idade, e desde que queiramos, membros integrantes da Geração Flux, para a qual o importante é a atitude que se tem em relação ao novo. Preparamo-nos para a 3ª Revolução Industrial, a dos Makers, e engrossamos as ruas de centenas de cidades em todo o mundo em abençoadas Redes de Indignação e Esperança, assim batizadas por MANUEL CASTELLS.

VAMOS PERDER O ATALHO

E o jornal O GLOBO se repaginou e ficou mais bonito e atual. Ficou com cara de internet, de portal. Já se preparando para o grande momento da migração total e definitiva. E para registrar a mudança pautou como tema O Brasil que queremos. Uma espécie de bússola em direção à meta de ser a quinta economia do mundo. Assim, e se tudo der certo, em 2030 o PIB baterá nos US$ 5 bilhões, e superaremos a Alemanha.

E aí foi ouvir cientistas, economistas, artistas, empresários, além de alinhavar suas considerações, com a participação de todos os seus jornalistas da editoria de ECONOMIA. Falaram de tudo, consideraram tudo, menos, o principal; e o atalho. À semelhança da ABRIL quando celebrou os 40 anos de VEJA e os 40 principais temas para o futuro. O GLOBO e os entrevistados, pura e simplesmente, ignoraram a inclusão digital. E insistiram em soluções que dependem de descomunais investimentos, de prazos a perder de vista, e de muita oração. Os brasileiros, todos, não podem esperar mais. Vamos garantir as varas de pescar e deixemos com eles a motivação, organização e realização da pescaria, enquanto é tempo. E enquanto não se descarrega um monte de bilhões de reais no absurdo trem voador ligando Campinas ao Rio de Janeiro.

PAULO NIEMEYER, neurocirurgião, propôs, "É preciso ter investimento em educação. Não adianta ter empresas sem executivos. Na saúde gostaria de ver o SUS com gestão eficiente". FERNANDA MONTENEGRO, atriz, ponderou, "Se continuarmos na meia-bomba da educação e da saúde, não estaremos bem das pernas. A área cultural é consequência. Eu não separo educação de cultura". O empresário bilionário, EIKE BATISTA, disse, "Imagino o Brasil entre as três maiores economias do mundo, com grandes avanços sociais e crescimento sustentável, sem gargalos de infraestrutura e com geração de empregos". GRAÇA FOSTER, burocrata de sucesso e presidente da PETROBRAS, recomendou, "Seremos expressivos exportadores de petróleo e autossuficientes também em refino, com capacidade superior à demanda nacional. Teremos uma cadeia de suprimentos e serviços competitiva..." E o atalho, gente?

Uma vez mais, nós, consultores do MADIAMUNDOMARKETING reiteramos. Vamos aproveitar a oportunidade extraordinária e única que o mundo novo, plano, colaborativo e líquido nos deu. Um atalho redentor, que nos possibilitará começar a correr em direção ao salto já. Independentemente de outras providências, de planos de longo prazo e tudo mais, que serão complementares. A prioridade zero do Brasil, e de todos os demais países com um mínimo de sensibilidade e Inteligência, é a inclusão digital. Inclusão digital de todos os seus cidadãos. Já, ontem, em 2010, 11... Todas as demais providências e complementos adotaremos depois e na sequência, mas chega de perder tempo, chega de nos iludirmos, chega de tentar resolver por mais algumas décadas o que não fomos capazes de resolver em cinco séculos.

Vamos estender as possibilidades e oportunidades, por igual, a todos. Vamos incluir digitalmente e já, todos os brasileiros. Ou, alimentar ainda mais e para sempre a maldita mania que temos de nos autoenganar.

BECO COM OU SEM SAÍDA?

Todas as empresas de todos os setores de atividade vagueiam em busca de uma luz que as oriente no entendimento e compreensão sobre como se posicionar daqui para frente. No analógico, ambiente em que nasceram, cresceram e prosperaram; e no digital, ambiente inóspito, desconhecido, mas vital. Enquanto no velho e bom analógico o potencial de comunicação, disseminação e encrenca é de 10, no digital é de 1000. Apenas isso. E até por causa disso, aqui no MADIAMUNDOMARKETING, criamos um workshop que está sold-out até 2015 com o título "The Crossing Time" ou "A Travessia".

A empresa de hoje mais que dever, precisa estar bem nas duas fotos. Na do ambiente analógico e na do digital. E quando se conscientiza disso e começa a se mover, à semelhança de momentos e situações de forte neblina, tudo vai clareando.

Leio no DCI, em entrevista realizada por ANNA FRANÇA, os desafios de todos os sistemas de vendas do ambiente analógico – do velho e bom varejo às vendas diretas – de como se comportar daqui para frente. E, na matéria, o foco maior concentra-se na NATURA, e em um de seus fundadores e copresidente do Conselho de Administração, PEDRO LUIZ PASSOS.

Segundo ANNA, assim como milhares de empresas, a NATURA, tradicional na venda direta ao consumidor, estuda outras fórmulas para comercializar seus produtos sem substituição ou prejuízo de suas consultoras: "Todo o varejo mundial passa por uma grande transformação. A tecnologia da informação está derrubando mitos, e a indústria de cosméticos não vai ficar de fora disso", diz PASSOS. Segundo Passos, todos os canais e plataformas de venda do analógico terão de passar por uma radical transformação, introduzindo o componente tecnológico. E, adverte, "Se não fizer isso, não estará aqui para contar a história daqui a dez anos".

PASSOS lembra que "o varejo está sendo desmontado no mundo. BARNES & NOBLE quebrou nos EUA, BEST BUY sofre com a entrada da AMAZON no e-commerce... até outro dia o WALMART era tido como benchmark em tecnologia de suprimentos, agora está investindo uma fábula para fazer o melhor relacionamento com o consumidor final, através da tecnologia. Antes ele era bom porque comprava barato e vendia barato e tinha produto disponível com alto giro de estoques. Agora o consumidor final tem poder absoluto. Entra na loja, experimenta, consulta preços da loja e dos concorrentes pelo celular, e até compra – da loja – no rival e manda entregar em casa".

Isso posto, o beco tem saída. Mas não é a mesma de antes e sempre. A saída é aprender a trabalhar e conviver com sensibilidade e inteligência, e fazer um marketing de excepcional qualidade, num mesmo mundo. Agora com dois ambientes. E o novo, mais que o velho ambiente, é o de maior importância. E a maioria das empresas continua se esmerando apenas no velho. E as poucas que se aventuram no novo, o fazem com a cabeça do velho. Ou seja, não se aventuram. Jogam-se. Quase suicídio.

VOCÊ É SEU PASTOR

Cada um com suas crenças e religiões. Para os que creem, o Salmo 23 continua mais que presente, muito especialmente nos dias em que vivemos, "O Senhor é meu pastor, nada me faltará / Em verdes prados ele me faz repousar / Conduz-me junto às águas refrescantes / Restaura as forças de minha alma / Pelos caminhos retos / Ele me leva, por amor de seu nome...". Mas, no plano terrestre, no dia a dia das lutas e desafios, no tocante a sua saúde, mais que qualquer outra providência externa, ninguém melhor que você para cuidar de você. Mesmo porque, ninguém conhece melhor você que você. A menos que minta o tempo todo, inclusive para si mesmo.

Por uma série de razões, que passam desde a inexperiência dos médicos residentes que exageram nos exames, por uma máfia que domina territórios da saúde pública e "bonifica" pedidos de exame, mais a luta interminável entre Planos de Saúde, SUS, e médicos, parcerias espúrias se formando, o fato é que, se você bobear, não fará outra coisa na vida senão exames. Claro, desde que você aceite e se submeta, desde que sua hipocondria fale mais alto.

Num domingo de setembro de 2012 abri os jornais e li, dentre outras verdades, exageros, manipulações e lendas urbanas; coisas como, "Seis xícaras de café por dia diminuem em 40% o risco de câncer no intestino" ou "Junk food inibe a presença de insulina no sangue e pode ser uma das principais causas do Alzheimer" ou "Cardioversor-desfibrilador e stents são de baixíssima eficácia" ou "Tomografias aumentam a incidência de câncer" ou "Colonoscopia tem risco médio de ruptura de cólon" ou "Nenhum paciente saudável deveria admitir exames de imagem nos procedimentos de check-up".

Mas o que acontece na prática? Apenas isso, em função dos motivos que levantei no início: 1 – o aumento de 500% nas coronariografias nos últimos 10 anos; 2 – 55% a mais de angioplastia nos últimos 5 anos; e por aí vai. Falando ao O GLOBO, o diretor da CLÍNICA SÃO VICENTE, LUIZ ROBERTO LONDRES atribui o excesso de exames a "formação do médico que está piorando. Uma consulta tem três partes: conversa, exame físico e prescrição de exames. Uma simples conversa de um médico bem preparado leva a 90% dos diagnósticos...". E, emendo, os médicos não têm mais tempo para conversar, senão a conta não fecha.

Isso posto, você é seu pastor, por aqui, no plano físico e material. Ninguém conhece você melhor que você. Por melhor que você se comunique jamais conseguirá transmitir para seu médico tudo o que está sentindo. E assim, apoiando-se nas facilidades do santo dr. Google, e principalmente em redes sociais e que são muitas do tipo www.patientslikeme.com, só recorra ao médico quando acreditar, de verdade, ser a hora. E prepare-se como se fosse para um exame de conclusão de curso para ajudar o médico no diagnóstico. Você, mais que ninguém, reitero, e nos tempos de hoje, nas questões terrenas, é o seu pastor. cuide-se!

SER É NÃO TER

Desde 1971, com a chegada do microchip e de todos os seus derivativos sob forma de produtos, a velocidade aparente do mundo e das coisas não para de acelerar, embora os dias contenham as mesmas 24 horas de sempre, e as semanas 7 dias. Como o que prevalece é a percepção, independente da realidade, a sensação é que tudo voa, flui, desaparece e perde a razão de ser poucos anos, meses, dias, depois do "début". Produtos de grandes corporações são retirados do mercado com menos de dois meses de vida. Não vale a pena continuar investindo onde não existe mais a mais pálida esperança.

Em sua primeira edição de 2012 FAST COMPANY, uma das duas publicações mais importantes do admirável mundo novo, trouxe como tema de capa a generation flux. A que desistiu de remar contra a corrente e se deixa levar. A que flui. Convencida de que o novo envelheceu quase que de forma fulminante, troca.

Menos de cinco anos atrás, segundo a revista, três marcas de "cell-phones" ocupavam quase toda a cena. NOKIA, RIM e MOTOROLA. Cinco anos depois, cedem os melhores e quase todos os espaços para SAMSUNG e APPLE. As máquinas fotográficas digitais que feriram de morte as analógicas, levando a mãe de todas – KODAK – junto, agora se revelam pré-agônicas. Esquecidas diante de uma espécie de "canivete suíço" denominado smartphone que também tira fotografia cada vez melhor; Os games migraram das plataformas específicas – WII, PLAYSTATION e XBOX – e como "angry birds" pegam carona em todas as demais plataformas incluindo as velhas/novas TVs. O BLU-RAY reinou muito menos do que a SONY esperava, e os teclados de computadores vão se empilhando em cantos escuros de almoxarifados.

Se como nos ensinou ROBERT REDFORD, repetindo a vida, e em seu belíssimo filme *A river runs through it* – e run, mesmo –, fazendo com que nada seja para sempre, voltemos a cantar com LULU SANTOS a música de NELSON MOTTA, abrindo nossas asas...lindos, leves e soltos.

SER É NÃO TER. Guardar para quê? Vamos nos desapegar. Vamos compartilhar. Como disse PESSOA, "Afinal, se coisas boas se vão é para que coisas melhores possam vir... a renúncia é a libertação. Não querer é poder", ou então, fazer como CLARICE, "Sou apego pelo que vale a pena e desapego pelo que não quer valer". Agora e sempre "Sem apego.

Sem melancolia. Sem saudade. A ordem é desocupar lugares. Filtrar emoções". Valeu, CAIO FERNANDO ABREU. Apenas isso.

ADEUS, VELHA DEMOCRACIA

Nas eleições de 2008, e não tendo candidato a vereador, segui a recomendação de meu querido amigo MARCELO CHERTO. Me recomendou um candidato de sua total confiança e, com entusiasmo e esperança "sufraguei" – eta palavrinha feia – seu nome na urna eletrônica. Ganhou! Meses depois fui cobrar pelo absurdo, injustificável, criminoso e irresponsável aumento do IPTU na cidade de São Paulo de KASSAB, e a resposta que recebi foi que eu era ignorante. O candidato tinha razão. Continuava me iludindo com um formato falido e sucateado. Conclui, naquele momento, que não adiantava mais continuar votando no formato atual, que precisávamos de uma nova democracia.

No dia 7 de outubro de 2012, acordei cedo, mais que excitado, para votar no Colégio Rio Branco. Vou, finalmente, e quatro anos depois, dar corpo a minha decisão, fazer valer minha voz e minha vontade. Vou anular meu voto! Não pelos candidatos que temos que em verdade são os que um sistema ultrapassado de exercício de democracia permite. Por exemplo, enquanto escrevo este artigo, vejo no ESTADÃO as figuras patéticas e lamentáveis de JOSÉ SARNEY e ROMERO JUCÁ "cuidando" de nossas vidas e futuro. Precisamos deles? Queremos eles? Confiamos neles? Mas, e no formato atual, mesmo depois de mortos e empalhados continuarão atazanando nossas vidas.

Decidi anular porque me recuso a continuar, num país que possui urnas eletrônicas há mais de década, em que todos os contribuintes declaram pela internet, sendo obrigado a votar, e dando sobrevida para um formato de representação concebido nos primórdios da sociedade industrial, absolutamente desgastado e superado, que só resulta em péssimos gestores e corrupção galopante e incontrolável.

Para mim, chega! Nem eu nem a maioria de vocês se lembra em quem votou nas últimas eleições, e vai votar hoje constrangido pela pobreza das alternativas existentes. Em verdade eu me lembro e lembrei pela grosseria que recebi. Caso contrário não seria capaz de responder em quem votei para vereador em 2008...

Mas jamais entregarei os pontos nem cruzarei os braços. Vou continuar lutando por uma nova democracia. Onde cada cidadão terá a chance e a oportunidade – desde que queira – de se manifestar regularmente e de suas casas e lugar de trabalho sobre todos os assuntos. Não quero mais ter prefeitos, governadores, deputados e vereadores no formato atual. Quero escolher gestores profissionais pela capacidade e experiência demonstradas. E reputação mais que ilibada e a toda a prova. E que coloquem em pé o desejo e a decisão da maioria. E se não corresponderem e performarem, assim como fazemos hoje em nosso cotidiano, trocamos no ato.

Vamos nessa? Todos em direção a uma nova democracia! Ou continuar com o faz de conta... Com o me "engana que eu gosto" e mereço?

APRESSADO QUEIMA A BOCA?

No original, o ditado diz "apressado come cru". Mais adiante alguém aperfeiçoou e incluiu, "apressado queima a boca e come cru". O que você acha? E aí o YAHOO! RESPOSTAS perguntou a seus seguidores que disseram, "Todo apressado come cru / Diz o ditado rotineiro / Devido a casos contrários / Isso não é verdadeiro / Acho que todo apressado / É quem vai comer primeiro" – SAMIRA. Ou "Acho que vai depender da ocasião. Tem momentos que a gente tem que agir com urgência, em outros é mais inteligente esperar" – SUPER GAROTA. "Na vida tem coisas que a gente tem que esperar ficar no ponto" – LUIZA. Ou "prefiro pensar que o apressado bebe água limpa" – NINAMILA.

Já a ERNST & YOUNG decidiu saber a opinião de 285 executivos de empresas de produtos de consumo de todo o mundo, sobre como as organizações estão reagindo diante das necessidades urgentes de revisão estratégica radical em face de um mundo em total e absoluta mudança. E as conclusões são mais que preocupantes, e indicam que o "cemitério dos novos dinossauros" – empresas descomunais absolutamente incapazes de reagirem positivamente a um mundo em mudanças e se reposicionarem a tempo – terá de ser redimensionado para caber todas.

Na conclusão da pesquisa uma espécie de doença nova e recorrente que agora caracteriza as empresas, muito especialmente as gigantescas, "complacência estratégica". Apenas 30% das empresas acreditam possuir uma estratégia adequada e eficaz para enfrentar e sobreviver às mudanças. "Na maioria das empresas elas reconhecem a necessidade, começam numa determinada direção, mas mudam, fazem algo diferente, e nunca levantam voo", diz PATRICIA NOVOSEL, responsável pelo estudo. Resignam-se, complacentemente.

Assim, no ambiente corporativo, não se trata nem de queimar a boca nem de comer cru. Trata-se de mudar enquanto é tempo. Como nos ensinam os grandes mestres, em situações como essa ninguém deve adotar atitudes apressadas. Mas todos devem ser rápidos. Até porque, ao contrário do que sempre se imaginou e ouviu falar, quem espera, em momentos como o que estamos vivendo, nunca alcançará pela simples razão que não estará mais aqui, no mercado, para ver e colher os frutos do mundo novo, plano, líquido e colaborativo; não participará da sociedade de serviços.

2018 SE APROXIMA...

O maior dos mestres, PETER DRUCKER, sentenciou: "De tempos em tempos atravessamos uma ponte, e, cinquenta anos depois a travessia se encerra, queima-se a ponte, e começa-se uma nova era, ou ciclo, na história da humanidade *Uma era de descontinuidades*. Escreveu isso em 1968, no livro, quando anunciava que a partir daquele ano o mundo começava uma nova travessia, a terceira dos últimos 500 anos. Assim, e se DRUCKER estiver certo – e DRUCKER jamais errou –, em 2018, sem corte de fita nem espocar de rolhas, fogos e assemelhados, dá-se por inaugurada, finalmente, a sociedade de serviços, ou, para os que preferem, pós-industrial. Seus contornos, mais que definidos e muitos em pleno funcionamento, são os seguintes:

1 – PAPERLESS – sociedade, cada vez mais, sem papéis; nas empresas, nas casas, na vida;

2 – CASHLESS e CARDLESS – sociedade sem dinheiro e sem cartões; compras e pagamentos pelas diferentes plataformas que habitam e transacionam no digital;

3 – HOMEBASED – pessoas trabalhando de casa ou de outros lugares; excepcionalmente, nos escritórios da empresa;

4 – CHIPSONS – os dados principais das pessoas, assim como todos os elementos da anamnese estarão num chip introduzido numa parte do corpo das pessoas ou em pulseiras;

5 – BIOMETRIA nas entradas, saídas, aberturas, permissões – datiloscopia ou "iriscopia", ou "palmoscopia" e, mais adiante, voz;

6 – TUDO NAS NUVENS – desde que as bandas e a capacidade de transmissão melhorem substancialmente;

7 – BRAND & PRODUCT EXPERIENCE STORES – lojas menos para compras e mais para experiências sensoriais, ensinamentos, convivências, relacionamento;

8 – CONSUMIDOR 2.0, COLABORADOR 2.0, CIDADÃO 2.0 – Clientes apaixonados por suas marcas; colaboradores que não reagem nem à cenoura e muito menos ao chicote e se movem por adesão às causas das empresas; cidadãos que se recusam a aceitar o formato atual de democracia e exigem profissionalização na gestão pública, e participação permanente nos processos de decisão e escolha.

9 – FIM DA PROPRIEDADE INDUSTRIAL – Ninguém inventou nada do zero; tudo é mash-up; tudo é de todos.

10 – CONTEÚDO – informação de qualidade, relevante, lúdica e inspiradora – é que move o mundo; independentemente dos meios.

Vamos nessa?

AS NOVAS METRÓPOLES

As novas metrópoles são as velhas metrópoles depois do ambiente digital. Pura e simplesmente, quase tudo dá para fazer sem sair de casa, embora essa nova cultura ainda demandará de uma a duas décadas para florescer e prosperar. Mas os primeiros sinais, mais que evidentes, são emblemáticos. E definem, com clareza e precisão, o que já está acontecendo, devagarzinho, mas de modo constante e crescente, em cidades como São Paulo, Londres, Tóquio, Paris... Todas, sem exceção, e naturalmente, se revocacionando.

O consumidor 2.0 comprará, cada vez mais, sem sair de casa. O colaborador 2.0 trabalhará, cada vez mais, sem sair de casa; e se sai menos de casa, compra menos fora de casa e compra mais sem sair de casa. E finalmente, mais para frente, e aí sim o momento sublime do Admirável Mundo Novo, o cidadão 2.0 votará de casa não uma vez a cada dois ou quatro anos; todos os dias. E teremos, finalmente, a democracia 2.0.

Muitas cidades do mundo não conseguem mais disfarçar os sintomas da mudança. Na cidade de São Paulo, por exemplo, zonas ricas e espaços comerciais mais que disputados, vêm aumentando de forma assustadora o turnover de locatários. Empresários no vácuo de como ainda era o mundo ontem, tomando decisão hoje, para pessoas e possíveis consumidores que saem menos, compram menos presencialmente, consomem menos pelas ruas. O chamado "Jardins", na cidade de São Paulo, é o melhor exemplo dessa nova realidade. O índice turnover de lojas e restaurantes mais que dobrou nos últimos dez anos. Sobrevivem e prosperam as lojas sem objetivos de venda, as lojas de BRAND EXPERIENCE.

Notícia trazida de LONDRES pela BLOOMBERG revela que muitas ruas daquela cidade vivem um processo de encolhimento comercial. Os números são assustadores: "Os 500 endereços de maior movimento do país vão perder um total líquido de 4 mil pontos de venda em 2013, contra os 2 mil fechados em 2012" nos cálculos da empresa de pesquisa LOCAL DATA COMPANY.

Assim, e conforme temos reiterado desde a virada do milênio, a solução para o desafio do trânsito está a caminho. Não passa pela ação dos gestores das cidades, pela redução no tamanho dos automóveis, pela ampliação das ruas e marginais, por aumento nos dias de rodízio, pela construção de pontes e viadutos, pelo furor arrecadatório da indústria das multas. Apenas nós mudando nossos hábitos e comportamentos, forma de trabalhar e comprar. E mais adiante, de votar e participar – neste admirável mundo novo. O velho mundo de sempre, analógico de sempre, agora com um segundo ambiente ou pele: o/a digital.

MUNDO NOVO, DECISÕES ANTIGAS

A nossa frente, dezenas de novos gadgets; idem de plataformas; todos os dias, a última novidade do mundo nas mídias; e, no dia seguinte, também. Mas, se você reparar bem, conseguir sair do caos e olhar de cima e a distância, constatará um traço marcante em nossos comportamentos e diante da necessidade de tomar decisões de qualquer ordem; inclusive de compras. Recorrer, agora que a tecnologia tornou isso possível novamente, e consultar as pessoas que conhecemos, gostamos e confiamos. Apenas isso.

No admirável mundo novo, plano, líquido e colaborativo, a última moda que jamais cairá de moda e para sempre é decidir da mesma maneira como nós o fazíamos antigamente: recorrendo aos nossos parentes, vizinhos, conhecidos, amigos. Apoiando-nos nas pessoas que conhecíamos, gostávamos e confiávamos. Se meu pai fosse vivo, voltaria a tomar decisões de compras hoje como o fazia em Bauru nos anos 40 e 50.

Depois que a população do mundo triplicou, as cidades se adensaram, as pessoas perderam o contato, e a distância física e temporal dos que conheciam, gostavam e confiavam impedia a continuidade do melhor dos procedimentos em momentos de compra. Com a chegada do microchip em 1971, da internet em 1995, das redes sociais mais recentemente, recuperamos, felizmente, a possibilidade de decidir da melhor maneira possível. Recorrendo às pessoas que conhecemos, gostamos e confiamos. À moda antiga.

Segundo GARY VAYNERCHUK, em seu precioso livro gratidão, da EDITORA LUA DE PAPEL, tudo mudou exceto a natureza humana:

"A única coisa que nunca mudará é a natureza humana. Se puderem escolher, as pessoas certamente passarão seu tempo próximas de àqueles de que gostam. Se for conveniente e prático, eles também preferirão negociar e comprar produtos de pessoas das quais gostem. E hoje em dia elas podem fazer isso. A mídia social possibilitou aos consumidores interagir com as empresas de modo muitas vezes semelhante à maneira como interagem com seus amigos e familiares. A mídia social transformou nosso mundo em uma grande cidade pequena, dominada, como todas as cidades pequenas costumavam ser, pela força dos relacionamentos, pela troca de atenções e pelo poder do boca a boca. Para ter sucesso hoje e no futuro é imperativo que lembremos o que funcionava no passado".

E o que tem de mais novo nesse entendimento e o que temos aprendido a cada novo dia com todos os clientes do MADIAMUNDO-MARKETING, e nos serviços de consultoria que prestamos, é que a nova maneira de escrever a velha e consagrada frase é: "Pessoas fazem negócios com pessoas que conhecem, gostam e confiam, recomendadas por pessoas que conhecem, gostam e confiam".

Como acontecia em Bauru quando CARLOS ARAUJO SOUZA era o secretário da Prefeitura Municipal, nos anos 40 e 50. CARLOS, meu querido e saudoso pai.

PEQUENAS PRECIOSIDADES

Volto ao livro de GARY VAYNERCHUK, aqui já comentado, e que em meu entendimento ainda não mereceu o reconhecimento devido: *Gratidão – Como gerar um sentimento incrível de satisfação em todos os seus clientes*, da Editora LUA DE PAPEL. Reitero minha recomendação. Para este comentário separei pequenas preciosidades do livro, e que agora repasso a vocês. Em meu entendimento, o livro trata com competência e propriedade, da economia do vender, por favor; a economia do muito obrigado, por comprar. Os novos tempos.

1 – *Lições do passado* – "A mídia social transformou nosso mundo em uma grande cidade pequena, dominada, como todas as pequenas cidades costumavam ser, pela força dos relacionamentos, pela troca de atenções e pelo poder do boca a boca. Para ter sucesso hoje e no futuro, é imperativo que lembremos o que funcionava no passado".

2 – *Quando o passado vira presente e futuro* – "Então, por volta de 2003, no meio desse mundo high-tech, digital e impessoal, um novo trem começou a percorrer os trilhos da internet. Não se parecia em nada com os trens em que nossas bisavós andavam, mas, apesar de toda a modernidade digital, essencialmente diminuiu as distâncias criadas após quase um século de uma cultura automobilística, de terras baratas e de tecnologia. Muitos de nós ainda vivíamos longe uns dos outros, mas estávamos a ponto de ser conectados como se vivêssemos em uma pequena cidade. O trem chamava-se WEB 2.0, hoje conhecido como mídia social. Percorria os trilhos da internet a uma velocidade avassaladora, sendo cada vagão uma poderosa plataforma projetada para fazer as pessoas conversarem novamente. A internet silenciosa, anônima e reservada de repente tornou-se um imenso bate-papo pessoal e revelador. O modo de vida das pequenas cidades estava on-line à medida que todos queriam saber as novidades de seus conhecidos. Nosso acesso matutino às mídias sociais para verificar o que todo mundo estava fazendo tornou-se o equivalente da antiga caminhada matutina até a lanchonete para comer panquecas no café da manhã. Acessamos o "FEICEBOOK" e comentamos sobre a foto dos novos sapatos de uma amiga de uma determinada loja porque ela informou isso na atualização de seu status... A mídia social permitiu-nos ficar muito mais atentos do que antes aos detalhes da vida de outras pessoas, ao que está acontecendo e ao que as pessoas pensam ou fazem...".

3 – *Olha só quem voltou!* – "O boca a boca está de volta. Quando a sociedade cortou os laços pessoais e profissionais que existiam nas antigas e pequenas comunidades, as pessoas se espalharam como formigas numa mesa de piquenique – muito ocupadas e fortes, mas afastadas demais para trabalhar em grupo. Agora, a internet amadureceu de

tal maneira que a força da mídia social permite que todas as formigas se reúnam debaixo da mesa e possam virá-la, se quiserem...".

4 – *A economia da gratidão* – "No fundo, a mídia social requer que os líderes empresariais passem a pensar como os donos de lojas em cidades pequenas. Eles precisarão ter uma visão de longo prazo e parar de usar parâmetros de curto prazo para medir seu progresso. Terão de deixar que a personalidade, o coração e a alma dos que gerenciam todos os níveis da empresa se manifestem, bem como terão de fazer o melhor que puderem para moldar o boca a boca que circula sobre eles, tratando cada cliente como o mais importante do mundo. Resumindo, terão de reaprender e empregar a ética e a capacidade que as antigas gerações tinham de sobra, e que muitos de nossos bisavôs usavam para construir as próprias empresas. Estamos vivendo o que gosto de chamar de economia da gratidão, porque as empresas que conseguirem agir à moda antiga – e de maneira autêntica – terão chance de se manter competitivas... A economia da gratidão recompensa os maratonistas, não os corredores".

5 – *Muitos contatos ou poucas conexões* – "Se sua visão da mídia social for tão estreita que tudo com o que se importa é o número de fãs, retuítes ou de acessos que conseguiu, ainda não entendeu nada. Os números só provam que fez contatos, não conexões...".

SUCESSO E RECONHECIMENTO

Cansados de verem seus pais chegarem em casa caindo pelas tabelas – para usar uma expressão da época, anos 1990, silenciosamente, os jovens grown-up digital, ou geração Y, ou qualquer outra denominação que você queira dar, começaram a olhar para frente. Os anos se passaram, e chegou a hora de procurar emprego. Pausa.

Ingressamos de forma irreversível na sociedade de serviços, ou como alguns chamam, pós-industrial. É tudo novo e diferente. Empresas deixam de ser verticais e passam a ser horizontais; o capital deixa de ser o dinheiro e passa a ser o conhecimento; empresas diminuem internamente e crescem de forma exponencial externamente pela componente colaborativa das novas organizações. Sua força, energia ou capital humano funciona mais ou menos como alguns experimentos no YOUTUBE, onde, em orquestras descomunais, os músicos tocam seus instrumentos sem saírem de suas casas. E produzem uma música fantástica e arrebatadora. Final da pausa e retornando ao tema.

Agora vão à luta. Não querem, nem por um cacete, empresas e ambientes que fizeram seus pais voltarem para casa caindo pelas tabelas – repetindo a mesma expressão da época. Sua hierarquia de valores e árvore de decisão tem outra configuração, novos galhos, folhas, flores e frutos, novas e inusitadas razões e motivos.

LIZANDRA BASTOS, pedagoga e analista de treinamento do NUBE – Núcleo Brasileiro de Estágios – revelou à revista MELHOR os resultados de pesquisa realizada por sua instituição com os grown-up digital, geração digital, os jovens de hoje e amanhã. Aprenderam com os pais e não querem voltar para suas casas caindo pelas tabelas como seus pais – repetindo pela terceira vez a mesma expressão da época. O que querem então, os 4.834 internautas consultados pelo NUBE?

Em primeiríssimo lugar, 39,35%, sucesso e reconhecimento. LIZANDRA explica, "A carreira está associada a diversos aspectos fundamentais, ligados à satisfação das necessidades psicológicas, como autoestima e identidade. Sendo assim, as pessoas buscam a própria realização".

Na sequência buscam estabilidade profissional – "diariamente, novas necessidades surgem e modificam as relações. Esse cenário favorece a busca por segurança onde o profissional atua". Depois, na terceira e quarta colocação, uma profissão capaz de ajudar as pessoas, e atuar numa empresa socialmente responsável.

E a grana? Óbvio que a galera precisa de dinheiro, mas, diante de tudo o que viveram, passaram e veem, grana vem na 5ª colocação com 9,5% das manifestações. Fala LIZANDRA: "A última alternativa é chamada de necessidade elementar. Já deixou de ser uma preocupação eminente. Hoje as pessoas buscam aceitação e satisfação com seu trabalho... O jovem tem anseio de crescer profissionalmente e alcançar o sucesso. Para isso, o reconhecimento e a elevação da autoestima são extremamente importantes. O salário e os benefícios são consequências".

Sua empresa oferece esse ambiente para os queridos, necessários e fundamentais jovens da geração digital? Eles percebem, na recepção, no olhar das pessoas, no ambiente interno, perspectivas verdadeiras e consistentes de sucesso e reconhecimento?

ARRUMANDO AS MALAS ANTECIPADAMENTE

A partir de uma determinada idade muitas pessoas começam a arrumar as malas. Em verdade, a mala. A última e derradeira mala por aqui. Preparam-se para partir. E nada melhor partir com a paz de deixar tudo organizado e repartido sem nenhuma preocupação na véspera. Assim, e salvo os que partem de repente e das chamadas mortes súbitas, é natural da vida preparar-se cuidadosamente para a morte. Só que agora muitos decidiram arrumar as malas bem mais cedo. E se a "moda" converter-se em cultura, mercados e negócios irão se reduzir proporcionalmente.

Esse novo movimento caso se adense e perenize, cria um horizonte novo, inusitado e inesperado para as empresas. E introduz uma variável adicional além da segunda pele que o mundo vem ganhando a partir de 1995, e mais consistentemente 2005, o ambiente digital.

Lá atrás muitas pessoas aderiram ao minimalismo e decidiram diminuir seus espaços, pertences, aliviando seus pesos existenciais. O chamado lastro ruim que impedia uma maior e melhor movimentação. Mas essa decisão era restrita, não mereceu consideração maior, e ficou na história. Faltava um fato novo e relevante para que a chama voltasse a brilhar, encantar mais pessoas, granjear milhares de adeptos pelo mundo. Esse fato ocorreu em 1971, chama-se microchip, o 4004, e foi parido pela INTEL. E na medida em que o neto da válvula incandescente e filho do transistor criou a possibilidade real e acessível de diminuir tudo ao redor, a chama que não se encontrava totalmente apagada voltou a brilhar e agora atrai, além de mariposas, milhões de seres humanos do admirável mundo novo, plano e colaborativo.

No final de semana de março, dias 23 e 24, o VALOR publicou na capa de seu suplemento Eu, de final de semana, a matéria "Simples assim", onde menos é mais, assinada por ALEXANDRE RODRIGUES. Na matéria, histórias mais que emblemáticas. De ALEX CASTRO que trocou seu apartamento na Barra da Tijuca, Rio de Janeiro, de mais de 600 metros quadrados, onde dormia num quarto com mais de 20 metros quadrados, e hoje mora num apartamento pouco maior que seu quarto. Aboliu armários, gavetas, reduziu seu "guarda-roupa" para três pares de sapato, três calças, uma camisa, 12 camisetas, colocou toda a sua biblioteca dentro de um Kindle, todas as suas músicas num mp3 player/laptop, e uma pequena câmera fotográfica digital.

Outro milionário, GRAHAM HILL, que vendeu sua empresa do digital, antes da bolha da internet vazar, por US$ 300 milhões, em 1998, engatou um romance com OLGA que o convenceu a abrir mão de seu apartamento de quatro andares em Manhattan e ir morar com ela num pequeno apartamento em Barcelona, diz: "eu gosto de coisas materiais tanto quanto qualquer um. Estudei design, apoio gadgets, roupas e todos os tipos de coisas. Mas minha experiência mostra que depois de um certo ponto os objetos materiais têm uma tendência a piorar as necessidades emocionais que deveriam apoiar...".

Estudos recentes realizados por psicólogos em diferentes lugares do mundo concluíram que pessoas consumistas revelam-se permanentemente ansiosas, infelizes, antissociais, e até mesmo mergulham em processos depressivos. Nesses estudos, os que tinham menos estavam mais, muito mais próximos da felicidade do que os que tinham mais.

Marketing é olhar o mundo e a vida sob a ótica das pessoas, do mercado, dos clientes. Marketing é pensar, planejar, posicionar e ativar a empresa de fora para dentro. Marketing é tentar o tempo todo "walk in someone's shoes". E se a quantidade de "shoes" está sendo reduzida, assim como de todos os demais produtos e objetos de consumo, pela manifestação, desejo e felicidade das pessoas, as empresas terão de aprender a viver, sobreviver e se preservar prósperas num mundo onde menos é mais. No mega desafio de um mundo em permanente "dancing days", de pessoas "lindas, leves e soltas".

FIO E FOMOS, OU GERAÇÃO FLUX

Em 1996, e posicionando-se como a publicação do *Admirável Mundo Novo*, dando suporte e tentando explicar tudo o que acontecia no ambiente digital, nascia a revista FAST COMPANY. Até o estouro da bolha cresceu, prosperou, esbanjava saúde. Depois que a bolha definhou, quase morreu. Mas, desde então, e coadjuvada pela WIRED, de CHRIS ANDERSON, é a voz impressa e também no digital de tudo o que é mais relevante.

Em suas primeiras edições falava das novas lideranças, da presença da mulher no ambiente corporativo, até que em três edições seguidas chacoalhou o mundo. ABR/MAI97 – "Change"; AGO/SET97 – "The brand called you"; DEZ97/JAN98 – "Free agent nation". E assim seguiu em todos os demais números. Na edição de fevereiro de 2012 voltou a revolucionar informando que, de verdade mesmo, não obstante todas as mais que comentadas gerações, existe uma que engloba todas e sobre a qual todos deveriam refletir e, depois, decidir o que querem para suas vidas. Anunciou a geração flux, em que, mais importante que a idade – embora a idade continue sendo importante porque os mais jovens nascem com uma moldura zero quilômetro – é a atitude. A atitude que você, independentemente da época e geração que nasceu, decida ter, do que pretenda para sua vida. Mesmo que tenha mais de 80 anos de idade. É isso.

Quem criou o termo para definir esses "jovens", geração flux, foi o editor da revista, ROBERT SAFIAN. Entrevistado pelo correspondente da FOLHA em NYC, RAUL JUSTE LORES, entre outras coisas, disse, "É preciso um novo líder para motivar os diferentes matizes da geração flux. Um novo líder que saiba abrir mão do controle total, que desperte a confiança mesmo sob a pressão permanente das incertezas a que estamos expostos. Presidentes tradicionais não ficam confortáveis nessa nova era. Um novo líder é mais que necessário principalmente nas grandes empresas de hoje".

Segundo SAFIAN é preciso aprender a conviver, naturalmente, em especial os mais velhos, com o "FIO" – figure it out – "vire-se, ou descubra por você mesmo em vez de ficar esperando alguém te ensinar", e com o "FOMO" – fear of missing out – medo e sensação permanente de estar perdendo alguma coisa. O melhor antídoto para o "FOMO" é o "FIO", é a atitude de não esperar e correr atrás.

SAFIAN lembra também que todos que integram a geração flux – lembre-se, essa geração não é por nascimento, é por adesão, por atitude – não reconhecem mais separação entre casa, família, trabalho, rotinas, passeios... Convivem com tudo, simultânea e naturalmente, sem estresse. "As pessoas da geração flux já trabalham como os chineses. Podem não ir ao escritório sete vezes por semana, mas suas mentes estão permanentemente conectadas ao trabalho por celulares, internet e demais gadgets e plataformas... trabalhar de segunda a sexta no mesmo espaço físico não é a melhor maneira de achar respostas para seus problemas... é praticamente impossível se ter a grande ideia estando no mesmo ambiente e convivendo com as mesmas pessoas... a geração flux é apaixonada pelo que faz, mais que medo da concorrência, trabalha por paixão. Veem oportunidade nesse mundo de caos..."

Isso mesmo, querido leitor de 12 ou 99 anos, a bola está com você. Vai querer participar e ser feliz na geração flux? Ou continuar reclamando das mudanças?

MUNDO COMPARTILHADO

Chega um pouquinho mais para lá... Isso, agora deu... Lembra, quando a turma se reunia e faltava um lugar na mesa, no banco da praça, e as pessoas se espremiam um pouco e acomodavam quem chegava. Assim é o admirável mundo novo. Todos querendo compartilhar, abrir um espaço, e em vez do muito obrigado, ganhar um troco.

Entro no www.airbnb.com.br e digo que quero ir para Salvador, Bahia. Sete dias, de 15 a 22 de maio. Um monte de novos amigos abre um espaço e se dispõe a me receber. Um morador do centro da cidade me oferece um quarto inteiro, no centro, por R$ 42 ao dia. E posso consultar as 37 recomendações de quem já ficou lá. Kim, dá seu testemunho, "thanks for the warmly hosted stay during Carnaval! Mark was very kind...". Outro diz ter "the most beautiful view of Salvador" e oferece um quarto inteiro por R$ 84. Ao todo são 556 ofertas de acomodação.

Já no canubring.com "compro" um espaço na mala de um viajante. Lá está, por exemplo, alguém voltando de Paris para São Paulo, no dia 22 de maio, e se oferecendo para trazer alguma encomenda que eu precise. Pago uma comissão de 10% para o site e acerto com o simpático viajante um valor pelo espaço em sua mala.

Agora, se você topa compartilhar seu WI-FI inscreva-se no corp.fon.com. Já são mais de 8 milhões de pontos de acesso à internet em todo o mundo que aderiram ao fon. Tem um monte de coisa que você ou não usa mais ou só usa de vez em quando? Quer compartilhar e levar um troco? O rentoid cuida disso. Já são mais de 100 milhões de "tranqueiras" para alugar – www.rentoid.com. Carrinho e cadeirinha de bebê, trailer, microfone, bolsa Louis Vuitton, Audi TT, bateria, cofre, micro-onda, avião – um aircraft partenavia P68C por US$ 850 o dia ou US$ 3.600 a semana. Quer um barco? Um cruiser yatch por US$ 2.310 o dia.

Quer alguém para passear com o cachorro, ou limpar sua casa, ou montar os móveis que você comprou, ou comprar comida para você, ou, ou, ou...? www.taskrabbit.com. Não quer nada disso, mas quer prestar esse serviço? Tudo bem! Você pode ser um TaskRabbit, desde que saiba sorrir e goste de ajudar as pessoas. Precisa de alguém para cuidar de seu cachorro? Dogvacay.com. Milhares de pessoas oferecem-se para cuidar com atenção, cuidados e carinho de seu melhor amigo. Por preços que partem de US$ 15 o dia mais despesas de limpeza e alimentação. Digitei New York City de 10 a 17 de maio de 2013, e 745 pessoas se ofereceram para cuidar de meu cãozinho imaginário...

Entendeu? É assim daqui para frente. Dispõe de tempo, espaço, de alguma "tralha" que não precise e quer fazer algum troco? Compartilhe. Entendeu agora o raio de desintermediação, ou o todos vendem tudo?

A INVASÃO SILENCIOSA DOS MAKERS

Os makers estão chegando; silenciosamente. Estão próximos, ao nosso lado, muitos dentro de nós e hibernados. Vão despertar; vamos despertar. Amanhã.

CHRIS ANDERSON é um dos mais consistentes visionários do Admirável Mundo Novo. Suas considerações sobre o futuro próximo têm pautado pela assertividade plena. Anunciou A cauda longa, pautou o free, e agora entra de cabeça, corpo e alma no movimento makers. Para aonde muitos de nós ou quase todos estamos caminhando. Porque somos assim. É da natureza do ser humano querer construir, edificar, produzir, fabricar. E porque assim também é CHRIS; além de comandar a revista WIRED, agora liberou o maker que existia dentro dele, e é cofundador da 3D ROBOTICS, empresa que fabrica robôs aéreos e drones. Tudo isso e muito mais está em seu novo livro *Makers – A nova revolução industrial*, lançado no Brasil em 2013 pela CAMPUS. Compre e prepare-se para a próxima década e todos os demais anos do resto de sua vida. Você é um maker.

Segundo CHRIS, sempre fizemos as coisas; sozinhos. Entre nossos amigos sempre convivemos com artífices e inventores. A diferença agora é o digital. Podemos "1 – usar as ferramentas digitais para o desenvolvimento e prototipagem de projetos de novos produtos; 2 – compartilhamos esses projetos e conseguimos a colaboração de comunidades on-line, e 3 – trabalhamos com formatos comuns de arquivos de projetos possibilitando que qualquer pessoa envie suas criações para serviços profissionais de fabricação, onde serão produzidos em qualquer quantidade...". CHRIS diz que "os líderes do movimento maker assemelham-se a STEVE JOBS, que viu no computador pessoal não só a oportunidade de construir uma empresa, mas, principalmente, a força que mudaria o mundo".

E daí, o que vai acontecer com as grandes indústrias, corporações, empregos? CHRIS começa a responder – começa porque ainda não é possível se ter uma resposta completa – lembrando da citação do escritor canadense de ficção científica, CORY DOCTOROW, "Os dias de empresas com nomes como GENERAL ELECTRIC, GENERAL MILLS e GENERAL MOTORS chegaram ao fim. O dinheiro sobre a mesa é como um krill: um bilhão de pequenas oportunidades empreendedoras a serem descobertas e exploradas por pessoas criativas e inteligentes". E, segue, "O movimento maker tem muito mais a ver com autossuficiência e personalização – fazer as coisas para uso próprio. Não se trata de criar grandes empresas, mas de libertarmo-nos das grandes empresas... Muito a ver com o modelo de autossuficiência do kibutz israelense, forjado em época de necessidades prementes e de crença filosófica na ação coletiva, quanto ao modelo de GHANDHI, de independência industrial das aldeias, na Índia... Em síntese, nem todos cultivaremos nossos próprios alimentos nem renunciaremos às virtudes de um shopping mega abastecido, mas num futuro muito próximo será possível produzir muito mais sob encomenda, em oposição ao fabricado, distribuído, estocado e vendido em massa... Uma economia menos motivada em interesses comerciais e mais impulsionada por motivações sociais, como já ocorre, por exemplo, com o software aberto...".

E daí? "A GM e a GE não estão desaparecendo. Não se trata da extinção das megaempresas mas, sim, o término do monopólio da megaempresa... Mais inovação, em mais lugares, de mais pessoas, concentradas em nichos mais estreitos. Em conjunto, todos esses novos produtores reinventarão a economia industrial, quase sempre produzindo pequenos lotes, de milhares de unidades, mas com a vantagem competitiva de oferecerem produtos customizados a consumidores exigentes e seletivos... Para cada FOXCONN com milhões de empregados produzindo para mercados de massa, milhões de novos produtores, fabricando especialidades para mercados de nichos".

Apenas isso. Preparado?

"REDES DE INDIGNAÇÃO E ESPERANÇA"

Existe um novo mundo. A inocente semente foi plantada em 1971, batizada de microchip, e apelidada pela sua mãe, INTEL, de 4004. Uma espécie do feijão da fábula. Ninguém, nem uma única pessoa, jamais considerou a possibilidade de que aquela pequena semente, que não parou de diminuir e multiplicar sua capacidade de processamento quase ao infinito, produziria, quarenta anos depois, um cenário deslumbrante, capaz de mobilizar milhões de pessoas pelas ruas do mundo desejosas de repactuar relacionamentos, sentimentos, vidas. Mas, vamos a CASTELLS.

Enquanto as ruas do Brasil enchiam-se de indignados, mas carregados de esperanças, MANUEL CASTELLS, sociólogo espanhol que com total merecimento recebeu o HOLBERG INTERNATIONAL MEMORIAL PRIZE de 2012, palestrava em Porto Alegre e São Paulo, e dentro da programação deste ano do FRONTEIRAS DO PENSAMENTO, sua fala iluminou.

Segundo CASTELLS, "Ao sentirem a possibilidade de estarem juntos surge a esperança de fazer algo diferente. O quê? Não se sabe, mas seguramente não é o que está por aí... Os cidadãos do mundo não se sentem mais representados pelas instituições democráticas. Não é a velha democracia real, não. Eles são contra essa prática democrática em que a classe política se apropria da representação, não presta contas em nenhum momento e justifica qualquer coisa em função dos interesses que servem ao Estado e à classe política, ou seja, os interesses econômicos, tecnológicos e culturais".

CASTELLS anuncia o espaço autônomo: "Quando falo do espaço público, é o espaço em que se reúnem as pessoas. Atualmente esse espaço é o físico, urbano, e também o ciberespaço, o da internet. É a conjunção de ambos que cria o espaço autônomo. Há uma destituição sistemática do espaço público das cidades, que está sendo convertido em espaço comercial. Há meses – na Praça Taskim e no Parque Gezi – milhares de pessoas protestam contra a destruição do último parque público da cidade, onde seria construído um shopping center dedicado aos turistas, e negando aos jovens o espaço que poderiam ter para se relacionar, para existir como cidadãos. Uma espécie de negação ao direito básico da cidade".

Em síntese, segundo CASTELLS, o que muda é que os cidadãos têm um instrumento próprio de informação, auto-organização e automobilização. "Antes, tudo o que podiam fazer era participar de manifestações organizadas por partidos e sindicatos... finalmente, sem depender das organizações, a sociedade tem a capacidade de se organizar, debater e intervir no espaço público". O espaço que nos pertence, cidadãos, e que temos de pedir licença de uso para representantes que não nos representam.

Apenas isso. A semente inimaginada frutificou. Estamos diante da maior epifania da história recente. Não precisamos mais de intermediários incompetentes, corruptos, mentirosos. Mais que na hora de começarmos a construir uma Nova Democracia. Finalmente, a Democracia Direta. Agora já possuímos os meios e recuperamos a voz; vamos em frente.

capítulo 2

INTELIGÊNCIA DE MERCADO

Foi bom enquanto durou. Depois de anos de felicidade e renovar de esperanças, mas muitos prejuízos, varejo e instituições financeiras optaram pelo divórcio amigável. Empresas prepotentes insistem nas tentativas de submissão de seus clientes, inconformadas com os novos tempos de sedução e convencimento. E o exemplo da querida personagem infantil DORA repetido à exaustão nas empresas, "Chamem o Mapa!".

NUNES inventou a cidade do chocolate e agora dá conselhos para os novos empreendedores. Produtos falam e causam estranheza e questionamentos se deixam de produzir seus sons característicos. Finalmente a FIAT emplaca o prêmio de carro mais querido e admirado pelos proprietários de automóveis, segundo QUATRO RODAS.

O emblemático jantar de dezembro de 2012. Um jantar a luz de lâmpadas, mas que deveria ter sido a luz de velas. Numa espécie de despedida da era dos bancos, e de uma FEBRABAN que perdeu o juízo e a razão de ser. Enquanto há quase 100 anos FRANZ oferecia um extraordinário exemplo em Viena – com a carne – do que é ter apreço pela clientela, NELLO escorregava no tomate.

Inspirada no craque Argentino BARCOS, a DUDALINA tira a venda de um dos olhos e, finalmente, reconhece um extraordinário mercado que não conseguia ver e passa a explorar. Todos os consumidores, independentemente de classe social e poder aquisitivo, finalmente, começam a considerar, de verdade, o valor dos produtos e serviços.

E a INTEL cochilou, e perdeu a vaca cliente de vista, e ingressou em grave crise. Em tempos de travessia, nada melhor do que a adoção do parkour em marketing. E o luxo, pelo luxo, finalmente, definha!

INTERESSES DIVERGENTES

Supostamente, instituições financeiras e varejo olhavam para uma mesma direção, tinham interesses convergentes e, por decorrência, e em tese, seriam ótimos parceiros. E, assim, se casaram. As principais instituições financeiras, e as principais organizações de varejo – noivas cobiçadíssimas – depois de rápido, mas exaustivo noivado, subiram ao altar, e as parcerias foram se concretizando. Assim era o Brasil em meados da década passada. Assim não é mais o Brasil de dois anos para cá.

Isso posto, os divórcios se multiplicam, e os números se revelam. Os interesses não eram necessariamente convergentes, e a aparente felicidade camuflava prejuízos gigantescos.

Dentre os casamenteiros, pontificaram ITAÚ e UNIBANCO, que depois se casaram, e passaram a deter algumas das mais importantes parcerias com o varejo. Algumas sobrevivem, como a com o PÃO DE AÇÚCAR. Mas, sabe-se lá, por quanto mais tempo.

Os primeiros divórcios revelados ao mercado falam do fim do casamento do ITAÚ com as LOJAS AMERICANAS, e com a CASA E CONSTRUÇÃO – C&C. Procurado por VALOR, o ITAÚ explicou, "especificamente na área de crédito ao consumidor, o atual cenário fez com que o banco encerrasse algumas dessas parcerias, como parte dessa estratégia e com o objetivo de focar em negócios de maior escala e retorno". Que negócio poderia ter maior escala que uma parceria com varejos de sucessos? Que negócio poderia oferecer melhor retorno? Ou será que os acordos foram celebrados de forma descuidada, e os critérios de concessão de crédito revelaram-se insuficientes?

Os números alimentam essas suspeitas. Na parceria específica com as LOJAS AMERICANAS o ITAÚ UNIBANCO investiu R$ 250 milhões, num contrato que só se encerraria em 2026, e que acabou sendo denunciado. Os números dos sete anos de casamento nos balanços da financeira resultante da parceria: prejuízos de R$ 26 milhões em 2006, R$ 61,7 milhões em 2007, R$ 79,7 milhões em 2008, R$ 59,4 milhões em 2009, R$ 16,7 milhões em 2010, e R$ 6,3 milhões em 2012. Um único lucro em 2011 de R$ 24,7 milhões.

As incompatibilidades de interesse, ou interesses divergentes só se escancararam pela inadimplência crescente, e pela baixa nos juros. Para que o negócio continuasse interessante, com juros mais baixos, precisariam financiar muito mais. Se financiando menos, os prejuízos já eram insuportáveis, pisar no acelerador só "avermelharia" mais os balanços. E a AMERICANAS queria e precisava vender mais. E o ITAÚ precisa e queria vender mais, mas com um rigor infinitamente maior na concessão do crédito. E rigor excessivo com velocidade acelerada definitivamente não combinam. Ou se mete o pé no acelerador ou se puxa o freio.

Isso posto, quebrou-se o encanto, desfez-se o casamento. Que ao menos tenham aprendido a lição. Casamento por interesse costuma não dar certo...

LEALDADE E SUBMISSÃO

Ainda hoje, poucas e teimosas empresas insistem em reter clientes mediante submissão. Uma tentativa descabida e extemporânea de prevalecer pela força decorrente da dependência, e não pelo apreço, admiração, carinho, amor, lealdade, próprias das empresas e das marcas modernas.

Até os anos 1960, no Brasil, era aquilo ou aquilo. A concorrência mínima. E, em muitas categorias de produtos, de nada adiantava querer um modelo de automóvel diferente, por exemplo; ou era um fusquinha ou era um fusquinha. E sonhar com um DANONE DE MORANGO, era ter pesadelos. Só existia o DANONE BRANQUINHO. Hoje, anos 2010, são raríssimas as categorias onde não existem 3, 4, 5, 10, 100 alternativas. E, assim, o aprisionar por dependência e falta de opção é uma página, felizmente, mais que virada.

Mas não é assim que entende a NESTLÉ, e seu mega-hit NESPRESSO. Um exemplo extraordinário de marketing de excepcional qualidade no planejamento e desenvolvimento do produto – marketing do antes –, no lançamento do produto – marketing do durante –, e um péssimo exemplo de arrogância e prepotência em reter por submissão e não por paixão – marketing do depois. E, como é do conhecimento dos que nos acompanham nestes comentários, até a segunda etapa, marketing do durante, tudo o que se consegue é alguém que se dispõe a experimentar. Mas, para tornar-se cliente, depende de aprovar o que experimentou, ser bem tratado, respeitado, homenageado. Hoje o NESPRESSO é um mega sucesso não pela excelência no marketing do depois, mas porque aprisionou, no pior sentido da palavra seus clientes, os obrigando a comprar exclusivamente da empresa, com uma política de preço inflexível, e sem nenhuma consideração pelas compras continuadas, ainda que compulsórias.

Agora, em agosto, na Alemanha, a NESTLÉ acaba de perder outra batalha. E perderá todas. E descobrirá, tardiamente, o quanto custa impor submissão aos clientes. Assim como já aconteceu em outros países, a NESTLÉ tentava, através da justiça, proibir que concorrentes vendessem as cápsulas para serem utilizadas nas máquinas NESPRESSO.

E, a decisão, foi, "Ao comprar uma máquina NESPRESSO, o consumidor também adquire o direito de operar a máquina da maneira que achar mais adequada, incluindo aí o uso de cápsulas produzidas por outros fabricantes". JEAN-PAUL GAILLARD, da BETRON, que vende cápsulas não licenciadas por preços 33% menores, declarou, "o que a NESTLÉ está fazendo é o que todos os fabricantes de impressoras tentaram fazer quando outras companhias começaram a produzir cartuchos de tinta. O fabricante sempre tenta manter o monopólio, mas outras companhias surgem e desafiam isso. É o livre mercado em funcionamento e isso é bom para o consumidor".

Clientes que gostavam de apanhar não moram mais aqui. Chega de dependência e submissão. Viva o direito de escolha; viva a possibilidade de retribuir com preferência e lealdade quem nos trata com respeito e consideração.

CHAMEM O MAPA!

Sem um mapa não se vai a lugar algum. Ou se vai; permanece-se no mesmo lugar. Que o digam DORA, A AVENTUREIRA, e seu mais que querido amigo e companheiro, BOTAS, um macaco de botas vermelhas.

Criada por CHRIS GIFFORD, VALERIE WALSH e ERIC WEINER, em 1998, e produzida pela NICKELODEON ANIMATION STUDIOS, a partir de 1999, tornou-se uma série em 2000. DORA, uma cativante menina, e seu inseparável amigo BOTAS, ajudam seus amiguinhos do lado de lá do vídeo a superarem dificuldades, a aprenderem inglês e, principalmente, a compreender que não se chega a lugar algum sem um plano, emblematicamente traduzido na figura de um MAPA. O mapa que ensina o caminho em direção aonde se pretende chegar, já prevendo e marcando os desafios pelo caminho.

Cada episódio da série começa com a consciência de um problema e a necessidade de resolvê-lo. DORA vira-se para a plateia e diz, CHAMEM O MAPA. Chega o MAPA com sua trilha sonora característica, e os 2, 3 obstáculos a serem transpostos antes de se chegar ao objetivo. Assim, como na vida, tem sempre um RAPOSO querendo atrapalhar os planos. No final de todos os episódios, a explosão: Conseguimos!

SETH GODIN, um dos ícones do marketing moderno com um dos blogues mais acessados do mundo sobre o assunto, lembra o estudo realizado pelo dr. JAN SOUMAN, do MAX PLANCK INSTITUTE FOR BIOLOGICAL CYBERNETICS – "estudou o que acontece conosco quando não temos mapa, bússola ou nenhuma forma de determinar marcos de orientação. Pesquisou o que acontece com pessoas perdidas em florestas ou vagando pelo Saara, sem estrela polar ou Cruzeiro do Sul, e sem sol poente para guiá-los". Sabe o que acontece?

Apenas que "andamos em círculo. Mesmo que tentemos andar numa linha reta para sair da floresta ou do deserto, acabamos voltando para onde havíamos começado. Nossos instintos não são o suficiente.

Segundo SOUMAN, 'Não confie em seus sentidos, pois, mesmo quando você pensa que está andando em linha reta, pode não estar'. A natureza humana diz que precisamos de um mapa. Se você tiver coragem para desenhar um, as pessoas o seguirão".

Isso posto, daqui para frente, e para sempre, faça como DORA. Tenha a seu lado ótimos companheiros como o querido BOTAS, e jamais deixe de chamar o MAPA. Claro, que você desenhou, antes de decidir aventurar-se.

Mas, se você é como ALICE, sempre vale a observação do gato, "se você não sabe aonde pretende ir, qualquer caminho serve".

OS CONSELHOS DE NUNES

Não conhecia NUNES. Jamais ouvira falar de NUNES. Muito menos de sua CHOCOLÂNDIA. Se passei alguma vez em frente a uma de suas lojas não ficou registro. E agora encontro e descubro OSVALDO NUNES no inspirador caderno do ESTADÃO, PME – PEQUENAS e MÉDIAS EMPRESAS.

OSWALDO NUNES, 60, fez de tudo, ou quase, na vida. Auxiliar em sapataria, engraxate, funcionário de padaria, feirante, office-boy, distribuidor da BAUDUCCO, vendedor, gerente de merchandising da LACTA. Trabalhou, também, na área administrativa do GRUPO SILVIO SANTOS. Lembra que SILVIO sempre implicava com os colaboradores que cruzavam os braços: "Mantenham sempre os braços abertos para receberem as pessoas e as coisas boas da vida".

Sua epifania aconteceu durante uma visita, como vendedor de doces a pequenos varejistas, quando recebeu a oferta para comprar uma bombonière, a DOCERIA LARUTA, na Vila Prudente. Já no primeiro mês multiplicou o faturamento da pequena doceira por 10! Com o dinheiro da indenização da LACTA investiu na abertura da CHOCOLÂNDIA – na época, com 120 m². Hoje essa loja tem quase 11 mil m², e ainda abriu outras quatro lojas e tem mais cinco em seu plano de expansão. Na última Páscoa, vendeu 4 mil toneladas de chocolate.

Falando à GISELE TAMAMAR, NUNES revelou segredos e deu conselhos. Quando questionado por um conhecido das razões de investir no Ipiranga, "No Ipiranga não nasce nem capim", NUNES, respondeu, "Você não está vendo um monte de gente passando aqui? Não parece formiga? Então, formiga gosta de doce".

No capítulo dos erros, admite que seria melhor se tivesse expandido seu negócio do que concentrado numa única região. Passou 21 anos comprando os terrenos ao lado de sua primeira e maior loja, hoje. "Se eu tivesse investido o valor de cada propriedade na abertura de uma loja, talvez, a história da CHOCOLÂNDIA seria diferente".

E quanto a conselhos, adverte a todos que quiserem empreender que isso implica em dedicar a maior parte de suas vidas para que se tenha chance de ser bem-sucedido, "É preciso pensar se vale a pena. Todo mundo pensando em passear, ir à praia, e você pensando no que vai fazer na empresa. É assim até hoje. Acordo de madrugada, escrevo no papel a ideia para lembrar no dia seguinte e colocar em prática".

A VOZ DOS PRODUTOS

Produtos têm voz? Têm! Muitas vezes, na maioria das vezes, falam, silenciosamente, traduzindo o que são na soma de diferentes componentes que os caracterizam, e produzem uma palavra – substantivo, adjetivo, advérbio, interjeição, dentro de nós. Mas, muitos outros, falam de verdade, emitindo sons, ruídos, estalo, sussurros, em nossos ouvidos e corações.

Agora, e enquanto escrevo este comentário, KATINHA – meu amor e companheira de vida – a meu lado, trabalha em seu note. Como ainda se lembra com muita saudade das máquinas de escrever, agregou o som do teclado das velhas e queridas máquinas. Champanhe sem o espocar da cortiça não é champanhe. E imagine uma queima de fogos sem som. Certamente, passaria a sensação de ter dado "xabu" e, assim, não seriam CARAMURU. Que por sinal sempre alertava, também, "não tendo a cabeça do índio não é CARAMURU". E muitos ouviam os tambores distantes...

A voz, ou melhor, o som do automóvel, do motor do automóvel, então, nem se comenta. De manhã, ao dar a partida, e diante de um som desafinado, o proprietário vai para a lida transtornado. Se o incômodo for muito grande, então, cancela a reunião e dá uma passadinha no mecânico. E vizinhos de apartamento, na horizontal e na vertical, saem na porrada se a torneira não se manca e se mantém silenciosa. Principalmente, nas madrugadas das cidades.

Agora ter voz, som, ruído, barulho característico, quase música, tornou-se obrigação das empresas e seus produtos, diante de um novo consumidor – nós – cada vez mais exigente e sofisticado. Mais clientes para produtoras de som. Mas desafios maiores também.

Leio no THE WALL STREET JOURNAL que a busca pela voz do produto tem se tornado quase uma obsessão nas empresas. Na matéria, um novo lançamento da CLINIQUE – rímel – HIGH IMPACT EXTREME VOLUME – que despendeu centenas de horas e dólares para desenvolver a tampa perfeita e adequada, considerando as expectativas das consumidoras 2.0. Que ao fechar, garantisse a sensação que foi devidamente rosqueada, que o líquido jamais ressecaria, e tudo isso garantido pelo "clique" ouvido no final do processo. E que ainda teria de transmitir total e absoluta elegância.

No ano passado, a PEPSICO desconsiderou o barulho insuportável produzido pelas embalagens ecologicamente corretas de seus salgadinhos SUNCHIPS, mas, acusticamente insustentáveis, e teve de voltar às velhas embalagens de plástico. Enquanto a SHARPIE tem como atributo essencial na experiência de se usar seu marcador campeão um som que descreve como "scritch-scratch". E mais aspiradores com abafadores de ruído, e até mesmo o som do silêncio, ou a voz assumidamente muda de certos móveis, e equipamentos eletrônicos, que simplesmente fazem com que suas gavetas deslizem, silenciosamente.

Assim somos nós. Consumidores 2.0. Queremos produtos que nos impactem positiva, intensiva e adequadamente, de preferência, e através, dos cinco sentidos. Lembre-se sempre da lição da PROCTER com seu TAMPAX RADIANT. Era ignorado pelas adolescentes porque barulhento, ao abrir. Agora abre suavemente e não denuncia, nos banheiros públicos, o que está acontecendo ao lado. "A adolescente quer ser discreta, mas com a embalagem antiga não havia como... agora nossa embalagem é silenciosa", ALEX ALBACARYS, P&D mundial da PROCTER para TAMPAX. Nesse caso específico, o silêncio revelou-se valer ouro.

UM EXEMPLO, UMA INTERROGAÇÃO

No apagar das luzes de 2012, a chegada da holding da TOYOTA ao Brasil, que concentra e direciona todos os negócios do grupo fora do mercado automobilístico. Aqui, o exemplo, a lição. Se sua empresa gera caixa, e você pretende investir em novos negócios sejam eles quais forem, separe tudo! Crie uma holding independente, e trate cada investimento novo de forma exclusiva, específica, única, e que deve trazer resultados não importa o que venha a acontecer com o negócio original/principal do grupo, ou com os outros negócios. Jamais compartilhe profissionais. A investidora dos novos negócios da TOYOTA chama-se TOYOTA TSUSHO, e chega ao Brasil através de uma rede no território da beleza e em parceria com o maquiador e cabeleireiro CELSO KAMURA. Aqui a interrogação.

Nos releases distribuídos, e nas matérias publicadas, o propósito da rede de salões CELSO KAMURA EXPRESS: "Nosso foco é o fast beauty", segundo KENTARO INOUE, diretor executivo da TSUSHO. Serviços rápidos, com qualidade, e preço acessível. Uma rede de serviços rápidos de corte, escova, tintura e manicure. Sem hora marcada. O cliente será atendido respeitando a ordem de chegada. Preços 20% abaixo que a média da região onde se instalar cada um dos salões da rede. "As mulheres querem estar cada vez mais bonitas, investindo menos tempo nisso", conclui INOUE.

Entrevistado por VALOR, CELSO KAMURA, que passou dois meses treinando a equipe de 25 pessoas do primeiro salão no SHOPPING CENTER IBIRAPUERA, disse, "A cliente deve ser bem atendida por qualquer pessoa, para que seja fiel ao salão e não, necessariamente, a um profissional" – e, assim, toda a equipe foi contratada pela CLT, têm horários fixos de trabalho, férias remuneradas e plano de carreira.

Exatamente o oposto dos salões de maior sucesso nas principais cidades do país, em que cada profissional é independente, pessoa jurídica individual, e se soma ao salão em caráter de parceria. O salão oferece o espaço, o ponto comercial, a busca permanente por mais clientes, e o profissional entra com sua capacidade técnica, e paga por tudo o que consome em termos de produtos, dividindo com o salão em partes previamente combinadas o que recebe a cada atendimento. E a cliente escolhe por quem quer ser atendida.

Assim, difícil acreditar na possibilidade de se converter profissionais e artistas da ciência e da arte de fazer as pessoas ficarem bonitas em burocratas do pente e da tesoura. Das tintas e dos cortes. Dúvida e interrogação que aumentam na medida em que todas as mulheres têm seu profissional de confiança, e não seu salão de confiança. Como aliás acontece na relação entre DILMA e CELSO KAMURA. Acho que não vai dar certo.

FIAT NA CABEÇA

Na mais importante e consistente pesquisa sobre aprovação de produtos e marcas realizada no país – OS ELEITOS DE QUATRO RODAS – finalmente, e depois de 11 rodadas por ano, na 12ª edição, uma das quatro montadoras tradicionais, pela primeira vez, ocupa a primeira colocação: a FIAT, com seu FIAT 500.

Há três momentos no marketing. O marketing do antes – planejamento, concepção, estratégia e tudo mais. O marketing do durante – comunicação, demonstração/degustação/test-drive, convenções, feiras, road-shows, e tudo mais. Até aqui não aconteceu absolutamente nada. Atenção: o produto existe mas não existe.

E, finalmente, o marketing do depois. Quando alguém se entusiasma, se emociona, vai até o ponto de venda, e realiza a compra. A partir daquele momento, o produto passa a existir. Mas, ainda, a empresa e a marca não ganharam um cliente, e muito menos potenciais apóstolos e evangelizadores. Apenas alguém acreditou e comprou pela primeira vez. Tudo dependerá do grau de correspondência – pela prática – do que foi prometido no durante, e do que é entregue – pelo produto – no depois.

Passada essa derradeira e última barreira, a satisfação pela compra realizada, o comprador de uma primeira vez converte-se em cliente. Bem trabalhado, em cliente para sempre. Mais que bem trabalhado, seduzido e sentindo-se apaixonado, converte-se, naturalmente, em apóstolo da marca.

Num mundo onde o mais importante fator de compra é a referência de quem já tem, mais que multiplicado por todas as possibilidades do ambiente digital e suas redes sociais, ter clientes apaixonados é tudo que uma empresa precisa.

Assim, a mais importante entre todas as pesquisas é aquela que é realizada com quem comprou, procurando aferir seus diferentes graus de satisfação sobre diferentes aspectos, sobre a decisão de compra que tomou. Se a percepção que tinha no momento em que decidiu comprar é correspondida pela realidade da utilização.

Na 12ª rodada da pesquisa Os Eleitos, QUATRO RODAS e o Instituto de Pesquisa GfK entrevistaram 2.544 proprietários de 38 modelos de carros sobre sua satisfação a respeito de dezenas de itens de desempenho. Nas rodadas anteriores, venceram a RENAULT, três primeiros anos, HONDA nos sete anos seguintes, e HYUNDAI no ano passado. Finalmente, uma das quatro montadoras tradicionais teve um de seus modelos aclamados, a FIAT, com o 500. Um modelo que nasceu em 1957, e devidamente atualizado cobre-se de glórias e reconhecimento. O FIAT 500 totalizou 103,3 pontos, seguido pelo CHEVROLET CRUZE 100,9; VW JETTA 100,8; HYUNDAI i30 99,3; e HONDA CIVIC 98,5.

Nossa expectativa é que a FIAT tire proveito e dê a devida importância a essa conquista, o que jamais aconteceu, e nas devidas proporções, com as vencedoras anteriores.

O JANTAR

Em todos os últimos anos, os banqueiros do país se reúnem para celebrar num jantar organizado pela FEBRABAN. Até 2011, e mesmo depois de algumas crises, o clima era de alegria, festa, descontração. Executivos presentes contabilizavam bônus generosos. Numa quinta-feira, 13 de dezembro de 2012, a comida azedou, o vinho desceu raspando, poucos comeram a sobremesa, ninguém se lembrou do café. Era o tradicional jantar prenunciando os novos tempos que caracterizarão a atividade. Tempos de vacas magras, de mais exigência, rigor e, acima de tudo, eficácia. Os tempos de fausto e prosperidade fácil estão encerrados.

Como não poderia deixar de ser, a "crônica social" do evento foi realizada pelo jornal que melhor cobre a economia, VALOR. Destacou três de seus colaboradores para a missão: VANESSA ADACHI, CAROLINA MENDL e FELIPE MARQUES. Parece, segundo eles, que o dia foi escolhido a dedo, "enquanto a cidade de São Paulo entrava em colapso sob a primeira chuvarada de dezembro, dois executivos de bancos médios e a diretora de uma grande instituição privada conversavam descontraidamente no salão ainda vazio, alheios ao caos que retardava a chegada dos demais convidados. Entre as amenidades, alguém mencionou a palavra *bônus*... 'bônus, o que é isso, ninguém se lembra mais' disse um dos homens agitando o copo de uísque no ar...".

Até dias antes se discutia a oportunidade e a conveniência de se realizar o tradicional jantar diante de tanto baixo astral. Quando finalmente decidiram, o espaço preferido – HYATT – já estava ocupado e tiveram de contentar-se com o UNIQUE, onde o salão fica no subsolo sem sinal de celular e sem entrada privativa para autoridades e convidados especiais. Ruim para o evento, perfeito pelo clima na diretoria dos bancos.

Entre as "cenas" do jantar, retratadas na sensibilidade dos três jornalistas, as palavras de ROBERTO SETUBAL (ITAÚ-UNIBANCO): "o ano foi difícil", que chegou atrasado e meia hora depois do presidente do BANCO CENTRAL. A decisão de não estender o convite aos cônjuges por contenção de custos, e que tornou o evento menos festivo. Convites por e-mail. Pesos pesados pularam fora do jantar – LUIZ CARLOS

TRABUCO CAPPI, presidente do BRADESCO, em Paris; MARCIAL PORTELA, SANTANDER, tinha outros compromissos; ROBERTO SETUBAL, MURILO PORTUGAL (presidente da FEBRABAN), ANDRÉ ESTEVES (BTG PACTUAL) jantaram com o presidente do BANCO CENTRAL, ALEXANDRE TOMBINI. MURILO PORTUGAL, o tempo todo e em seu discurso, tentando apagar a péssima impressão que causou – e a entidade que comanda – por declarações inoportunas e desastradas no correr do ano.

TOMBINI, presidente do BANCO CENTRAL tentou trazer ânimo ao jantar aquietando os bancos concedendo maior prazo para determinadas providências e ajustes, e a eliminação de informações redundantes que tomam tempo, dinheiro e ocupam desnecessariamente muitas pessoas.

Os presentes se retiraram rapidamente. O jantar estava encerrado. Finalmente a hora da verdade dos bancos chegou. Vamos ver "quem tem farinha no saco", "quem tem lenha para queimar", sempre lembrando que "quem não tem competência não deveria tentar se estabelecer" nestes tempos de muita semeadura e pouca colheita. Ao menos em relação ao que acontecia até passado recente. Tempos em que finalmente a entidade dos bancos, a FEBRABAN, vai precisar aprender a trabalhar a imagem da instituição, e parar de dedicar-se exclusivamente ao lobby.

EMPRESAS BARCOS

Assim como eu, milhões de brasileiros palmeirenses andam de cabeça baixa. Uma vez mais o time foi rebaixado para a segundona, e do plantel remanescente dependiam e confiavam nos gols do argentino HERNÁN BARCOS, 28 anos, destro, 1,89m, mais conhecido como EL PIRATA. A cada gol que marcava levantava um dos braços para a torcida e tapava um dos olhos com a outra mão, à semelhança das tapadeiras monoculares dos mitológicos piratas.

Existem empresas que passam anos, décadas, com essas tapadeiras de piratas, e um dia descobrem que existe, ao lado e em paralelo, um outro território igual ou maior a ser explorado, e que não necessariamente significa uma diversificação radical, e sim, uma complementação. Apenas uma pequena abertura do foco, e um reforço no concentrar-se em uma mesma prestação de serviços. Foi o que aconteceu com a empresa catarinense DUDALINA, que durante mais de 50 anos notabilizou-se na fabricação de camisas masculinas.

Mesmo comandada por extraordinária e carismática líder, SÔNIA HESS, e talvez por ser mulher, acabou se descuidando e não dando conta do que vinha acontecendo com as mulheres – e com ela mesmo – desde 1949 quando SIMONE LUCIE-ERNESTINE-MARIE BERTRAND DE BEAUVOIR – SIMONE DE BEAUVOIR – publica seu emblemático e sinalizador livro *O segundo sexo*. Mulheres saindo de casa em direção ao trabalho e, de forma totalmente inconsciente, vestindo-se e se comportando como homens na luta heroica para abrirem e conquistarem espaço no ambiente corporativo. Até mesmo dispondo-se a usarem camisas...

Em 2010 SÔNIA desistiu de ser BARCOS e tirou a tapadeira que lhe vedava um dos olhos. Através de pesquisa constatou que as mulheres brasileiras compravam camisas aos borbotões e não encontravam nenhuma marca em quem pudessem confiar. A DUDALINA fechou 2012 com um faturamento de R$ 380 milhões, mais que o dobro de 2010, R$ 174 milhões, alavancada por mulheres que hoje compram suas camisas e já respondem por 35% das vendas das empresas.

Hoje a DUDALINA tem uma linha feminina com mais de 300 modelos que são substituídos através de quatro coleções por ano. Segundo SÔNIA, falando a MICHELE LOUREIRO, da EXAME, "As mulheres compram por impulso e precisávamos expor as camisas para atraí-las. Antes de entrar em um novo mercado, é preciso conhecer seu público". Foi o que fez SÔNIA e a DUDALINA, para um mercado que estava mais que à vista, lado a lado com o outro mercado, impossível de ser percebido pela tapadeira invisível que a empresa se impôs.

Será que sua empresa não é uma empresa Barcos?

CARONA EQUIVOCADA, NELLO

E aí o preço do tomate subiu e durante quinze dias não se falou outra coisa no Brasil, muito especialmente na cidade de São Paulo, concentração de italianos e descendentes, que não sobrevivem sem uma boa macarronada ao sugo. Sugo, de tomate. Mais outros molhos derivados do tomate.

Na cidade em que nasceu PETER DRUCKER, VIENA, havia um dono de restaurante chamado FRANZ. Sua especialidade, CARNE. Um dia o preço da carne subiu, todos os restaurantes decidiram boicotar porque acreditavam ser uma questão de patriotismo. Menos FRANZ. Continuou servindo à farta pratos de carne em seu restaurante pelos mesmos preços de sempre. Compensando a margem perdida pelo aumento de movimento, e pela venda de outros produtos e serviços que traziam mais e melhores margens. No natal daquele ano, DRUCKER foi quase expulso de sua família porque defendeu a atitude e sensibilidade de FRANZ.

Por infinitas razões, o preço do tomate extrapolou. No mês de março de 2012 subiu 18,25% segundo o IPC-FIPE – índice de preços ao consumidor. E acabou ocupando a cena. AUGUSTO MELLO, sócio da tradicional cantina NELLO´S, na zona oeste da cidade de São Paulo, decidiu reagir. Postou na internet sua indignação/protesto diante do preço da matéria-prima, e, fez exatamente ao contrário do FRANZ que optou por assimilar o prejuízo, encontrar outras formas de compensação, mas jamais transferir o desconforto para a clientela: "Nós temos ainda um pouco de tomate em estoque, mas, nos pratos executivos, não oferecemos nada com tomate há cerca de uma semana". Nada de tomate acerca de uma semana, numa cantina, é, na melhor das hipóteses, e por mais justas que sejam as razões, uma temeridade. Tentativa de suicídio.

Como não poderia deixar de ser, o NELLO´S ganhou páginas e páginas de matérias, e AUGUSTO NELLO tornou-se a celebridade da semana. A NELLO´S foi fundada em 1974, tem duas unidades na zona oeste de São Paulo, e explica "o preço de uma caixa com 20 kg de tomate, em 2012, oscilava entre R$ 20 e R$ 35 – o máximo não passou de R$ 70. Neste ano, chega a R$ 150".

As duas semanas de fama mais adiante resultarão numa fatura de tomates de gosto amargo pela perda de clientes. Que jamais se esquecerão de uma cantina que preferiu protestar em vez de assimilar, por poucos dias, os chamados "ossos do ofício", ou variáveis não controláveis a que se sujeitam todos os produtos que dependem do humor da natureza. O tomate subiu de preço pela simples razão de a produção despencar em virtude do excesso de chuvas. Mais dois meses e não se fala mais nisso. Mas todos se lembrarão de quem, consciente ou inconscientemente, optou por pegar carona na oportunidade de mídia, em vez de garantir seus clientes, mesmo com pequenos e pontuais prejuízos.

O FRANZ estava certo; DRUCKER idem, como sempre, e sempre!

MÉDICOS DE SINTOMAS

Milhares, talvez mesmo milhões de pessoas morrem todos os anos no mundo inteiro por terem sido tratadas com remédios que eliminam os sintomas mas ignoram as causas. Sentem-se aliviadas, passa a dor, voltam a sorrir, e morrem "felizes e tranquilas", dias ou meses depois. É o mais grave dos erros médicos. Diagnosticar-se pelos sintomas, ficar na superfície, e não mergulhar para valer nas verdadeiras causas. Muitos médicos incidem nesse erro por despreparo, pressa, inexperiência. E quase nunca as famílias dos mortos têm consciência da verdadeira *causa mortis* dos que partiram.

A manchete de O GLOBO da sexta-feira, 19 de abril de 2013, Caderno Economia, diz "Pressão entre os mais ricos – inflação no topo – disparada de preços faz até a classe a mudar de hábitos". E, realizado o diagnóstico a partir dos sintomas, seus repórteres foram atrás para dar substância à conclusão açodada a que o importante jornal brasileiro chegou, afirmando: "Dinheiro não é muito problema para eles. Mas isso não significa que não saibam o valor dele. Eles trabalham, viajam para o exterior e podem comparar os preços dos hotéis e restaurantes caros e roupas de grife. Pertencem ao seleto grupo da classe A brasileira".

E aí rechearam a matéria-tese com uma sequência de entrevistas. Como a de um empresário de shopping centers que diz, "O estacionamento passou a custar mais que o salário do motorista. É mais barato pegar táxi"; ou, o empresário ALEXANDRE ACCIOLY, "Se viajei de primeira classe em minha vida foi uma ou duas vezes. Tomo um remédio para dormir e não faço questão de um superconforto... Quando tinha dólar elevado, a gente tinha muito espaço no avião. Hoje você faz um voo e a primeira classe custa o dobro da executiva. Prefiro descarregar essa diferença na melhor suíte de hotel para onde estou indo". E por aí, perdida, caminhou a matéria...

De verdade mesmo, o que essas e as outras pessoas entrevistadas disseram ou revelaram é que, independentemente da inflação, hoje, depois de décadas de aprendizado da ciência e da arte de consumir, têm o discernimento necessário para saber o que é e o que não é relevante. Que, independentemente de quanto custa um produto ou serviços, se realmente justifica, pelo que entrega em todos os sentidos, o quanto custa. E que em boa parte das situações, menos é mais. Ou seja, não estão mudando seus hábitos por causa da inflação dos últimos dois anos. Estão mudando seus hábitos porque mais sensíveis sabem, agora, o verdadeiro valor do que pretendem comprar. E assim recorrem ao táxi com maior assiduidade porque em quase todas as situações é a melhor alternativa. Mesmo implicando num desembolso aparentemente maior, feitas as contas, é sempre mais vantajoso do que usar o próprio veículo. E trocaram a classe A pela classe executiva não porque não possam pagar mais a classe A. Simplesmente porque não faz mais sentido. Ou seja, estão mudando por uma questão de vida, e não de dinheiro.

E é por isso que reduzem os espaços onde moram e trabalham, diminuem os guarda-roupas, restringem a quantidade de bolsas e sapatos, eliminam ternos e gravatas, valorizam a alimentação de qualidade, redescobrem a delícia da água e do ar puro, e muito mais.

O olhar superficial detecta o conjuntural e conclui equivocamente. O olhar profundo e sensível detecta o estrutural e relevante, e constata, perplexo, mas maravilhado, um novo consumidor, independentemente da classe social. Desta vez, a inflação é a menor das causas. Mudamos de comportamento por outras e diferentes razões. E, desta vez, mudamos para valer, para melhor. E o melhor quase nunca é o mais caro. Para os que hoje entenderam, finalmente, o que é o melhor.

SÓ OS PARANOICOS SOBREVIVEM

Um dia, e olhando para frente, um dos fundadores do admirável mundo novo, o genial e adorável ANDREW GROVE, o homem INTEL, sentenciou, "só os paranoicos sobrevivem". Muitos acharam engraçado. Mas de graça não tinha nada, no admirável mundo novo só as empresas paranoicas, as que o tempo todo acreditam serem perseguidas, alimentam a desconfiança, consideram hostilidades de diferentes formatos e procedências, tenham alucinações hostis, têm chance de sobreviver. Que o diga a própria INTEL, talvez a maior responsável pelo início da construção do admirável mundo novo, quando lançou e tornou acessível, em 1971, seu legendário microchip 4004.

O sábio JOÃO DA PRAIA cantou e disse "aonde a vaca vai o boi vai atrás". Nós, consumidores, somos a vaca. As empresas, o boi. O boi sempre tem que atentar, ir, ser, estar próximo e disponível à vaca para atender e corresponder as suas expectativas no momento certo. Se a vaca desenvolve novos e estranhos hábitos, se interessa por novas formas de mugir e pastar, o boi, nós, empresas, tem que ir atrás e corresponder.

A vaca agora só quer saber dos "mobiles". Dos gadgets individuais e móveis. Anunciados pela APPLE e assimilados, desenvolvidos e aperfeiçoados por diferentes concorrentes. A INTEL e a MICROSOFT adoravam quando a vaca pastava e mugia parada. Agora a vaca caminha e os chips e os softwares que lhes garantia saúde, riqueza e prosperidade revelam-se inadequados. Bem feito, deixaram de ser paranoicas e agora começam a comer poeira.

Mas vamos ficar na legendária INTEL. Uma nova e não aprisionada e nem dependente dos velhos modelos tem roubado a cena e ocupado o seu lugar. Oferecendo à vaca, nós, o que ela quer. Pegando carona na arquitetura da ARM, apostando que menos é mais, e antes de completar seus primeiros 30 anos – fundada em 1985 – a QUALCOMM é o boi que entendeu e se coloca disponível às novas manias da vaca. Colocou todas as fichas nos equipamentos móveis, descobriu que vender o chip isoladamente não dava pé e integrou tudo – modem, processador, placa de vídeo, e criou a plataforma hoje dominante, SNAPDRAGON. Todo o resto virou história e caminha para o pó.

Hoje a plataforma SNAPDRAGON é o coração de mais de 800 equipamentos, e, brevemente, de 1.500. Hoje detém 52% do mercado de chips móveis. Enquanto a INTEL, onde tudo começou, contenta-se com apenas 12,3% desse território, ainda que domine com 95% de participação o território dos chips para PCs e laptops. Pena que esse território encolha assustadoramente e em velocidade infinitamente superior a que determinou, um dia, seu prevalecimento. Há dois anos, a INTEL valia o dobro da QUALCOMM; hoje vale menos.

De novo, a velha lição: pessoas não compram produtos, compram os serviços que os produtos prestam. Empresas jamais podem se apaixonar por produtos, e sim, o tempo todo, e para sempre, pelas pessoas que compram os serviços que seus produtos prestam. Para que possam no devido tempo, anteciparem-se, sobreviverem e prosperarem.

Aonde a vaca for, o boi, independentemente de qualquer outra consideração, deve, imediatamente, ir atrás. Tão simples quanto.

PARKOUR EM MARKETING

Vivemos tempos de parkour. Parkour em nossas vidas, parkour no marketing e nas empresas. Não existe tempo. O tempo é agora. Mais que decidir rápido, agir mais rápido ainda. Sem tempo para os caminhos convencionais. Eficiência? Esquece. Eficácia, insuficiente. Parkour!

Criado na França por DAVID BELLE, o parkour, mais que uma atividade física, uma disciplina, um jeito de ser, pensar e agir. Viver e superar todos os obstáculos pelo caminho como se vivêssemos em estado de permanente emergência. E é assim. Assim que nos encontramos, até o dia em que as águas do admirável mundo novo, plano, líquido e colaborativo acalmarem. Até lá, parkour.

Agora somos traceurs ou traceuses. Movemo-nos da forma mais rápida possível e na maioria das vezes por caminhos inusitados, não convencionais. Saltamos muros, pulamos valetas, descemos pelo corrimão, confiamos 100% em nosso instinto, ainda que a prática nos recomende não fazer.

A palavra *parkour* é originária do método adotado por GEORGES HÉBERT, "parcours du combattant", para o treinamento militar nos Estados Unidos. Já seus praticantes, traceur e traceuse, são derivados do verbo *tracer* – traçar –, fazer da forma mais rápida possível.

Você pratica o parkour em qualquer lugar e todo o equipamento necessário é calça e camiseta leves e tênis macio de sola reta. Opcionais são por sua conta e risco. Para não se arrebentar e seguir adiante o *parkour* proporciona um quase imediato conhecimento do corpo e da mente. Desenvolve força, resistência, coordenação motora, concentração, força de vontade, determinação e coragem. Tudo o que precisamos, pessoas e empresas, neste momento de travessia do velho para o novo, da indústria para os serviços, do vertical para o horizontal, do hierárquico para o colaborativo.

Desafio – preservar-se, sair vivo do outro lado. Segundo os adeptos do parkour, "é ridículo procurar liberdade e acabar quebrado numa cadeira de rodas". E da mesma forma que seus praticantes na paisagem urbana, profissionais e empresas precisam caprichar no *landing* – aterrissagens seguras e com amortecimento evitando lesões articulares; *balance* – equilíbrio em todos os movimentos; *cat balance* – equilíbrio nos movimentos mais radicais à semelhança dos gatos; *underbar* ou *jump through* – nem sempre a melhor decisão é saltar; muitas vezes, passa-se por baixo, caminha-se pelas frestas; *roll* – cair rolando e amortecendo a queda; e mais, *climb, vault, cat leap, drop kitty, gap jump, muscle up, tic tac...*

O que o praticante do parkour busca, no fundo, é "conhecer seus limites para poder expandi-los", a permanente busca da superação, aproveitar ao máximo e mais suas competências específicas, como melhor caminho para superar seus concorrentes e deslocar-se de um ponto a outro da forma mais rápida – eficaz – possível. Independentemente da suposta segurança dos meios e caminhos. Agora é assim. Pessoas e empresas.

O LUXO PELO LUXO DEFINHA

Existe uma diferença abismal entre o luxo pelo luxo, e o luxo decorrente da qualidade. O luxo pelo luxo passa pelo encantar-se com grifes e marcas de ocasião, via de regra apadrinhadas e adotadas pelas celebridades de plantão e que sustentam pegando carona nas próximas celebridades. Já o luxo genuíno insere-se na definição primorosa do poeta inglês JOHN KEATS contida em seu poema *Endymion*, "A thing of beauty is a joy for ever: its loveliness increases; it will never pass into nothingness...". Assim, existe uma narrativa consistente, lastreada em valores e autenticidade, no verdadeiro luxo.

De qualquer maneira, e no admirável mundo novo plano, líquido e colaborativo, as pessoas estão revendo radicalmente seus valores. E incorporando a suas vidas e comportamentos o menos é mais. Em suas cabeças uma pergunta cresce dia após dia: o que de verdade preciso para ser feliz? O quanto preciso? Como preciso? Quando preciso? Para que preciso? Onde preciso? E por aí vai. E sempre descobrem que exageraram e que se deixaram cegar, que se inundaram de inutilidades e coisas supérfluas. E que, e daqui para frente, menos é mais. Mais que na hora de facilitar a vida; mais que na hora de abrir espaços; mais que na hora de livrar-se de carga inútil, mais que na hora de ganhar leveza e mobilidade.

Isso posto, em todos os próximos anos, quase todos os dias, os funerais de grifes e marcas de ocasião. E as manifestações fazem-se presentes nas plataformas analógica e digital.

Em matéria da BLOOMBERG as primeiras notícias do debacle. De início, atingindo todas as grifes. O processo seletivo – quem sobrevive, quem derrete – vem na sequência: "Várias empresas como a LVMH e a PRADA divulgaram desaceleração nas vendas em 2013, afetadas pelo esfriamento da economia chinesa e a crise no mercado europeu" ou, conforme declarou GILDO ZEGNA, CEO da empresa que leva o nome de sua família, "Não traz tranquilidade a ninguém a onda de protestos nos países. As marcas de luxo têm de ser extremamente capazes para administrar a complexidade".

Na cabeça dos principais executivos das grifes trata-se, exclusivamente, de uma crise pontual, conjuntural. Não é. É estrutural. O ambiente está se modificando por completo, e as pessoas reveem radicalmente seus valores; e assim, ou migram e se adensam no território do luxo de qualidade, ou serão varridas do horizonte em questão de anos. Precisa ver, no entanto, se possuem lastro suficiente para a migração. A maioria não possui. Adeus.

capítulo 3

SUCESSOS, FRACASSOS, APRENDIZADOS

Na sociedade de serviços, e no mundo plano, líquido e colaborativo, todas as empresas concentrando-se do balcão para fora e terceirizando, sempre que possível e quase sempre é possível, do balcão para dentro. E a certeza de que marcas ligadas a personalidades quase sempre naufragam quando seu criador parte. Que o diga a ROSA CHÁ sem AMIR SLAMA.

E aí a NOKIA colocou parcela expressiva em pesquisa e asfixiou-se por excesso de informação, ficou tonta e fez bobagem. E da empresa próspera que há poucos anos era e foi, agora vive na UTI. Quando se faz o certo no lugar certo, tudo certo ou tudo bem. De nada adianta o certo no lugar errado. Que o diga o finado Museu dos Beatles na Alemanha. Já se fosse em Liverpool...

E nas últimas eleições o Édipo KASSAB matou seu pai JOSÉ SERRA. E aquele que tinha tudo para ser o maior e o melhor – Cartão Mais PÃO DE AÇÚCAR – continua patinando como se fosse o primeiro dia. Só que o primeiro dia foi em 2000. SYLVIA KRISTEL se foi, mas EMANUELLE fica para sempre. E pensar que tudo aconteceu por acaso, por uma espécie de serendipismo.

Quando muitos são os leões, pouco a fazer que não seja vender o circo. E foi o que fez o MATTE LEÃO, com 74 herdeiros, vendido para a COCA-COLA. Compra coletiva segue seu calvário. Brevemente, página virada. E a Igreja continua sangrando. Com FRANCISCO, renascem as esperanças.

Por insuperáveis dificuldades na atração, a mais emblemática de todas as redes de livraria do mundo, a BARNES & NOBLE despede-se. Em momentos de crise todos atiram em todas as direções: cuidado! BOTICÁRIO diversifica-se de forma inconsistente e revela vulnerabilidades. E tomara todos os problemas resumissem-se ao tomate.

TERCEIRIZANDO A COZINHA

Mais que tendência, mais que consagrada, uma característica institucionalizada nos estertores da sociedade industrial e traço marcante da pós-industrial, ou de serviços. Cuidar do balcão, do atendimento, do pós-venda, do relacionamento, em síntese, esmerar-se na construção, fortalecimento e preservação da MARCA, e delegar para terceiros todo o restante do processo. Da cozinha para trás, comprar fora, claro, sob critérios rígidos e consistentes, e sob forte supervisão, mesmo porque a responsabilidade é indelegável.

Na indústria eletro-eletrônica-informática essa é uma realidade há décadas. Um mesmo ou os mesmos fabricantes trabalhando para as mais importantes marcas do mercado. Neste momento, por exemplo, chegam às lojas os primeiros tablets da APPLE made in Brasil; pela APPLE? Não! Pela FOXCONN, empresa taiwanesa, com mega-fábricas em diferentes lugares do mundo, e inclusive no Brasil, São Paulo, na cidade de Jundiaí. Uma empresa com 1 milhão e 300 mil empregados, e fábricas em 14 países. Só na China são 12 fábricas e 900 mil empregados. Mais fábricas nos Estados Unidos, República Tcheca e, agora, no Brasil. Faturamento de US$ 59,3 bilhões em 2011. A mesma FOXCONN que também é quem fabrica os produtos da DELL, MOTOROLA, SONY, NINTENDO, entre outros.

Na alimentação, uma mesma empresa cuida de todas as lojas do McDONALD'S no Brasil e em muitos outros países, para que os colaboradores do Mc possam se concentrar nos serviços, na qualidade final de preparação, no polimento permanente e exaustivo da MARCA. Trata-se da MARTIN-BROWER, responsável pela "retaguarda" do Mc em 44% dos Estados Unidos mais Canadá, América Central e Brasil.

E mais recentemente, no mercado que mais cresce em nosso país – o da higiene e beleza – quase tudo é terceirizado e novas e grandes empresas globais aterrissam por aqui. Segundo dados divulgados pelas associações do setor, o negócio da higiene pessoal, perfumaria e cosméticos bateu nos US$ 43 bilhões em 2011, com um crescimento de 18,9% sobre 2010. E assim, e conforme matéria do DCI, a movimentação no setor, dos chamados terceirizados, megaterceirizados, não para. Provavelmente empresas que a maioria das pessoas jamais imaginou existir, garantem a retaguarda e os produtos de empresas como a AVON, NATURA, HYPERMARCAS, UNILEVER, PROCTER & GAMBLE. E que empresas são essas? Desde a líder entre as terceirizadas, a nacional PROVIDER, que deverá fechar este ano com a produção de 400 milhões de unidades para diferentes clientes e outros pesos pesados do setor.

Agora, no Brasil, e acompanhando a movimentação de algumas marcas internacionais, a francesa FAREVA, que acaba de inaugurar sua primeira fábrica no Brasil, em ITUPEVA (SP), que espera ter sua implantação terminada até o final deste ano, e com uma capacidade produtiva de 310 milhões de unidades/ano, e encostar na líder PROVIDER. E ainda a italiana CHROMAVIS, empresa especializada na produção de maquiagem com alto valor agregado.

Deu para entender? É mais ou menos assim, daqui para frente. Porta para fora, empresa/marca. Porta para dentro, terceiros.

ROSA CHÁ – CARRO SEM MOTOR

Nas aulas de direito aprende-se – ao menos lá atrás se aprendia – sobre o vício redibitório. Por exemplo, comprar um carro e, quando vai recebê-lo, o vendedor tirou o motor. E sem motor... Na turma de 1966 do curso de direito da USP um dos alunos brincou nessa aula dizendo que pediria divórcio por vício redibitório. Casou-se com uma mulher que se dizia virgem, mas que não conseguiu comprovar essa condição na noite de núpcias.

O que vale uma MARCA? Muito e pouco; milhões e centavos; depende de quem a compra, como conduzirá sua ativação daí para frente, e de todas as circunstâncias e fatos presentes em seu histórico e que garantiram sua força e sustentação. Recentemente, no mercado financeiro, os principais players pagaram milhões de dólares por marcas para, em seguida, as jogarem no lixo: REAL, UNIBANCO, BCN, FINASA, NOROESTE, BAMERINDUS...

AMIR SLAMA desembocou no território da moda por uma necessidade. Formado em história pela PUC, foi professor, garçom e barman. Até seu pai, dono de uma antiga confecção de artigos de esporte, adoecer e Amir precisar, com sua esposa RIVA, ajudá-lo. A primeira loja ROSA CHÁ foi inaugurada em 1993, seus maiôs conquistaram o Brasil e o mundo, tornando-se editorial básico e permanente de revistas como VOGUE, HARPER´S BAZAAR, ELLE, e presença obrigatória nas principais feiras do setor no Brasil e nos Estados Unidos.

Em 2006, a ROSA CHÁ foi vendida para a MARISOL por R$ 25 milhões, com planos mais que ambiciosos para aproveitar o tremendo potencial da MARCA. Três anos depois AMIR SLAMA deixou a gestão da empresa e da MARCA por seguidos desentendimentos com os novos proprietários. E agora, três anos depois, e diante de uma MARCA sem MOTOR, a ROSA CHÁ passa a pertencer ao grupo RESTOQUE (leia-se, LE LIS BLANC), que a arrematou por R$ 10 milhões.

De novo, uma MARCA indissoluvelmente ligada a seu criador e autor. Se seus novos proprietários desconsiderarem essa circunstância, muito provavelmente e em pouco tempo, descobrirão que não compraram absolutamente nada, embora tenham feito um "ótimo negócio" por terem pago 1/3 do que pagou o primeiro comprador.

Comprar uma MARCA é uma coisa relativamente fácil. Assina-se uns papéis e desembolsa-se uma grana. Comprar e levar, e preservá-la viva, próspera e brilhante é outra completamente diferente. E a cada dia que passa constata-se que a maioria das empresas ainda, em 2012, e não obstante todas as lições, não aprendeu nada.

Os próximos anos definirão se o *case* ROSA CHÁ será estudado nas escolas de administração e marketing como uma lição de sucesso, ou uma trágica lição de como dar fim a uma marca de extraordinária qualidade e tremendo potencial.

NOKIA, A CANOA ERRADA

O ano era o de 1998. Mais de cem anos depois de ter nascido como uma fábrica de celulose e, ao transferir-se de TAMPERE, sudoeste da Finlândia, para o município vizinho de NOKIA, quando então deu origem a NOKIA WOOD MILLS, e depois de frequentar diferentes territórios, finalmente a empresa concentrou-se no negócio de celulares, alcançou a liderança mundial da categoria, ultrapassando a MOTOROLA e batendo em 40 milhões de unidades vendidas naquele ano. Durante alguns anos, imaginou-se até que se converteria em designação genérica da categoria. Pessoas não teriam mais celulares, teriam NOKIAS...

Enquanto a empresa comemorava a conquista da liderança mundial, sua área de pesquisa e desenvolvimento não sossegava. E antes da virada do milênio já tinha pronto um celular com tela sensível ao toque, e um computador tablet com conexão sem fio e também tela de toque. Sete anos antes do iPHONE e do iPAD. Da mesma maneira como acontecera com a KODAK que criou e desenvolveu a máquina fotográfica digital, mas decidiu adiar seu ingresso na categoria para não prejudicar seu negócio principal, a NOKIA optou por continuar apostando todas as fichas nos celulares, insensível aos movimentos consistentes de migração para os smartphones que começavam a chegar ao mercado. KODAK e NOKIA tiveram "o mundo a seus pés", no ambiente analógico e no digital, mas decidiram jogar todas as fichas no passado. Tiraram o pé esquerdo da canoa do futuro e colocaram os dois na canoa que remava contra a corrente, acreditando que seriam capazes de reverter o fluxo do rio, dos negócios, da vida.

Corta para 2013. Constrangida e derrotada, a NOKIA passa a coroa de líder mundial do negócio de celulares, que ostentou orgulhosa durante 14 anos para a SAMSUNG. Dos 40,7% de mercado que ainda detinha em 2007 despencou para 21% em junho de 2012. E ao divulgar seus resultados do segundo trimestre de 2012, no dia 19 de julho, relatou um prejuízo de 1,41 bilhão de euros, contra um prejuízo de 368 milhões do segundo trimestre de 2011. As vendas de celulares despencaram para 10,2 milhões de unidades, contra 16,7 milhões de igual período do ano anterior.

Poucas empresas no mundo investem tanto em pesquisa e desenvolvimento quanto a NOKIA. Nos últimos 10 anos seu orçamento superou os US$ 40 bilhões. E hoje, depois de tantas cabeçadas e equívocos, não seria precipitado concluir que se perdeu pelo excesso. No apreço absurdo e desmedido às pesquisas, desconcentrando-se e perdendo de vista o mercado. Se muitas empresas naufragaram no mundo dos negócios por deixarem-se apaixonar por produtos, a NOKIA é um dos poucos casos de empresas que perderam o prumo pela paixão absurda à ferramenta. Recentemente, em entrevista para o THE WALL STREET JOURNAL, o presidente da empresa, STEPHEN ELOP, lamentou-se, "Se pelo menos os resultados das pesquisas tivessem se transformado em produtos".

A NOKIA não morreu, mas agoniza.

O CERTO NO LUGAR ERRADO

Por mais óbvio que possa parecer, o certo só é certo se for certo em todas as suas componentes. Por exemplo, o certo precisa, obrigatoriamente, estar no lugar certo. O certo no lugar errado não dá certo.

É o que acaba de demonstrar o MUSEU DOS BEATLES que, deveria ser na Inglaterra, de preferência em Liverpool. Tudo bem que durante um bom período os quatro integrantes tocaram nas noites de Hamburgo, em seu bairro turístico de St. Pauli, e até é possível que ali tenha brotado o amalgama que tornaria os quatro numa das marcas legendárias do século passado. Mas o lugar certo para um museu dos

BEATLES certamente não era na Alemanha. Quando você pensa neles, ou ouve HELP, vem a Alemanha em sua cabeça?

JOHN LENNON – JOHN WINSTON LENNON nasceu em Liverpool em 9 de outubro de 1940; PAUL McCARTNEY – JAMES PAUL McCARTNEY também nasceu em Liverpool em 18 de junho de 1942; GEORGE HARRISON – GEORGE HAROLD HARRISON nasceu em... Liverpool em 25 de fevereiro de 1943; e, RINGO STARR – RICHARD STARKEY, nasceu em Liverpool em 7 de julho de 1940. E resolveram fazer um museu para eles na Alemanha...

Entre 1960 a 1962, o grupo fez uma espécie de esquenta em Hamburgo, Alemanha. Mas a casa dos BEATLES é mesmo Liverpool, onde estreou no THE CAVERN CLUB no dia 21 de fevereiro de 1961 e até 1963 realizou 292 apresentações. Em 24 de janeiro de 1962 assinam um contrato com BRIAN EPSTEIN que passa a ser o empresário oficial do grupo, e em 6 de junho de 1962 fazem a primeira sessão de gravação em estúdio, no hoje legendário ABBEY ROAD STUDIOS, ao norte de Londres. Todo o resto é história, mas decidiram fazer um museu dos BEATLES na Alemanha. Não poderia mesmo dar certo.

Assim, e no dia 30 de junho de 2012 o BEETLEMANIA MUSEUM, fechou suas portas por desinteresse generalizado das pessoas, por falta de público. Segundo seus dirigentes, para se pagar e deixar algum lucro o museu precisaria receber 80 mil pessoas a cada novo mês. Durante todo o tempo que permaneceu aberto – três anos – atraiu menos de 150 mil pessoas. Pior ainda, elas saiam do museu absolutamente decepcionadas.

Assim, e por falta total e absoluta de autenticidade, componente que os consumidores modernos, sensíveis e diplomados em que nos transformamos não abrem mão – o BEETLEMANIA MUSEUM não existe mais.

De nada adianta o certo no lugar errado. Não há *Help, little help from my friends*, e *Don't let me down* que resolvam. Apenas isso.

O ÉDIPO KASSAB

JOSÉ SERRA foi, para os brasileiros que moram no estado e na cidade de São Paulo, e para muitos de outros estados, talvez, a maior esperança política de uma geração. Desde sua participação no movimento estudantil, passando pelos mandatos como deputado federal, inclusive constituinte, mais senador, mais prefeito de São Paulo, mais governador do estado de São Paulo eleito em primeiro turno, perdeu duas eleições à Presidência da República, e destacou-se, também, como ministro do planejamento, e depois da saúde, dos governos FHC.

Assim como todos os demais políticos, teve muitos acertos, e cometeu alguns erros. Hoje, constata, com indisfarçável constrangimento, que o maior de todos, foi o filho político que inventou, e que segundo pesquisas do DATAFOLHA, anunciadas com razoável antecedência, e como ÉDIPO, o mataria nas eleições municipais de 2012. E foi o que aconteceu.

De certa maneira, começou-se a duvidar da sensibilidade de JOSÉ SERRA por ocasião do PLANO REAL. Não gostava da equipe econômica de FHC, e jamais escondeu suas discordâncias com o caminho econômico que estava sendo dado ao país. À medida que o PLANO REAL conquistava a população, dava resultados, e insinuava um novo sol para o país, SERRA, ostensivamente, passou a usar uma moeda do REAL como cenário em sua campanha para o Senado.

Outra característica de SERRA que sempre incomodava a todos era a sua incapacidade de chegar na hora marcada. Quem sabe uma limitação pessoal, quem sabe uma manifestação de desconsideração e desapreço pelas demais pessoas. Mas seu pior momento foi quando decidiu abandonar o mandato de prefeito da cidade de São Paulo e entregar toda a confiança de seus milhões de eleitores a GILBERTO KASSAB. E ainda rasgando a promessa pública que fizera de honrar o mandato recebido.

Semanas antes das eleições o que dizia a pesquisa do DATAFOLHA de 29 de agosto de 2012, e publicada no jornal AGORA? "A pesquisa DATAFOLHA finalmente indica que 85% dos eleitores preferem que as ações do próximo prefeito sejam diferentes das ações do atual, GILBERTO KASSAB, o que ajuda a explicar as dificuldades enfrentadas por JOSÉ SERRA".

A mesma pesquisa que anunciava o naufrágio de SERRA, ainda o considerava, na opinião dos entrevistados, o mais inteligente, o mais realizador, o mais preparado; mas, e ao mesmo tempo, o mais autoritário, e pior ainda, o que mais faz promessas que não cumprirá.

Como dizem que nada é definitivo no marketing político – e não é – quem sabe um dia SERRA se recupere. Pouco provável, até pela idade. Que sirva de lição para todos os demais políticos, líderes e gestores, que tão importante quanto o exercício do comando, é a responsabilidade pela escolha do sucessor. O "ÉDIPO" KASSAB matou seu pai; como se desconhece quem é a "mãe política" dele, seguramente não é para casar-se com alguma JOCASTA. Quem sabe, talvez, provavelmente, com DILMA.

O MAIS CONTINUA MENOS

Um dia, quem sabe, talvez, o PÃO DE AÇÚCAR descubra o CARTÃO MAIS. Enquanto foi de ABILIO, não passou de uma ameaça, de uma promessa que jamais se confirmou, se viu, se sentiu, se apaixonou. Apenas sabe-se que existe porque na saída da loja a moça do caixa pergunta: "Você é cliente MAIS?" E você responde que sim, sem ter a mais pálida noção das implicações de sua resposta. Mais o quê? Vamos ver o que acontece agora que é CASINO.

Lançado no ano de 2000 continua sendo, até hoje, e potencialmente, a mais fantástica ferramenta de conquista de clientes de uma organização do varejo. Falta apenas ser ativada; o PÃO DE AÇÚCAR começar a usar. E a única maneira de se saber se alguma ferramenta promocional vem sendo utilizada é perguntando para os clientes da organização. E é o que faço agora, você sente o MAIS? Você conhece o MAIS? Você tira proveito das supostas promoções aos clientes leais e fiéis ao PÃO DE AÇÚCAR?

Na edição de número 123 da revista MARKETING DIRETO da ABEMD – Associação Brasileira de Marketing Direto – a entrevista de FLÁVIA FERNANDES, gerente de marketing do PÃO DE AÇUCAR. FLÁVIA começa falando da importância do MAIS para a empresa: "o cliente MAIS corresponde a um valor que supera 50% do faturamento da marca". Pois é, amigo, imagine se você tivesse em suas mãos uma ferramenta promocional que responde por mais da metade de suas receitas, o que você faria? O PA não faz absolutamente nada.

No correr da entrevista FLÁVIA diz que o PROGRAMA PÃO DE AÇÚCAR MAIS faz uso dos diversos meios de comunicação com o cliente. "Na loja, por exemplo, fazemos uso dos anúncios de ofertas, promoções e no uso de vales-compra resgatados". E aí, emenda, "O PÃO DE AÇÚCAR possui uma revista exclusiva para os melhores clientes"... Quais seriam os melhores clientes? Todos que possuem o MAIS? Apenas alguns? Quais os critérios? Como comportar-se para ser um dos melhores clientes? E, o que é que eu ganho com isso além de uma bonita revista?

Depois a FLÁVIA diz que "as comunicações dirigidas são realizadas por mala direta e e-mail marketing sempre de acordo com a fase do ciclo de vida do cliente". E aí penso comigo, não obstante compre no PA há mais de 30 anos e regularmente todas as semanas, e um tíquete que definitivamente não é pequeno, que devo estar naquela fase do ciclo CLIENTE SEM VERGONHA. Continua comprando aqui independentemente de qualquer gesto de simpatia ou reconhecimento. E continua falando de uma série de outras iniciativas que jamais aconteceram comigo, CLIENTE MAIS desde o lançamento do programa.

Perguntada pela revista sobre como avalia o atual estágio do uso da ferramenta do CRM pelo PA, FLÁVIA respondeu, "sem dúvida, estamos em um estágio avançado...". Avançado de quê? Talvez próximo do fim. Mas, para ter fim é preciso ter existido, e não existe maior ficção na história do marketing direto brasileiro que o CARTÃO MAIS do PÃO DE AÇÚCAR. Ao menos, até hoje.

SE TIVER RODANDO UM FILME ERÓTICO DO LADO...

JOSÉ ORTEGA Y GASSET, jornalista e filósofo espanhol, notabilizou-se, também, como frasista, ou, se preferirem, pensador que coloca no papel as pérolas que vai cultivando. Entre outras pérolas, produziu frases como: "liderar não é tanto uma questão de mão pesada, mas mais de assento firme" ou "civilização é, antes de tudo, vontade de convivência", ou ainda, "podemos pretender ser quanto queiramos; mas não é lícito fingir que somos o que não somos". Uma de suas frases que me agrada mais: "Eu sou eu mais as minhas circunstâncias". Talvez uma das melhores definições para o indefinível e indecifrável sentido da vida. Assim, tudo o que temos de fazer é permanecer atentos às circunstâncias, e, sempre que oportuno, pegar carona com vontade e competência naquelas em que identifiquemos oportunidades. Nada de dar as costas, nada de fingir não ver os cavalos selados da sorte e da fortuna.

SYLVIA KRISTEL seguramente foi uma das três maiores inspiradoras de masturbações nos anos 1970 e 1980. E inspirou momentos de amor e sexo condimentado em milhões de casais supostamente comedidos e conservadores e que se revelavam entre quatro paredes e até mesmo em situações menos convencionais. Seu primeiro filme, EMMANUELLE, ficou algum tempo proibido no Brasil, e num determinado dia, em 1980, liberado, provocava filas de pessoas relativamente envergonhadas na Avenida Paulista, comprando ingressos para o falecido ASTOR, hoje megastore da LIVRARIA CULTURA.

Anos antes, 1977, SYLVIA veio ao Brasil, foi massacrada pela imprensa "uma decepção", mas ainda provocou aglomerações e tumultos. Foi recebida no Congresso Nacional pelas duas presidências – os dois mais que assanhados – MARCO MACIEL, pelos deputados, e PETRÔNIO PORTELLA, pelos senadores. Na ocasião, o deputado JOÃO CLIMACO (ARENA-PI), indisfarçavelmente excitado, tentava a todo custo conseguir um lugar ao lado da atriz, e acabou se esborrachando no chão.

SYLVIA, nascida na Holanda, era uma boa artista, uma mulher bonita, que vivia de filmes publicitários, não fosse uma pequena coincidência ou circunstância. Um dia, num processo de casting, foi escolhida para participar de um comercial de sabão em pó. No estúdio do lado onde rodava o comercial, muita agitação. Outro casting, desta vez para um filme erótico. SYLVIA resolveu dar uma espiada e, no que entrou no estúdio, chamou a atenção dos produtores que no ato a convidaram para um teste... E SYLVIA, virou EMANUELLE para sempre.

Morreu no dia 18 de outubro de 2012, mas seus filmes permanecerão para sempre na memória dos nascidos até 1950. Para os jovens de hoje, considerando-se o que veem nas novelas, filmes que provocam bocejos recorrentes.

Como SYLVIA, jamais desconsidere o que quer que aconteça pelo seu caminho, nas imediações, ao lado, mesmo que seja o casting para um filme erótico. Talvez ali se encontre a chance de sua vida ou uma extraordinária oportunidade para sua empresa, produtos e negócios. Prestando atenção, melhor do que um orgasmo fugaz, quem sabe tenha um insight potencialmente milionário e redentor.

MUITOS LEÕES MORRERAM DO CORAÇÃO

TIO CHICO agonizava no SÍRIO. Nada do que reclamar. Passou e em muito dos 90 anos, e agora merecia descansar; as filhas, inconsoláveis, olhavam para o pai e diziam: "papai, o senhor ainda vai viver muito; muitas de nós iremos embora e o senhor permanecerá por aqui". TIO CHICO feliz e finalmente, descansou. Sua sucessão, na administradora de imóveis, foi resolvida há pelo menos 20 anos. Não é a regra. Normalmente deixa-se tudo para o fim; pior ainda, para o depois.

Outro dia, final de 2012, LUIZ OTÁVIO LEÃO foi o palestrante do CEO Summit promovido pela ERNST & YOUNG TERCO e ENDEAVOR. MARLI LIMA do VALOR estava lá e cobriu o evento para o JORNAL.

LUIZ OTÁVIO, generosamente, passou para os presentes tudo o que aprendeu na trajetória de uma das marcas mais notáveis e legendárias do país: a saga da família LEÃO, e seu mais que emblemático MATTE LEÃO. Na ocasião repassou o histórico. Empresa fundada em 1901 por AGOSTINHO LEÃO JUNIOR que faleceu sete anos depois. Até 1922 a presidência foi ocupada pela viúva. Depois pelo avô de

LUIZ OTÁVIO que permaneceu no cargo até 1953. Na sequência outras mortes e três viúvas que não faziam parte da família original participando da gestão. Nessas alturas, a terceira geração chegava à empresa e alguns profissionais foram eliminados para abrir espaço. O tio de LUIZ OTÁVIO morreu em 1978 e seu pai em 1988. Em 2004, morria o sexto da família a ocupar o cargo de presidente, IVO LEÃO NETO. Os três, morreram próximo dos 60 anos, e com problemas do coração.

Assim, em 1989 a empresa tinha cinco sócios no comando e criando todas as dificuldades para que mais pessoas da família não se dependurassem na LEÃO. Em 2007, finalmente, a LEÃO JUNIOR foi vendida para a COCA-COLA. Naquele momento a empresa tinha 31 sócios e as negociações demandavam dias e dias de reuniões. Segundo LUIZ, "Não existia um bloco de situação ou de oposição. Existia a família e não queríamos conflitos". Ao final, em sua palestra, LUIZ confessa, "Ficamos com a sensação de missão cumprida, mas tristes por não ter encontrado outro caminho".

Todos os líderes, empreendedores, empresários, têm por obrigação zero planejar e preparar a sucessão. A sucessão com sucesso sempre é possível. Mas é querer muito deixar para depois. Quando isso acontece, acontece o mesmo que sucedeu com os LEÕES, segundo LUIZ OTÁVIO LEÃO: "O número de sócios que estava vindo na quinta geração na empresa chegava a 74 pessoas. Muitos deles nem se conheciam".

Triste ver o MATTE LEÃO sob responsabilidade da COCA-COLA.

COMPRA COLETIVA AGONIZA

Em janeiro de 2011, reunimos nossa equipe de consultores para analisar e avaliar as perspectivas dos SCCs – SITES DE COMPRAS COLETIVAS. Clientes do MADIAMUNDOMARKETING consideravam a possibilidade de investir no novo negócio e queriam saber se recomendávamos ou não. Foi uma das reuniões mais curtas que fizemos até hoje. Pouco mais de uma hora e a conclusão tranquila e definitiva: sem a menor chance. Alguns dos players que só divulgavam recordes atrás de recordes contestaram nosso diagnóstico e nos desafiaram a publicar nossas recomendações. No dia 26 de janeiro de 2011 escrevemos nesta série *Marketing Trends*.

"Lá atrás, quando a grande maioria das publicações especializadas, e outros consultores proclamavam o nascimento de um novo blockbuster, o "Second Life", revelamos nossa descrença sobre aquela iniciativa até mesmo baseados no comportamento e natureza das pessoas. Que queriam e querem mergulhar cada vez numa única e definitiva "First Life", como demonstram o ORKUT e, mais recentemente, o FACEBOOK... Agora estamos dizendo com todas as letras e maior convicção que muito brevemente os SCCs – Sites de Compra Coletiva – farão parte da história. Integrarão os exemplos contidos no verbete "modas de verão" e que não resistem até duas ou três estações seguintes. Ao lado dos boliches, bambolês, piteiras, pulseirinhas... É só esperar e conferir. Próximo assunto...".

Infelizmente, para quem apostou no suposto "novo e próspero negócio" nossas previsões estão mais que confirmadas. No dia 4 de novembro de 2011, o maior dos SCCs – GROUPON – abriu o capital conseguindo US$ 20 por ação; quase um ano e meio depois as ações valem US$ 5. Falando ao ESTADÃO, o vice-presidente do GROUPON na AMÉRICA LATINA, PATRICK SCHMIDT, atribuiu o fracasso de sua empresa a um dos dois clientes do negócio – os comerciantes – "Alguns comerciantes não atenderam os consumidores ou simplesmente foram fraudulentos: faziam ofertas não para atrair clientes, mas para ganhar dinheiro... Fomos seriamente queimados. Agora, nossa checagem de qualidade é mais rígida".

Em verdade, o negócio não fecha, os números não batem, os interesses não convergem. Ou você, comerciante, constrói sua imagem com autenticidade, conseguindo lenta e gradativamente a atenção, preferência, adesão e lealdade das pessoas, que reconhecem valor no que você faz e se dispõem a pagar um preço justo por seus serviços e ainda, felizes e satisfeitas, recomendam você para seus amigos e parentes, ou você sai no desespero praticando preços ridículos, atrai horda de oportunistas, presta péssimos serviços e fecha em poucas semanas ou meses.

Construir clientela e prosperar evolui direta e proporcionalmente à sua capacidade de prestar, gradativamente, e a poucas pessoas, serviços de excepcional qualidade. Mais ou menos como construir uma casa segura preparada para abrigar famílias felizes – tijolo por tijolo, dia após dia. Nesse território, definitivamente não existem milagres.

VAZAMENTO SEM FIM

Há mais de um século a Igreja de Pedro vaza. Durante 1.500 anos reinou tranquila e solitária. Aí veio Gutenberg com sua maquininha e a vida complicou. Mas, com santas inquisições e outros torniquetes vozes foram caladas e pessoas encaminhadas à fogueira. Os sintomas de vazamento eram evidentes, mas num mundo que não parava de crescer o absoluto prevalecia sobre o relativo e preservavam-se as aparências.

Enquanto a plataforma era de papel tudo corria relativamente bem. Quando a mensagem ganhou o espaço pelas ondas do rádio claudicou, mas, no devido tempo, passou a utilizar a nova alternativa com competência. A presença da Igreja na era da radiodifusão foi digna e eficaz. E assim se passaram, no Brasil, mais 40 anos. E, a partir de 1970, a plataforma rádio cedeu espaço para a televisão. E o dilema se estabeleceu: ir ou não ir para a TV? Não foi devido ao medo de perder a presença dos fiéis no varejo capilar e único – hoje, 48 mil locais de atendimento – e ver cair sensivelmente a arrecadação de dízimos. Perdeu tempo, espaço e fiéis. Proliferaram e prosperaram os evangélicos muito especialmente pegando carona na televisão e, daí, os televangelistas.

Agora o problema é mais em baixo, mais em cima, por todos os lados. O ambiente não se resume mais ao analógico. No admirável mundo novo, existe um segundo ambiente, o digital, e definitivamente e pelo retrospecto, esse é o maior desafio da Igreja Católica. Levou-se quase 30 anos para mexer com o prevalecimento da televisão, como se comportará diante da nova realidade. Essa é a grande crise.

Claro que a renúncia do papa agrava, que a disputa entre os cardeais exacerba, que os dogmas atravancam, mas a grande crise da Igreja é de miopia crônica em marketing. Ignorou totalmente seu mercado e agora, inerme e inerte, vê o rebanho indo embora. Se no Censo de 1970, 90% da população do país eram católicos, em 2010 essa proporção despencou para 64,6%. Faltam padres e faltam freiras. E agora as pessoas cobram respostas antes de acreditar piamente. Agora temos o religioso ou fiel 2.0, e a Igreja nem mesmo se preparou para reter o 1.0.

BENTO XVI se despede atirando em muitos de seus pares, "nos nossos dias, muitos estão prontos a estraçalhar as roupas diante de escândalos e injustiças – naturalmente cometidos pelos outros –, mas poucos parecem dispostos a agir sobre o próprio coração, sobre a própria consciência e sobre as próprias intenções, deixando que o Senhor transforme, renove e converta". E seu sucessor terá o desafio descomunal de recuperar a mais antiga corporação do mundo apagando, simultaneamente, os diferentes focos de incêndio – escândalos morais, escândalos financeiros.

Que o Deus da Igreja ilumine e oriente sua própria Igreja.

ÁGUA E VINHO, OU DESAFIOS DA ATRACAÇÃO

O trio de ferro de um passado recente partiu. O futuro estava em suas mãos e agora são lembranças perdidas em algum lugar do passado. A KODAK inventou a máquina digital; demorou em deixar partir sua galinha de ovos de ouro mortalmente ferida, a das fotos analógicas, onde reinava absoluta, e quando migrou para sua invenção era tarde demais; o espaço estava absolutamente ocupado. A POLAROID inventou o resultado da digital, a fotografia instantânea, optou por privilegiar a inócua exclusividade diante dos fatos novos, e ficou à margem do sucesso e do futuro. A PALM intuiu o formato hoje glorificado e monetizado por APPLE, SAMSUNG e demais players. Esqueceu-se das funções, não se abriu para os apps, e se foi.

De nada adianta deter o domínio e a liderança de um setor, atividade, competência específica, se quando o vento muda de direção não se é o suficientemente hábil para reposicionar o barco e garantir a atracação. Mais difícil ainda, conviver saudavelmente tentando conciliar, dentro de uma mesma organização com cultura arraigada, a água e o vinho.

Bem que a BARNES & NOBLE BOOKSELLERS tentou. Empresa legendária num dos países onde mais se lê em todo o mundo, olhou com curiosidade e simpatia quando um tal de BEZOS começou a falar de vender livros pela internet. Mais adiante, quando anunciou o primeiro livro digital. Quando se deu conta, um mega rio AMAZON inundava os Estados Unidos e vazava para todos os demais países do mundo. As lojas maravilhosas da BARNES começaram a fazer água.

Corre atrás, contrata executivo do digital, lança o NOOK – leitor eletrônico de livros – tentando desbancar o pioneiro KINDLE, mas, as culturas não se misturam. Os do analógico fingem ou não conseguem ver o digital, os do digital preferem trabalhar separadamente. Desdobra a empresa em duas, mas a infelicidade impera nos dois lados de um mesmo corpo com duas cabeças. Em três anos – desde o desdobramento da empresa e o lançamento do NOOK, salvo pequenos e fugazes momentos de glória, nada mais aconteceu.

Mesmo com o fechamento de seu principal concorrente analógico, o BORDERS GROUP, as vendas continuaram caindo. E agora consideram separar as duas unidades por completo, e a BARNES retornar e permanecer exclusivamente no analógico com os livros em papel. Como o fez um dia a tradicional CASA KOSMOS. Que vestia os homens elegantes da Paulicéia Desvairada. Quando o último morreu, fechou suas portas no Iguatemi. É o que resta para a BARNES, além de um patrimônio imobiliário de valor inestimável em termos econômicos. Mas o que era inestimável de verdade para Charles Montgomery Barnes, quando concebeu sua empresa, definha suavemente.

ATIRANDO EM TODAS AS DIREÇÕES

Enquanto a poeira não baixa – a sensação presente é que não vai baixar nunca mais –, e no desespero de perder participação de mercado, oportunidades, e o bonde, empresas atiram em todas as direções; correndo o risco de se debilitarem, perderem o sentido de suas vidas, e perecerem. Por insuficiência de tempo, energia, colaboradores, dinheiro. Mais ou menos, o se correr o bicho pega, se ficar o bicho come.

Natural das fases de transição, em verdade há mais de 200 anos não acontecia uma transição como a que estamos vivendo. A última foi no final dos 1700, quando JAMES WATT revelou ao mundo sua MÁQUINA A VAPOR e começou a Revolução Industrial. Aquele mundo velho e ligado à terra acabou e nasceu um novo mundo marcadamente industrial e urbano. Agora a transição radical volta a acontecer. A causa da vez data de 1971 e é o microchip, muito especialmente a partir do momento que a INTEL deu dimensão econômica à conquista e revolucionou empresas, pessoas, países, cidades, mundo.

Vivemos analógica e virtualmente o samba do crioulo doido. Quase todos fazem tudo e quase todos atiram em todas as direções. Todos os dias, nas páginas dos jornais e publicações especializadas, empresas dizendo o que vão fazer o que juravam que jamais fariam e já revendo o que pretendiam fazer meses, semanas, dias atrás.

No DIÁRIO DO COMÉRCIO, de 13 de março de 2013, na página 11, cenas do tiroteio exclusivamente no território da beleza. MARISA anunciando que está aderindo ao porta a porta com uma rede inicial de 10 mil consultoras, depois de ter reposicionado e repaginado todas as suas lojas; em seus catálogos que acompanham suas consultoras, além de lingerie, moda feminina, acessórios e calçados. Na mesma página, NATURA anunciando a multiplicação de suas LOJAS CONCEITO depois do sucesso de uma loja que manteve aberta durante um ano na Rua OSCAR FREIRE, na cidade de SÃO PAULO. Mas LOJAS CONCEITO que também vendem, para não criar constrangimento com as pessoas que visitam essas lojas. Na mesma página, L'OCCITANE se abrasileirando, não obstante o sotaque francês, anunciando um novo negócio com ingredientes naturais e típicos do Brasil, como mandacaru e jenipapo. A L'OCCITANE AU BRÉSIL decola no dia 15 de maio, com embalagens desenhadas por artistas brasileiros, com produtos 30% mais baratos do que os produzidos fora do país. "Será uma continuidade da descoberta de ingredientes naturais pela marca EM PROVENCE – só que agora no Brasil", BENJAMIN BEAUFILS, diretor geral.

Como você faz para entender o que está acontecendo? Relaxa e corra atrás. Nada de gozar, por enquanto. E jamais perder de vista a dimensão do que estamos vivendo, primorosamente exemplificado por BRIAN KRZANICH, VP e Chefe de Operações da INTEL, isso mesmo, a do tal de microchip. BRIAN lembra que em 1971, quando a INTEL colocou à venda o primeiro dos microchips, o 4004, a Mercedes lançou uma nova geração de modelos SL, que faziam 235 quilômetros por hora e consumiam um litro de gasolina a cada cinco quilômetros. Se tivesse acontecido com esses modelos o mesmo que aconteceu com os chips, hoje "voariam" a 940 mil quilômetros por hora e fariam 25 mil quilômetros com o mesmo litro de gasolina. Claro, isso não aconteceu com os carros da Mercedes, mas aconteceu com o chip. E, desde então, o mundo alucinou... Apenas isso.

ERA UMA VEZ O REI TOMATE

Durante 15 dias o tomate reinou. Fruto do tomateiro – *solanum lycopersicum* – primo da berinjela, pimentas e pimentões, originário das Américas Central e do Sul, amplamente consumido pelos povos pré-colombianos que o valorizavam o tempo todo, hoje se tornou produto básico, comum, remetido, de volta, ao seu cantinho ou relativa insignificância. O tomate voltou a ser o tomate. O tomate reinou por 15 dias não por suas extraordinárias virtudes, mas pelo pior dos motivos – o rombo que produzia nas carteiras das pessoas. O rei tomate recebeu tomatadas impiedosas, injustas, irrefletidas e imerecidas, mais que os executivos da AMBEV, adepta e praticante do bulling corporativo, durante 15 dias. Ninguém mais fala do tomate...

Todos pegaram carona no desgraçado e infeliz reinado do tomate. Até mesmo donos de cantinas que dependem dele para prepararem o "sugo" preferiram as manchetes das revistas e jornais do que preservarem o querido e indispensável ingrediente das macarronadas. Apresentadores de TV desfilaram com colar de tomate, como se fosse joia, de tão caro que estava. E repetiram a histeria do chuchu de mais de duas décadas antes. Melhor seria, silenciosamente, em respeito ao precioso, indispensável e delicioso fruto, absterem-se de consumi-lo enquanto caro, do que desancá-lo de forma cruel e impiedosa. E junto, os queridos produtores de tomate e todos os demais players que garantem que chegue a nossas casas, em perfeitas condições, acessíveis em todos os sentidos, mas que equivocada e injustamente são chamados de "atravessadores".

O "filme", ou o reinado do tomate durou menos de um mês. No dia 15 de março no CEAGESP, o quilo do tipo extra AA custava R$ 4,37; subiu para R$ 6,90 no dia 22, e bateu nos R$ 7,81 no dia 28; caiu para R$ 5,96 no dia 3 de abril, e para R$ 4,42 na quarta-feira, 10 de abril, ou seja, um preço menor do que quando começou seu "reinado".

Passada a histeria e a festa dos caroneiros e oportunistas mais que na hora de concentrarmos nossa atenção, convergirmos nossa revolta e protestos para um terrível mal que nos imaginamos livres há 20 anos, e que se revela apenas dormente e preparado para retornar – a inflação. Esse sim, um inimigo de todos, muito especialmente das pessoas de menor renda e sem nenhum recurso para defenderem-se. Como no passado e sempre, as primeiras e maiores vítimas. E especificamente em relação à ameaça do retorno da inflação sabe-se, com precisão, os verdadeiros culpados e as reais causas.

Mais que na hora, agora que o rei tomate foi defenestrado da mídia e retornou a seu importante lugar, de concentrar toda a nossa atenção e vigilância em evitar que os três patetas – DILMA, MANTEGA e TROMBINI –, do alto de suas incompetências, nos devolvam aos piores momentos do passado.

Tomara todas as crises fossem sempre de tomates impulsionados para o alto por muitos produtores terem desistido de plantá-los por terem perdido parcela expressiva de seu capital nas excessivas safras anteriores. Apenas isso. A boa e velha lei da oferta e procura que nossos políticos tentam "alquimicamente" revogar, mas não conseguem...

AS PEÇAS QUE FALTAM NO BOTICÁRIO

Leio, com atenção e respeito, a entrevista do presidente do BOTICÁRIO, ARTUR GRYNBAUM à LUCIANA MARINELLI de VALOR. A tônica da matéria é sobre a reformulação das 3.550 lojas do BOTICÁRIO e que levará 4 anos e demandará investimentos da ordem de R$1 bilhão. Na matéria, um completo perfil do GRUPO BOTICÁRIO, e que hoje envolve além do BOTICÁRIO quatro outras unidades de negócios: EUDORA, SKINGEN, QUEM DISSE, BERENICE e THE BEAUTY BOX.

Na matéria, também, importantes dados sobre o setor como um todo, fornecidos à LUCIANA pelo EUROMONITOR/BNDEs. Muitos, seguramente, discordarão da verdade desses dados, mas, na falta de uma informação de maior consistência até porque são poucas as empresas desse setor que abrem suas informações, o ranking do negócio de higiene e beleza no Brasil é o seguinte: NATURA, 14,5%; UNILEVER, 10,7%; AVON 8,8%, PROCTER 8,3% e BOTICÁRIO 8,2%.

Sobre as reformas nas 3.550 lojas ARTUR declarou, "os franqueados veem com bons olhos porque sabem que não são apenas mudanças estéticas, mas que vão trazer novos consumidores para as lojas além de melhorar a experiência dos consumidores atuais".

Como já ponderamos em comentários anteriores, sobre essa empresa mais que emblemática e que é uma referência em seu setor de atuação, O BOTICÁRIO, continuamos insistindo que de uns anos para cá a empresa vem se deixando encantar pela multiplicação lateral e complementar e negligenciando em seu foco principal e que lhe deu sua extraordinária e invejável posição. Nenhuma outra empresa desse setor tem uma posição melhor que O BOTICÁRIO no tocante ao PLACE. Sua logística e distribuição causam inveja a todos os demais concorrentes. E nenhum deles, em menos de dez anos, teria condição de competir com O BOTICÁRIO caso desejasse seguir o mesmo caminho, e por mais dinheiro que investisse. A não ser que comprasse O BOTICÁRIO.

Em vez de fortalecer e proteger os territórios conquistados, a diversificação adotada pela empresa só a está enfraquecendo. Toda essa energia, dinheiro, tempo, talento, vontade, deveria ser direcionada a mesma e única BOTICÁRIO de sempre, e voltada para duas sequências, em meu entendimento, mais que óbvias.

Sempre fortalecendo a relação com os franqueados, capacitá-los, individualmente, a se tornarem extremamente competitivos no ambiente digital. Inclusive definindo uma política Boticário com normas, padrões, manuais, da mesma forma que faz no analógico, para o digital. E também capacitá-los, como já recomendamos em comentário anterior, a implantarem loja a loja, e a partir de cada loja, as vendas diretas. Todas as lojas, com um corpo externo de vendedores, cobrindo todos os mercados e praças do país que economicamente se revelem viáveis.

Apenas isso. Mas as tentações de diversificar, de criar e lançar novas marcas, de contar nas entrevistas sobre mudanças radicais em vez de se concentrar e aperfeiçoar no que é vencedor porque além de inovador sempre e ainda tem muito a se inovar, é irresistível...

capítulo 4

BRANDING

PININFARINA, MAIS QUE LEGENDÁRIO, PARTIU. Seu cabeçote vermelho permanecerá para sempre – TESTAROSSA – e a FERRARI perdeu o caminho da vitória da FORMULA 1, coincidência? Inacreditável, mas aconteceu: TAM esqueceu seu passageiro MARCELO RUBENS PAIVA a bordo. E fortes revelações de como o pau comia nos bastidores da APPLE quando ainda JOBS andava por lá.

De novo, ADIDAS carimba a principal personagem de todas as partidas de futebol, que será vista, diariamente, em 2014, por centenas e centenas de milhões de pessoas no mundo inteiro: a BOLA. ABERCROMBIE&FITCH naufraga diante do encurtamento dos ciclos e tenta uma virada salvadora. Pena que LESLIE WESNER tenha se aposentado. O JOBS da PORTO SEGUNDO – JAYME BRASIL GARFINKEL – foi para o conselho. Resistirá a PORTO SEGURO? Com o mesmo brilho?

Nos 22 anos do TOP OF MIND da FOLHA, cantos de amor para as agências de propaganda. Todos os demais operários das MARCAS que se danem. E a PROCTER se a P&Guenando com a decisão ridícula de rebatizar com uma espécie de "pago": P&G!

Em GLORIA DE GOITÁ, diretamente de IKEDA, uma homenagem emocionante ao grande herói da galera do digital, MOMOFUKU ANDO, o inventor do MIOJO. E a praça do mundo, TIMES SQUARE, brilhando como sempre e o preço das placas iluminadas indo para as nuvens. Desde que abriu o capital, a NATURA permanece "tonta" e entrando em pânico a cada final de trimestre. O fantástico e sinalizador CASE NEYMAR – talvez um dos três melhores de todos os tempos do marketing esportivo. E os dois principais mandamentos do MARKETING & BRANDING. Guarde sempre a seu lado. Não esqueça jamais. Pratique sempre.

PININFARINA E O TESTAROSSA

Na terça-feira, 3 de julho de 2012, faleceu em sua casa aos 85 anos, SERGIO PININFARINA. Que com sua CARROZZERIA PININ FARINA, rebatizada anos depois exclusivamente de PININFARINA, mais todo o trabalho de excepcional qualidade de outro designer de automóveis italiano, GIORGETTO GIUGIARO, colocou o país como uma das mais importantes referências em design do marketing automotivo.

A história desse ícone começa com seu pai, GIAN BATTISTA FARINA. Apelidado de "PININ" (pequeno). Criou uma pequena empresa em 1930 para produzir carrocerias sob medida. Na Segunda Guerra a empresa bateu no fundo do poço, e já contando com a ajuda de seu filho SERGIO, conseguiu, superando todas as proibições decorrentes da Guerra, expor duas de suas criações no Salão de Paris de 1946. Um ALFA e um LANCIA. Como não podiam participar da feira, estacionaram os dois modelos em frente ao pavilhão. Durante toda a exposição, e mesmo sem fazer parte da exposição, foram os modelos mais visitados e aplaudidos pelos visitantes.

No ano de 1951, contrariando todos os prognósticos sobre duas empresas comandadas por empresários de personalidade forte e "turrões", ENZO FERRARI e BATTISTA, nascia um dos mais bem-sucedidos casamentos da indústria automobilística. Pela sensibilidade de SERGIO, que conseguiu convencer os dois "turrões" que se recusavam a se conhecer em "territórios inimigos", marcou um encontro num lugar neutro, e os sucessos se sucederam. Talvez e entre todos, o do TESTAROSSA, que, de certa forma, muda a história da FERRARI. Mas antes, em 1961, dada a notoriedade da empresa de BATTISTA, o presidente da ITÁLIA autorizou a mudança do sobrenome da família para PININFARINA. Ano em que SERGIO assumiu o comando da empresa.

Começam os anos 1980, e a FERRARI mergulha em grave crise. Sua identidade se desvanecia diante de modelos medíocres, e seus entusiastas, admiradores e apóstolos queixavam-se de uma grave crise de perda de essência. O briefing era a criação de um modelo redentor. Superesportivo, que trouxesse respostas e soluções para todos os modelos anteriores e de fracasso. Assim nasceu o "cabeçote vermelho" TESTAROSSA, e começava um novo capítulo na história e na vida da empresa da pequena cidade de MARANELLO...

SERGIO PININFARINA comandou a empresa da família até 2006, renunciando a seu cargo diante de grave crise financeira, e tornando-se presidente "honorário". Simultaneamente, e para superar a crise, a PININFARINA começou a trabalhar para os "newcommers" da indústria automobilística – muito especialmente, os fabricantes chineses. E se despediu do mundo, coberto de glórias, no ano de 2012.

Mas, e durante décadas, nas ruas das principais metrópoles do mundo, e nas lembranças provocadas pelas máquinas de ALONSO e MASSA e seus sucessores na FÓRMULA 1, nos lembraremos das inestimáveis contribuições que SERGIO e sua família, a PININFARINA, deu a valorização do design no marketing automotivo. Hoje, em todo o processo de decisão de compra de um novo carro, mais de 80% da decisão tem a ver com o design.

QUERIDA, ESQUECI O PASSAGEIRO

Depois de condenada a exibir, para todos os que se dirigem para o embarque no aeroporto de Congonhas, na cidade de São Paulo, e também para todos que desembarcam em São Paulo, no mesmo aeroporto, uma praça em homenagem a um dos piores desastres da aviação brasileira protagonizado por um de seus aviões. Depois de burlar a confiança de seus clientes fiéis aumentando brutal, cruel e espertamente a quantidade de milhas que precisam usar na troca por passagens – um programa de milhagem de punição, não de recompensas –, a TAM esqueceu um passageiro a bordo. Não, não é brincadeira, o escritor MARCELO RUBENS PAIVA, cadeirante, precisou recorrer a seus amigos, e através do TWITTER, para ser resgatado de um dos aviões da companhia, no domingo, dia 22 de julho de 2012.

MARCELO postou em seu TWITTER, "a TAM me esqueceu dentro de um avião. Voo 3971. Em Congonhas. Alguém pode ligar e pedir ajuda? Help!". Durante 40 minutos o passageiro foi abandonado na aeronave. Conta MARCELO, "Assim que a aeronave pousou, esperei as pessoas desembarcarem, estava distraído, lendo um livro. Vi o pessoal da limpeza entrar, a empresa de catering... De repente, vi a aeromoça fazer a mochila dela e sair. Foi quando me dei conta de que estava sozinho e comecei a tirar uma onda no TWITTER. Só saí quando a equipe do próximo voo chegou".

Hoje a TAM é uma empresa chilena. Mas desde 8 de julho de 2001 é uma outra empresa. Naquele dia, às 10h20, na cidade de Pedro Juan Caballero (Paraguai), em consequência da queda do helicóptero que pilotava, morreu o COMANDANTE ROLIM. Semanas antes, embarcar num avião da TAM era uma festa, e os homenageados, todos os passageiros. Um tapete vermelho os esperava à porta do avião, assim como toda a tripulação incluindo o Comandante fazendo as boas-vindas e desejando uma ótima viagem. Três meses depois de sua morte, às vezes tinha tapete vermelho, às vezes tripulação e, com o passar do tempo, nas escalas testemunhei a tripulação esquecendo de abrir a porta para os que aguardavam do lado de fora. Uma vez, em SALVADOR, tive que bater na cabine do comando onde toda a tripulação se divertia contando piadas, enquanto os passageiros permaneciam no solo, ao sol, do lado de fora.

ROLIM morreu muito antes da hora. Acho que todos morrem antes da hora. Mas ROLIM morreu muito antes. E assim não conseguiu converter em cultura empresarial seus pensamentos, ações e crenças. Morreram com ele. Fazem parte das cinzas que sobraram naquele helicóptero. Levando a TAM a ser a única empresa de aviação do mundo que esquece seus passageiros a bordo.

"SE NADA LHE FOR REVELADO ENTÃO VOCÊ NÃO TEM NADA A VER COM ISSO"

Existe outro lado na mais admirada de todas as maçãs. E, definitivamente, nem é bonito e muito menos moderno. E que acaba de ser desvendado no livro do jornalista ADAM LASHINSKY, de 216 páginas, *nos bastidores da Apple*, publicado no Brasil pela EDITORA SARAIVA.

Depois da leitura do livro, a conclusão é inevitável; é impossível replicar-se a APPLE; não existe a possibilidade de uma segunda APPLE; não há como transformar em conhecimento os eventuais aprendizados da APPLE. E a razão é muito simples e mais que óbvia. Trata-se de uma empresa construída por e sob medida para um líder único e também irreplicável: STEVE JOBS. E, assim, não há como alimentar expectativas otimistas para a empresa no médio e longo prazo. Não existem dois JOBS.

À luz do mundo plano e colaborativo, da sociedade de serviços, a APPLE enquanto organização é um baita dinossauro. JOBS centralizava tudo, tratava os colaboradores no casco; exatamente o contrário do que gostariam de encontrar os jovens que chegam hoje às empresas: educação, liberdade e crédito pelos trabalhos realizados e vitórias alcançadas. A possibilidade de participação em todos os sentidos. Com JOBS, ou obedeciam ou não serviam.

Num determinado trecho do livro, publicado pela revista EXAME, o autor relata os momentos que antecedem um novo projeto. "Pouca gente – incluindo os próprios funcionários – tem pista do que acontece na APPLE antes do lançamento oficial de um produto. É exatamente assim que a APPLE quer. Os colaboradores sabem que algo grande está para acontecer quando os carpinteiros aparecem nos prédios da matriz da companhia, em Cupertino. Novas paredes são erguidas rapidamente. Portas são acrescentadas e novos protocolos de segurança são implantados. Janelas que antes eram transparentes ficam foscas. Para o funcionário deixado de fora, a confusão é desconcertante. É bem provável que você não faça ideia do que esteja acontecendo e não é para você saber. Se nada lhe foi revelado, então você não tem nada a ver com isso. Fim da história".

Possibilidades de uma empresa com essas características preservar o viço, beleza, esplendor, deslumbramento, resultados? Próximas de zero. Mais que sob medida, uma empresa que nasceu no formato de pele capaz de revestir um único corpo e que já partiu. Não cabe em ninguém mais, nem mesmo em seu sucessor, TIMOTHY D. COOK, mais conhecido como TIM COOK, preparado para ser a réplica de um personagem irreplicável – JOBS.

ADIDAS, A DONA DA BOLA

A ADIDAS renovou, em 2005, seu patrocínio para as COPAS DO MUNDO de 2010 e 2014, por valores não revelados. Essa parceria começou em 1970 e desde então só tem prosperado. De verdade, mais que todas as demais decorrências e direitos do patrocínio, a ADIDAS queria mesmo, era ser a dona da bola. Mais que na vida e nas peladas dos finais de semana mundo afora, o dono da bola sempre joga e brilha em termos de visibilidade. As câmeras de televisão cravam na bola, e no mínimo, durante 90 minutos. Quem mais tem esse privilégio? Existe ROI – retorno sobre investimento – melhor do que esse e absolutamente garantido?

Até a COPA de 1966 não existia o "naming rights" da bola e vários fabricantes concorriam na esperança de ver sua bola escolhida. Em 1970, FIFA e ADIDAS casaram-se e, para cada nova COPA, uma nova bola.

A estreia da parceria foi na COPA DO MÉXICO. O nome escolhido, o de um pequeno satélite de comunicação lançado na época e com grande repercussão pública, o TELSTAR. Já a seguinte, na Alemanha, 1974, agregou uma segunda palavra à denominação, virando TELSTAR DURLAST. Na da Argentina, 1978, e aí já contando com a manifestação e escolha popular, prevaleceu a denominação TANGO. E na de 1982, na Espanha, o nome escolhido deu sequência a denominação da Argentina, convertendo-se em TANGO ESPAÑA.

Em 1986, COPA no MÉXICO, denominação AZTECA. Na de 1990, na ITÁLIA, prevaleceu o nome ETRUSCA. Nos EUA, em 1994, virou QUESTRA. TRICOLORE em 1998 na FRANÇA. JAPÃO/COREIA 2002, FEVERNOVA. E na COPA da ALEMANHA, em 2006, o nome escolhido foi +TEAMGEIST.

Na última, a da ÁFRICA, não se falou em outra coisa antes, durante e depois da COPA que não fosse na JABULANI. E para a próxima, a do BRASIL, a FIFA acaba de divulgar as denominações finalistas, que serão submetidas a escolha popular: BOSSA NOVA, CARNAVALESCA e BRAZUCA. Claro, causando decepção e até mesmo revolta em algumas das outras denominações sugeridas e recusadas pela ADIDAS, muito especialmente nos amazonenses que defendiam CARAMURI – "fruta rara da Amazônia que dá de 4 em 4 anos, tem as cores verde e amarela e é redonda como a bola". Mesmo reconhecendo todas essas virtudes, a ADIDAS reprovou alegando pouco conhecimento da fruta, dentro e fora do país.

De qualquer maneira, mais uma oportuna confusão para colocar mais alto e repercutir ainda mais, talvez, um dos três melhores contratos de patrocínios já realizados por uma marca de produtos. O da ADIDAS, A DONA DA BOLA.

PS: Deu BRAZUCA na cabeça!

NIVEA DESTRAMBELHA NOS 100!

De tempos em tempos as empresas ensandecem. A NIVEA desbotou no tradicional azul e branco, e em comemoração aos seus 100 anos, destrambelhou. Só pode ser isso.

Primeiro, contratou a – nada a ver com a NIVEA – RIHANNA para ser a estrela da campanha "100 Years Skincare for Life". Segundo o release da empresa, a cantora seria a nova embaixadora da marca, e já debutava em suas novas funções toda sorridente e sem roupa, cobrindo os seios com os braços. Tudo isso no mês de março.

No mês de agosto, é sumariamente demitida do cargo de embaixadora da marca por "não transmitir imagem confiável". STEFAN HEI-

DENREICH, CEO da empresa, ao demiti-la, esbravejou, "Eu não entendo por que trouxeram RIHANNA para ser a representante visual da NIVEA. A NIVEA é uma empresa que representa a família, a confiança e a confiabilidade. E não temos a devida certeza se RIHANNA está inclusa em nossos padrões".

Na sequência, e depois de entrevistar 8 mil homens e mulheres entre 18 e 65 anos no Brasil, Alemanha, França, Bélgica, Holanda, Rússia, China e EUA, em dois estágios diferentes – personalidade na primeira parte, e pele na segunda – a NIVEA concluiu que 30% dos entrevistados classificavam-se na categoria dos práticos. Depois vinham os pensadores com 27%, os intuitivos, 12%, os COLABORADORES 11% e os demais se dividiam em grupos menores. No Brasil, uma pesquisa específica foi realizada nas cidades de Porto Alegre, São Paulo e Recife, e concentrada em 600 homens entre 20 a 45 anos. E os práticos totalizaram 29% dos entrevistados e mereceram, a partir dos resultados da pesquisa, um novo produto.

Um produto para homens práticos, que não têm tempo a perder, que gostam de produtos práticos, básicos e fáceis de usar. Foi isso que eles disseram, não necessariamente, o que queriam em suas práticas e hábitos diários de higiene e beleza. E aí o que é que a NIVEA fez? Entendeu a pesquisa literalmente e está lançando o ACTIVE 3, um grosseiro e sem sentido 3 em 1 – xampu, sabonete e creme de barbear tudo junto.

Que o juízo retorne a querida e gloriosa MARCA muito rapidamente. PAUL CARL BEIERSDORF, OSKAR TROPLOWITZ, ISAAC LIFSCHUTZ e PAUL GERSON UNNA, figuras legendárias da história da NIVEA, ameaçam voltar em bloco e acabar com a bagunça e colocarem uma ordem na casa.

Se verdadeiramente pretende, como diz em seu portal, "continuar levando NIVEA para você e para as pessoas do mundo inteiro nos próximos 100 anos" está mais que na hora de recuperar o juízo e retomar a trajetória. Aquela que se diz ser hoje "Uma das marcas mais confiáveis do mundo" – E É!, não merece o que alguns de seus gestores vem fazendo.

ABERCROMBIE & FITCH, OU O ENCURTAMENTO DOS CICLOS

Enquanto DAVID McCONNELL vendia seus livros e dava de brinde perfumes para sua clientela de MANHATTAN, preparando-se para a criação da AVON, DAVID T. ABERCROMBIE abre uma loja na região baixa da ilha, no dia 4 de junho de 1892. Sua clientela era formada por caçadores e exploradores em busca de roupas e equipamentos adequados para "aventuras nas selvas". Seu melhor cliente, EZRA FITCH, comprava tanto que decidiu tornar-se sócio. E assim nasceu a ABERCROMBIE & FITCH.

Cresceu via catálogos, posicionou-se na QUINTA AVENIDA vendendo roupas para homens e mulheres sob um mesmo teto, sobreviveu às duas Grandes Guerras, e era a loja preferida de THEODORE ROOSEVELT, GERALD FORD, CLARK GABLE, GRETA GARBO, STEINBECK e HEMINGWAY. Multiplicou-se pelos EUA nos anos 50 e 60, e não suportou a concorrência das novas marcas quebrando em 1977.

Em 1988, seu novo comprador jogou a toalha, e para não quebrar de novo, vendeu a marca e a empresa por simbólicos US$ 45 milhões, em 1988, para a THE LIMITED, dirigida na época pelo genial e imbatível LESLIE WEXNER. WEXNER acreditava ser capaz de produzir um milagre. Reposicionar uma marca desgastada e datada, uma marca de velhos, para jovens adolescentes. E fez! Deitou e rolou nos últimos 20 anos, multiplicou-se pelos EUA e alguns outros países, e passou a ser o objeto de desejo no "casual luxury" de duas gerações. Lojas escuras, música alta e insuportável aos "fora da tribo", e abarrotadas de adolescentes.

Nos últimos meses, a ABERCROMBIE começou a aterrissar. Não voa mais como nos primeiros anos. Perdeu um terço de seu valor de mercado, e perde vendas na EUROPA e ESTADOS UNIDOS. No último exercício fiscal, fechou 71 lojas só nos EUA, vai fechar outras 180 até 2015, e a batida da música em suas lojas escuras já não atrai mais como em passado recente.

WEXNER entregou a ativação do reposicionamento da empresa a MIKE JEFFRIES. Que só respirou sucesso de 1995 a 2008. Nesse período aumentou as vendas em 20 vezes e o lucro líquido em mais de

56 vezes. Desde então, constata, perplexo e atarantado, que existe um novo adolescente no mercado. Que se recusa a ser tratado como gado e conduzido em formato de boiada ou tribos genéricas. E que não aceita pagar mais que US$ 40 por um bom jeans e US$ 20 por uma ótima camiseta. Enquanto novas marcas vão ocupando o lugar.

Em verdade, os ciclos estão se encurtando. A menos que se reinvente permanentemente não há como marcas jovens manterem-se no topo por mais que 3 anos repetindo uma mesma fórmula. E chegou a hora da ABERCROMBIE & FITCH, que produziu o milagre de reinventar-se de marca de velhos para marca de jovens, repetir a proeza. Não vai ser fácil. Mesmo porque WEXNER hoje dedica todo o seu tempo a filantropia.

Conseguirá a A&F escrever um novo capítulo em sua história absurda, ou desta vez se vai para sempre? Pouco provável, mas como já fez uma vez...

O JOBS, DA PORTO SEGURO, FOI PARA O CONSELHO

Abro a WIKIPÉDIA e encontro: "JAYME BRASIL GARFINKEL é formado em Engenharia Civil pela Escola Politécnica da Universidade de São Paulo (1970) e pós-graduado em Administração de Empresas pela Fundação Getúlio Vargas (1975). Ingressou na PORTO SEGURO em 1972 como Assistente de Diretoria, assumindo o cargo de Diretor Vice-Presidente em 1978".

Fez de sua empresa, ou da empresa que recebeu do pai, um dos mais notáveis "cases" de marketing da indústria do seguro em nosso país. Construiu uma seguradora independente, querida e admirada por seus clientes, pelos corretores, e respeitadas por todas as demais seguradoras. JAYME era o JOBS da PORTO SEGURO. Agora foi para o Conselho. Se todos se perguntam o que acontecerá com a APPLE nada mais justo que fazer a mesma pergunta em relação a PORTO SEGURO.

Agora abro a CONSUMIDOR MODERNO e encontro uma entrevista de JAYME a propósito de sua ida para o Conselho, onde reitera suas crenças e pequenas poções de sua receita de sucesso.

O cliente da seguradora – "Nós percebemos de forma muito clara, até por força de nossa história, o corretor de seguros como nosso principal cliente. Nosso trabalho é muito focado no corretor porque ele é o principal propagador de nossa marca...".

O cliente segurado – "Claro que procuramos sensibilizar, além do corretor, o cliente final com serviços e produtos. Uma de nossas primeiras iniciativas nesse sentido aconteceu em 1980, criando um projeto para reduzir batidas nas traseiras dos carros, fornecendo gratuitamente o BREAK LIGHT. Reduzimos os sinistros e nos tornamos mais reconhecidos pelos clientes... e ainda ganhamos mais força junto aos corretores que passaram a oferecer ainda mais a PORTO SEGURO, a seguradora do BREAK LIGHT...".

Hierarquia de importância – "Em primeiro lugar, clientes e colaboradores. O acionista é importante, mas ele tem de estar ligado ao longo prazo da empresa, à perpetuidade dela".

A importância do exemplo – "A base de nossa filosofia é o exemplo. Tudo que chega até mim tem retorno... sempre estou respondendo, à mão, para o colaborador saber que fui eu que respondi... outro dia uma moça do teleatendimento escreveu para mim – "Eu estou em crise pessoal. Cheguei para trabalhar no turno da noite e estava muito chateada. Fiquei pensando: Quem eu sou? Que importância eu tenho? Por que eu atendo o telefone? Eu sou alguém enquanto atendo, sou um nome para a pessoa que está sendo atendida, e quando ela desliga, eu desapareço. Eu estava nessa crise quando levantei e comecei a andar pelo corredor. Vi a gerente lá no fundo com a bolsa na mão, indo embora. Fui até ela e perguntei se ela me conhecia:

– Você não deve me conhecer, não é?

E ela disse:

– Conheço sim, você é a fulana da equipe da Joaninha.

Aí me surpreendi e falei:

– Você fala comigo?

E ela respondeu:

– Falo sim, tudo bem.

Batemos um papo e me senti alguém".

E, concluiu, JAYME GARFINKEL, o JOBS da PORTO SEGURO, "A gerente estava indo embora naquela noite, com todo o direito de ir para casa. Não é somente treinamento que pode ensinar uma gestora a agir assim. E é importante repercutir esse tipo de atitude, propagar o exemplo".

Sem JAYME no comando, a PORTO SEGURO pode até se superar, mas, nunca mais será a mesma. Assim como a APPLE sem JOBS.

TOP OF MIND – 22 ANOS

Quando o DATAFOLHA e a FOLHA começaram com a pesquisa e prêmio TOP OF MIND, existia um outro consumidor no mundo, e, especialmente, no Brasil. Um consumidor que começava a se deslumbrar pelas maiores possibilidades de MARCAS em cada uma das categorias onde, durante anos, ou compravam DANONE ou compravam DANONE; ou dirigiam um FUSQUINHA ou dirigiam um FUSQUINHA. E assim, de certa forma, com pouca e muitas vezes nenhuma concorrência, muitas MARCAS, as pioneiras, foram "se gravando" na cabeça daquelas pessoas. Nas cabeças, não necessariamente, nos corações.

Hoje existe um novo consumidor. Nós, depois de quarenta anos de compra malfeita, dinheiro jogado fora, longo e caro aprendizado, nos diplomamos na ciência e na arte de consumir. E, devidamente empoderados, vimos nosso "power" se multiplicar nos últimos anos, com o prevalecimento do ambiente digital e das redes sociais. Mas, ainda assim, ser a PRIMEIRA MARCA LEMBRADA, quando eu falo de uma determinada categoria de produtos, conta ponto.

Na matéria com os resultados, o DATAFOLHA lembra-se do primeiro ano da pesquisa. "Na época, as extintas VARIG e VASP disputavam ponto a ponto o primeiro lugar na categoria. MONZA era um dos carros mais lembrados e nomes que hoje figuram entre os líderes, como NIKE, tinham pouco espaço num Brasil ainda fechado a produtos importados".

Na matéria, também, e na insensatez de agradar as agências de propaganda, a FOLHA dedicou a quase totalidade do editorial para publicitários e agências de propaganda, esquecendo-se por completo que BRAN-

DING é um trabalho de criação e ativação coletiva. Que envolve todo o capital humano da empresa, todos os vendedores, todas as demais ações de comunicação, o comportamento dos dirigentes da empresa, a relação com o trade e, principalmente, e acima de tudo porque é a hora da verdade, como a MARCA se comporta no pós-venda, no desenvolvimento do relacionamento. Primeiras vendas são primeiras vendas. Clientes só nascem no processo contínuo e feliz de repetição de compras, decorrente da performance do produto, dos serviços nele agregados e, especialmente, do carinho e atenções que as pessoas recebem das MARCAS que decidiram experimentar. Que no próximo ano a FOLHA repare a burrice cometida. Sem falar nos executivos de marketing dos clientes que pagaram a conta e que devem estar mais que "felizes".

Ainda, no especial TOP OF MIND em formato revista que a FOLHA pública, de novo, a falta de tabelas. Percentuais soltos, ilustrações, mas tabelas, zero. E ainda a falta – indispensável – de uma retrospectiva com o resultado dos 22 anos.

Talvez a maior novidade do TOP OF MIND 2012 seja a presença da NIKE junto da NESTLÉ e se aproximando de COCA-COLA e OMO, sempre as maiores campeãs na lembrança espontânea. E de verdade, em todos esses 22 anos, a MARCA campeã, entre todas as TOP OF MIND é OMO. Que chegou a essa extraordinária conquista, em decorrência do solene desprezo que a PROCTER sempre revelou, até 20 anos atrás, em relação a esta parte do mundo, especialmente o Brasil. Quem descobriu, usando a metodologia criada pelo genial ERNEST DICHTER, a propriedade "BRANCO" foi a PROCTER. Mas, como não estava no Brasil, a UNILEVER sentiu-se completamente à vontade para se apropriar do BRANCO. Em quase todos os outros países do mundo o BRANCO é da PROCTER; no Brasil, de OMO. E assim, com a propriedade do BRANCO, a marca OMO é simplesmente imbatível.

COMO AP&GUENAR UMA MARCA

Conto essa história em meu livro O GRANDE LIVRO DO MARKETING. "ALEXANDER NORRIS era um respeitável comerciante e cidadão da pequena cidade americana de Cincinnati, no início do século XIX. Além dos negócios sua atenção convergia para sua família, de forma especial para suas filhas ELISABETH e OLIVE. Originários da Irlanda e da Inglaterra, em momentos diferentes, um dia aportaram na cidade e na condição de emigrantes, WILLIAM e JAMES." JAMES conheceu Cincinnatti quando tinha 16 anos, em 1819, e aos 18 tornou-se aprendiz do fazedor de sabão WILLIAM BELL. Em 1833 casa-se com ELISABETH, uma das filhas de ALEXANDER NORRIS. Já JAMES decide deixar a Inglaterra em 1832, casado, com MARTHA PEAT, que morreu na viagem. Viúvo, fabricante de velas, casou-se em 1834 com a outra filha de ALEXANDER, a OLIVE. Por insistência do sogro, os dois decidem se juntar no dia 31 de outubro de 1837. WILLIAM PROCTER e JAMES GAMBLE. E nasce não a absurda P&G. Nasce a PROCTER & GAMBLE.

Nesse mesmo livro, que é a base de boa parte dos cursos de marketing hoje no Brasil e de minha autoria, afirmo, "de todas as empresas que conheço, por leituras ou convivência, a que apresenta o maior saldo de contribuições para a prática e o desenvolvimento do marketing é a PROCTER". Responsável por iniciativas de comunicação pioneiras em todos os veículos modernos de comunicação, introdutora das gerências de produtos, ofereceu a oportunidade para que ERNEST DICHTER apresentasse ao mundo e ao marketing, a partir de uma pesquisa para o emblemático sabonete IVORY, a metodologia das PESQUISAS QUALITATIVAS, e muito mais. Claro, cometeu erros também, e errar faz parte da caminhada. Talvez um dos maiores, o de só ter descoberto o Brasil em 1988, quando compra a PERFUMARIAS PHEBO. Isso lhe custou a perda de uma de suas maiores conquistas, A PROPRIEDADE DO BRANCO, anos antes "apropriada" pela UNILEVER para a maior campeã – por causa do BRANCO – do TOP OF MIND da FOLHA, OMO.

Mas chega de história. O fato é que numa decisão absurda, sem o menor sentido e nenhuma qualidade, decidiu abandonar sua denominação original, PROCTER & GAMBLE, e virar um nada, uma abreviatura menor e feia, P&G. Pior que isso, ignorou "a voz do povo e que é a voz de Deus". Não deu a mínima para milhões de pessoas no mundo inteiro que se referiam a empresa como PROCTER. Como a empresa é próspera em alimentar, internamente, "lendas urbanas", como a que diz ter "parte com o diabo" pela forma como sua marca era originalmente grafada, talvez prospere internamente a história absurda que não se sente bem em eliminar o nome de JAMES GAMBLE da marca pelo fato de ter se casado viúvo com OLIVE e isso traduzir um certo tipo de discriminação?!

Triste, mas verdadeiro. A empresa detentora de um dos portfólios de marcas mais invejável do mundo está destruindo sua própria marca. A PROCTER está aP&Guenando sua própria MARCA.

DE IKEDA PARA GLÓRIA DO GOITÁ

MOMOFUKU ANDO é um ícone para diferentes gerações. Recentemente, idolatrado pelos nerds, geeks e GUDs – Grow Up Digital. Nasceu em TAIWAN, no dia 5 de março de 1910, e morreu em OSAKA, 5 de janeiro de 2007. Seu sonho, acabar com a fome do mundo. Produzir um alimento eficaz – que alimentasse, que coubesse no bolso, de preparo rápido. Depois de infinitas tentativas, no dia 25 de agosto, aos 48 anos de idade, sua busca finalmente chegou ao fim e estava criado o macarrão instantâneo. Mais conhecido por aqui como MIOJO.

Corta, salta para o final do século passado, pessoas passando uma quantidade maior de tempo na frente dos computadores, trabalhando, ganhando a vida, programando, não tendo tempo para uma pausa de verdade para se alimentar, nem para sair, e tendo que comer on the job. Solução: MIOJO. E assim, em todo o mundo, o produto criado para atenuar a fome das pessoas, acabou se revelando a melhor solução para os trabalhadores da tecnologia da timeless society. MOMOFUKU virou Deus para esses profissionais. No dia em que morreu a www vestiu luto cerrado. Mais que merecida homenagem.

Corta, novamente, e salta para a cidade de GLÓRIA DO GOITÁ, no interior de PERNAMBUCO. Foi a cidade escolhida pela NISSIN para instalar a segunda fábrica do MIOJO em nosso país. A cúpula toda da empresa veio para a inauguração, muito especialmente, KOKI ANDO, filho do genial MOMOFUKU. A NISSIN agora se chama NISSIN-AJINOMOTO, pela soma das duas empresas. Nas solenidades, tudo no maior rigor japonês. Luvas brancas e tesouras douradas cortaram as fitas. Depois, a plantação de cinco baobás – árvore que sinaliza crescimento rápido e longevidade. Culminando com o KAGAMI-BIRAKI. De quimonos e com martelinhos nas mãos, as autoridades presentes quebraram as tampas de barris de saquês, realizando o tradicional e indispensável brinde. MOMOFUKU sorriu. E uma nova luz passou a brilhar em GLÓRIA DO GOITÁ.

"Nossa cidade vive da atividade rural com a produção de hortaliças", declarou o prefeito DJALMA PAES. E, completou, "os jovens precisavam partir para outros lugares em busca de emprego". MOMOFUKU sorriu, novamente.

ALGUMA COISA ACONTECE NO MEU CORAÇÃO QUE SÓ QUANDO CRUZO A BROADWAY COM A 7ª

Se para nós brasileiros o coração bate mais forte, como nos ensinou CAETANO, quando se cruza a Ipiranga com a São João, para nós brasileiros e todos os demais cidadãos de todas as nacionalidades o coração dispara e a vista explode quando se chega a uma praça que mais que praça é uma sucessão de cruzamentos e esquinas, que começam na 47, para quem desce em direção ao sul da ilha, e vai até a 42. Mas, de verdade mesmo, começa quando a Broadway e a Sétima se desvencilham do Central Park e arremetem para uma espécie de pororoca feérica, decorrente do momento em que se cruzam. E aí acontece o ponto de encontro de centenas de milhões de pessoas no correr dos anos, e que abre o grande espetáculo assim que o sol se despede e a noite se anuncia. É, de longe, A PRAÇA DO MUNDO. E, por isso, o espaço OUTOFHOME mais disputado pelas empresas.

Em verdade, TIMES SQUARE não mereceu essa denominação na pia batismal. Até o mês de abril de 1904 era conhecida como LONGACRE SQUARE. Depois, em seu número 1 construiu-se um prédio – o TIMES BUILDING, hoje conhecido como ONE TIMES SQUARE – que abrigou durante décadas o NEW YORK TIMES. E a denominação do prédio tomou a da praça.

Em 2005, comentamos sobre TIMES SQUARE nesta série *Marketing Trends*. Naquela ocasião, dizíamos: "Cada vez que vaga um dos "espaços nobres" daquela praça ocorre um verdadeiro leilão. E os preços não param de subir. Mesmo tendo seus valores trancados a sete chaves, algumas informações acabam vazando, e hoje se sabe que a locação dos melhores espaços custa entre US$ 200 a US$ 300 mil/mês. Só o espaço; mais toda a parafernália e a manutenção necessária. Em alguns casos, e dependendo da utilização a ser dada ao espaço para garantir maior audiência, alguns milhões de dólares. O J.P.MORGAN CHASE investiu mais de US$ 10 milhões de dólares para que seu painel no Reuters Building, à prova d'água, fosse capaz de gerar uma imagem de alta definição, com uma qualidade dez vezes superior a de um aparelho de televisão".

Naquela ocasião, mais de 40 milhões de pessoas de todo o mundo passavam pela PRAÇA e tiravam mais de 100 milhões de fotos. E calculava-se que, e se possível fosse, uma única empresa comprar todos os espaços existentes na PRAÇA, teria de desembolsar um valor anual de aproximadamente US$ 70 milhões.

Hoje, oito anos depois, os preços continuam subindo e quebrando recordes. Alguns dos espaços mais que dobraram seus preços, não obstante a crise iniciada com a quebra do LEHMAN BROTHERS, e que por sinal tinha sua sede na PRAÇA DO MUNDO, em 2008. Os 40 milhões de estrangeiros de 2005 que permaneciam horas em TIMES SQUARE agora são 60 milhões. Mais os 100 milhões de americanos que passam por lá no correr de um ano. E as fotos, com a multiplicação das digitais, passam de 500 milhões/ano. A maioria enviada imediatamente, através dos smartphones, para parentes e amigos nos mais distantes lugares do mundo. E os US$ 70 milhões que custariam os espaços de toda a PRAÇA hoje superam os US$ 300 milhões.

Por que é fundamental para as marcas globais se fazerem presentes em TIMES SQUARE e, principalmente, interagindo e em tempo real com os que por lá passam? Porque é um momento de extraordinária e única emoção. Todos, sem exceção, mais que sensíveis e receptivos, de guarda baixa, fotografam também com os olhos e o coração as marcas que piscam e espocam diante deles. E todos, ou quase todos, levam esse momento único, essa recordação, para a vida toda. Nas memórias das máquinas, dos smartphones, dos tablets e, principalmente, do coração. E como nos ensinou o poeta inglês, JOHN KEATS, "A think of beauty is a joy forever". Assim, retorno mais que garantido. Para sempre!

NATURA RECALIBRA PONTARIA. É POSSÍVEL?

Na mídia, informações e entrevistas de seus diretores. Tudo confirmado, a NATURA decidiu proceder a revisões, ajustes, cortes, reduções, para conseguir um produto mais barato para, segundo seus dirigentes, "recuperar participação no mercado de higiene pessoal onde perde espaço desde o ano passado". Assim, dando sequência a essa mais que arriscada e temerária decisão, criou uma submarca – submarca é péssimo – exclusivamente para produtos para o corpo e cabelos, SOU. Com embalagens menores e mais simples, com 70% a menos de plásticos para torná-las, também mais flexíveis e possibilitar o aproveitamento total do conteúdo, produtos com menos matéria-prima, e sobrevivendo apenas, a grosso modo, a fragrância. O pressuposto é que sempre e em tudo: menos é mais. Será?

O mínimo que se pode dizer sobre essa decisão da empresa, por enquanto, é que se acertou agora – e não acreditamos, em nosso entendimento errou – vinha errando recorrentemente em todos os últimos anos quando definiu com extrema sensibilidade e maior precisão seu PHOCUS. Talvez aí residisse – agora não mais – a maior virtude da empresa brasileira emblemática em seu setor de atuação. Cometeu no correr de sua vitoriosa trajetória – todos cometem – uma série de erros. Mas, mesmo nas piores situações, considerou "diminuir", em todos os sentidos, os produtos abençoados por sua MARCA. Jamais, em momento algum, admitiu contrariar seu DNA, construído com extrema competência no correr de mais de quatro décadas. E agora o faz de forma mais que temerária.

Toda a cadeia foi ajustada. No jornal VALOR, a descrição do processo, "máquinas importadas da Espanha e instaladas em unidade própria em Cajamar (SP), e em mais dois fabricantes terceirizados em Louveira (SP), a embalagem chega à linha de produção enrolada em bobinas economizando espaço no transporte, a bobina é colocada na máquina e o produto sai pronto no final da linha, 100 produtos por minuto... Até 2014 serão 26 linhas de produção".

No VALOR, as declarações do VP da NATURA, JOSÉ VICENTE MARINO, "a ideia é dar ao consumidor apenas o essencial". Não entendi. Tiram a marca, reduzem a matéria-prima, mudam a embalagem, diminuem o conteúdo... Ou seja, para ele e para a NATURA o essencial resume-se à fragrância?

Se a empresa sentia-se, verdadeiramente incomodada, se não conseguia mais resistir à pressão dos gestores dos fundos que possuem suas ações, se realmente considerava relevante avançar mais em territórios onde acredita ter perdido participação, talvez o melhor fosse investir numa outra empresa, com outra marca, equipe, totalmente desvinculada da NATURA. De resto, é no mínimo estranho buscar ser competitiva em preço num território onde preço, definitivamente, e dentro de certos limites, não é o que conta. E para piorar, leio que o mote da campanha de lançamento da nova linha é o "consumo consciente", que o consumidor "pode aproveitar até a última gota". Sem considerar o evidente risco de canibalização das linhas de maior valor agregado e preço. E uma marca que lembra o pior de alguns brasileiros, no personagem TAVARES, criação genial de CHICO ANYSIO, "sou, mas quem não é?".

A NATURA, definitivamente, é outra NATURA desde a abertura do capital. Enquanto não aprender a colocar os gestores dos fundos que administram suas ações no devido lugar, permanecerá vagando em busca de seu eixo original ou repetindo TAVARES: "sou, mas quem não é?".

"CASE" NEYMAR

Nos primeiros 25 anos da mais importante premiação do marketing brasileiro – MARKETING BEST –, e entre os mais de 600 "cases" premiados, um merece destaque mais que especial, o PROJETO NEYMAR. Simplesmente, brilhante, não obstante o choramingo e a chiadeira dos míopes e inconsequentes.

Lastreado em tudo o que aprenderam com ROBINHO, o SANTOS e seu marketing mais que capricharam no planejamento e ativação do PROJETO NEYMAR. Tudo, absolutamente tudo foi pensado e cuidado. Muito especialmente, o último capítulo, a despedida, onde mesmo que não ingressasse nos cofres do clube um único tostão – e entraram muitos – o sucesso já seria total. De longe, o melhor entre todos os MARKETING & BRANDING PLAN já realizado até hoje para um atleta profissional em nosso país.

Entre as apostas, a maior e mais corajosa realizada por LAOR – LUIS ÁLVARO DE OLIVEIRA RIBEIRO e sua equipe de marketing – foi a forma criativa e corajosa de reter a MARCA no SANTOS pelo maior tempo possível, ainda que para isso fosse necessário gradativamente ir cedendo parte do passe ao próprio jogador como forma de pagamento. E, com isso, agregar mais brilho, magneto, atração ao clube da Vila Belmiro, hoje de São Paulo, do Brasil, e do mundo. Se PELÉ tem tudo a ver com isso, com os de 30 e mais anos, NEYMAR é o responsável pelos novos santistas entre 2 e 15 anos – apenas MILHÕES!

Quanto vale um novo torcedor? Quanto vale uma paixão? Quanto vale um novo apóstolo ou evangelizador? Incalculável. E esse é o maior e melhor resultado do PROJETO NEYMAR. Mas outros resultados mensurados traduzem a excelência da estratégia. A MARCA SANTOS, depois de NEYMAR, vale, no mínimo, duas vezes mais; dos 17 mil sócios quando da chegada de NEYMAR, o craque parte deixando um lastro de 65 mil sócios; dos R$ 8 milhões que era quanto valia a camisa do SANTOS antes de NEYMAR, hoje esse valor saltou para R$ 35 milhões. NEYMAR atraiu 13 importantes empresas patrocinadoras para a marca SANTOS, como SANTANDER, PANASONIC, NIKE, UNILEVER, CLARO, RED BULL, AMBEV, VOLKS... E muito e muito mais.

Acho que não preciso continuar. Mas, se mesmo assim, você continua acreditando que o SANTOS fez um péssimo negócio, cometeu um erro crasso de gestão, siga em frente, mas não deixe de consultar um oftalmo.

Em nome da EDITORA REFERÊNCIA, responsável pelo MARKETING BEST, e em nome do MADIAMUNDOMARKETING, que criou e organiza a premiação, parabéns, SANTOS, parabéns, LAOR. E obrigado pela extraordinária lição de marketing que hoje é apresentada em centenas de escolas de administração e marketing de todo o país. Um "case" nota 11!

OS 2 PRINCIPAIS MANDAMENTOS DE MARKETING E BRANDING

Começo a desconfiar que os 2 primeiros mandamentos de tudo são sempre os mais importantes. No da Igreja, 1 – Amar a deus sobre todas as coisas, 2 – Não tomar o seu santo nome em vão. Todos os outros daí decorrem. Se você não é religioso, mas acredita, o sentido desses dois mandamentos é coloque-se na sua insignificância, respeite as forças – sejam quais forem – que criaram esse absurdo, misterioso e maravilhoso universo, e pare de reclamar da vida. E aí já entrando no segundo, se você não consegue colocar e manter em pé seus projetos e sonhos, não reclame dos outros. Para os religiosos, esse outro, sempre é DEUS.

Já no MARKETING, o primeiro mandamento, de meu livro que ganhou o PRÊMIO JABUTI de MELHOR LIVRO NÃO-FICÇÃO DE 2005, "os 50 MANDAMENTOS DO MARKETING", diz, 1 – O CLIENTE SEMPRE TEM RAZÃO, 2 – QUANDO O CLIENTE NÃO TIVER RAZÃO, PREVALECE O PRIMEIRO MANDAMENTO. E aí muitos protestam e falam de alguns clientes insuportáveis, chatos e tudo o mais. Começa que chato é não ter cliente, e você, pessoa ou empresa, sempre tem o direito e o dever de escolher seus clientes. Se você os aceita, ganha dinheiro com eles, por favor, não venha reclamar. Ou seja, uma vez CLIENTE, SEMPRE TEM RAZÃO.

Já no BRANDING, os dois primeiros mandamentos que usamos aqui no MADIAMUNDOMARKETING e na MADIA MARKETING SCHOOL, tomam emprestados dois provérbios americanos. O primeiro mandamento diz: "Put yourself in someone's shoes. Muito objetivamente, se você ambiciona construir uma marca de verdade, a primeira coisa a fazer é colocar-se no lugar das pessoas – stakeholders – que você pretende conquistar. Como nos ensinava CARTOLA, na música, "e quem sabe sonhavas meus sonhos, por fim". É isso. As pessoas são como são. Nenhum ser humano tem a mais ínfima possibilidade de mudar quem quer que seja. Assim, e para começar o BRANDING, aprenda a conhecer e a respeitar as pessoas onde você quer plantar, dentro da cabecinha delas, uma primeira semente de sua marca. E depois, batalhando para que floresça esplendorosamente em seus corações.

O segundo diz: Walk the talk. Agora você já conhece quem pretende conquistar, em quem pretende depositar um primeiro embrião de sua MARCA. Chegou, portanto, a hora de se revelar. De apresentar sua personalidade, crenças, seu Positioning – Posicionamento. E as pessoas que se encantam e acreditam, vão acompanhá-lo para verificar se você tem autenticidade, se você walk the talk, se você, na prática, é o que você disse ser e se comporta com as crenças e valores que se atribuiu, prometeu e garantiu respeitar.

É isso. Apenas isso, ou tudo isso. Tudo quase que se resumindo no primeiro e segundo mandamentos. Da Igreja, do Marketing, do Branding. Daqui para frente é com você.

capítulo 5

DESAFIOS, AMEAÇAS, OPORTUNIDADES

É POSSÍVEL SALVAR UMA EMPRESA datada no ambiente digital. É esse o desafio de MARISSA à frente do YAHOO! Enquanto isso, a AVON, dia após dia sente saudades de MISS FLORENCE ALBEE. E uma luz de esperança na "aposentadoria" de uma legislação trabalhista que asfixia o empreendedorismo em nosso país. A lei e a figura do Empreendedor Individual.

Num simples passeio por um MALL o registro de pequenos detalhes que denunciam doenças potencialmente gravíssimas. Ao mesmo tempo que empresas gigantescas – leia-se, entre outras, PROCTER – a cada novo dia, revelam-se desconfortáveis em relação a tudo o que acontece no Admirável Mundo Novo, ratificando a certeza de que a maior parte delas, à semelhança dos dinossauros, ficará pelo caminho.

Nos últimos 100 anos, o ser humano ganhou mais 30 anos de vida e todas as empresas de todos os setores, desde que saibam tirar proveito dessa oportunidade, ganharam acréscimos substanciais em termos de potencial de mercado. A prática do CONCIERGERIE, típica dos hotéis, invade os shopping centers. E há tempo para caçar oportunidades, e há tempo para colocá-las em pé. Nenhuma empresa suporta um processo de caça intermitente e compulsivo.

ENÉAS PESTANA cansou-se das brigas entre seu ex-patrão e o novo patrão – leia-se ABILIO e CASINO – e decidiu empoderar-se e dizer o que pensa e a que veio. Já não se fazem oportunidades como antigamente, e com o movimento dos territórios, o que parecia ilimitado converte-se em brechas estreitas demais. Quantos mais negócios se concretizam, quantos mais empresários perdidos e lamuriosos depois da venda, conclui-se que só se vende uma empresa, só se desprende de uma MARCA, quando o sonho acabou.

E num passe de mágica, LUIZA passa a ter mais de 100 mil lojinhas no digital enquanto o comércio eletrônico como um todo continuar, à semelhança de DIOGENES com sua lanterna, procurando pelo lucro.

YAHOO! E "SANTA" MARISSA

Grávida de 5 meses, com o parto do primogênito marcado para 7 de outubro, e egressa do GOOGLE, onde permaneceu por 13 anos como atriz e protagonista de importantes sucessos como o GOOGLE SEARCH, MAPS e STREET VIEW, MARISSA MAYER, aos 37 anos, assumiu o comando de uma empresa que brilhou intensamente no amanhecer da internet, e que hoje não consegue dissimular mais sua palidez e competitividade próxima de zero: YAHOO!. É a quarta executiva a ocupar a posição no período de um ano. Mas, nenhum de seus antecessores, com a expectativa e os olhos do mundo digital carregados de tanta esperança. Como se fosse uma espécie de "SANTA" MARISSA, capaz de realizar o milagre.

Assim como aconteceu com outras marcas de sucesso do ambiente digital, o portal YAHOO! foi concebido por dois estudantes. De engenharia elétrica da Universidade de Stanford: DAVID FILO e JERRY YANG. Tudo o que queriam era dar certa organizada na bagunça que era a internet em seus primeiros anos – mais ou menos como aconteceu com o FEICE 10 anos depois – e facilitar a vida de seus amigos de universidade. Começou como "JERRY´S GUIDE TO THE WORLD WIDE WEB", em poucos meses extrapolou os limites do *campus*, e antes de comemorar seu 1º aniversário já registrava 100 mil visitantes únicos.

Nesse momento assumiu a denominação tipo grito de guerra, YAHOO!, e que significa Yet Another Hierarchical Officious Oracle. Segundo outras versões, uma referência à obra *As Viagens de Gulliver*, escrita por JONATHAN SWIFT. O fato é que a escolha da nova denominação foi brilhante, e garantiu uma decolagem vertiginosa, absurda e descomunal ao portal. Mas deixou-o datado! E como seus gestores foram incapazes de preservá-lo atualizado, hoje esse é seu maior desafio.

Longe de viver seu melhor momento, mas ainda um negócio de peso e prestígio, volta e meia alvo de tentativas de aquisições, muito especialmente por parte da MICROSOFT. MARISSA assumiu o comando de uma empresa que detém a terceira colocação no ranking dos portais mais visitados nos ESTADOS UNIDOS, tem um valor de mercado de US$ 19,2 bilhões, com um lucro de US$ 286 milhões no primeiro trimestre, lucro de US$ 800 milhões em 2011, e 14 mil funcionários. Mas, que nos tempos áureos viu suas ações baterem em US$ 108 (dezembro de 1999) em julho de 2012 valiam US$ 15,7.

E ainda com muitas desconfianças no sucesso de uma executiva que se notabilizou pela sua extraordinária capacidade na gestão de produtos, mas nada próximo de uma personalidade visionária, como um JOBS, ZUCKERBERG, e até mesmo os fundadores do YAHOO!.

Que todos os santos e divindades de todas as crenças, seitas e religiões iluminem MARISSA na sua missão quase impossível de desdatar e contemporanizar o YAHOO! De tornar audível e sedutor um grito distante e impregnado de ruídos e rouquidão.

SAUDADES DE MRS. ALBEE, AVON!

A AVON vai de mal a pior. DAVID HALL McCONNELL, seu fundador e vendedor de livros, e Mrs. PERSIS FOSTER EAMES ALBEE, sua verdadeira alma, ameaçam ressuscitar e despedir, com humilhação e aos berros, os gestores globais dos últimos 10 anos, e que permitiram que a empresa perdesse relevância, empoeirasse, e vivesse o pior momento de sua história mais que centenária.

McCONNELL, quando seus clientes de livros de MANHATAN não queriam comprar mais livros, passou a oferecer como brinde um pequeno frasco de perfume. Diante do sucesso do perfume... Aí pediu socorro para Mrs. PERSIS FOSTER EAMES ALBEE, que a AVON insiste em chamar de FLORENCE, para convidar suas amigas para vender seus perfumes. Viúva de um senador, ALBEE, não saía dos trens e dos lombos dos cavalos para ajudar nos negócios de McCONNELL. Em menos de 10 anos conseguiu o milagre jamais superado por qualquer outra pessoa e em todo o mundo de recrutar 25 mil mulheres americanas que aderiram à causa da AVON e converteram-se em apóstolas e revendedoras. Tudo o mais é história. Estava inventado o negócio de vendas diretas, e Mrs. ALBEE é sua legítima criadora.

Agora a AVON quase agoniza. Corre o risco de até ser vendida antes destes comentários serem publicados. Nas últimas décadas enfiou os pés pelas mãos, e, assistiu, passivamente, o envelhecimento de seus produtos. Pela não atualização, de um lado, e pela excelência e velocidade das novas empresas. No Brasil, por exemplo, uma NATURA.

Agora divulga os resultados do primeiro semestre. Uma queda de 19% nas receitas, e segundo sua CEO global, SHERI McCOY, "Nós decepcionamos revendedoras, consumidoras e investidores... a gente não manteve o ritmo nos níveis de tecnologia e serviços, e isso resultou em desafios em mercados como o Brasil". E, adicionou: "Vamos colocar o consumidor e as consultoras no centro do nosso negócio e garantir com que nossos colaboradores estejam envolvidos e alinhados. Estou confiante de que podemos transformar o negócio e chegar a um ponto de crescimento sustentável".

Pouco provável. Serão necessários, no mínimo, três anos, para corrigir todos os erros – por ação ou omissão – da última década, que vão desde o portfólio de produtos e desembocam na debilidade da distribuição e logística. Demorou, muito além da conta, para demitir ANDREA JUNG. Pior ainda, contratou uma mais que estranha no ninho. Alguém com experiência zero em vendas diretas, egressa das torres anacrônicas, formais e burocráticas da JOHNSON & JOHNSON.

Como já comentamos em artigos anteriores, nem RENEW – "A Revolução Genética Anti-Idade da AVON" – rejuvenesce e salva a AVON.

UMA NOVA E REDENTORA LUZ NO HORIZONTE DO BRASIL

É o emprego que está acabando ou ninguém mais quer ser empregado? Não importa ou importa muito essa espécie de constatação "TOSTINES vende mais porque é fresquinho ou é fresquinho porque vende mais"? Se existia alguma dúvida sobre o assunto, pesquisa do DATA POPULAR esclareceu: "O mais importante é o fato de que o empreendedorismo cresce mesmo com o alto nível de emprego do país. Ou seja, abrir um negócio é uma alternativa, e não uma questão de sobrevivência".

No exato momento em que a energia empreendedora explodia em nosso país, e em que o ambiente corporativo revelava-se cada vez mais inóspito aos novos entrantes que exigem respeito, alegria e felicidade, além e mais do que o dinheiro no final do mês, e por outras razões, a Lei Complementar nº 128 de 19 de dezembro de 2008 criou as condições para que qualquer pessoa que quisesse trabalhar por conta própria pudesse alcançar reconhecimento e legalização de seus serviços e práticas. Nascia aí o EMPREENDEDOR INDIVIDUAL. E, desde então, a quantidade dos chamados MEIs – Microempreendedor Individual – não para de crescer, para a redenção do país. Já era tempo.

Segundo o SEBRAE, nos últimos dois anos mais de dois milhões e meio de pessoas formalizaram-se como microempreendedores. Cinquenta e quatro por cento homens, 46% mulheres, na faixa de idade dentre 25 e 39 anos a maior concentração, com ensino médio ou técnico completo, e a maior parte na região sudeste, mas com manifestações consistentes em todo o Brasil. A presença das mulheres na pesquisa, quase dividindo o universo com os homens, não se constituiu em surpresa. A possibilidade de trabalharem em suas casas, e realizarem a dupla ou tripla jornada de trabalho num mesmo espaço físico – cuidar da casa, da família, e ganhar dinheiro – é a mais forte das motivações.

Diante da outra alternativa que era a de perder e se perder no trânsito das grandes cidades; de jogar fora e se desgastar, duas horas para ir, duas para voltar, sem prejuízo de suas obrigações e compromissos com a casa e com a família.

Noventa por cento dos entrevistados na pesquisa do SEBRAE recomendam a legalização. E na pesquisa do DATA POPULAR, a constatação de que se o sonho de muitos brasileiros, antes, era o de ter a carteira assinada, hoje o sonho da maioria converteu-se no desejo de ser dono do próprio negócio.

Finalmente e agora, o BRASIL VAI!

CENAS DE UM MALL

O título é de um delicioso filme de PAUL MAZURSKY, *Scene from a mall*, onde, entre outros artistas, pontificam BETTE MIDLER e WOODY ALLEN. Mas, apenas o título. Minhas cenas num shopping center são pequenos acontecimentos que revelam as graves desatenções de importantes empresas nos pequenos detalhes.

Já contei aqui sobre o dia que pedi uma calçadeira para experimentar um tênis numa loja da NIKE e nenhum dos vendedores tinha a mais pálida ideia do que eu estava falando. Ou do dia que precisei comprar um terno para um casamento no final de semana, numa rede de moda masculina "metida", e os pequenos ajustes levariam 15 dias porque não possuíam um alfaiate de plantão.

Hoje trago três pequenas e emblemáticas cenas. E todas, no mesmo shopping, o HIGIENÓPOLIS, três quarteirões de minha casa.

A loja da LEVIS entra em reforma. Arquitetura de ponto de vendas é um tema que me fascina. Maior expectativa. A loja fica pronta. Uma tremenda loja em termos de espaço em shopping. Desapontamento total. Mediocridade elevada a enésima potência. Num momento do mundo onde a sabedoria recomenda abrir-se e tornar-se absolutamente acessível para consumidores e clientes, a LEVIS construiu uma espécie de bunker, de casamata. Duas vitrines mirradas, uma única porta, e tudo fechado. Provavelmente temem assaltos, ou clientes...

NESPRESSO estimula seus dependentes. A NESPRESSO não tem clientes, tem dependentes (só por mais alguns meses já que novos fabricantes da cápsula aterrissam no país) a trazerem as cápsulas usadas para a devida reciclagem. O único estímulo que oferecem é um pequeno saco de plástico. Sei lá o que acontece com a reciclagem das cápsulas, e se a receita decorrente vai para alguma instituição de caridade. Semana retrasada entrei na butique NESPRESSO do HIGIENÓPOLIS e pedi um saco para poder levar as cápsulas usadas. O atendente olhou para mim e disse: "não tem, são fabricados na Suíça e eles – eles quem? – não mandam mais". Isso mesmo, uma das maiores empresas de alimentos do mundo não assume a responsabilidade da logística reversa das cápsulas de alumínio que arremessa na paisagem. Por que não fabricam e fornecem um saco no Brasil? "Eles" também não são NESPRESSO?

A DROGARIA SÃO PAULO tem duas lojas no HIGIENÓPOLIS. Uma maior, outra menor. Na menor, algum sábio de plantão decidiu privilegiar os produtos. Todos os minúsculos corredores estão abarrotados de produtos. Esqueceram-se dos clientes. Não conseguem entrar na loja. Os mais magros, com sacrifício conseguem, mas ficam o tempo todo catando os produtos que derrubam no chão com o movimento natural de seus corpos.

FLAUBERT dizia que Deus e o diabo residem nos pequenos detalhes. Para muitas empresas, pela forma como se comportam, ignoram a presença do diabo. Esquecem-se de que Deus não costuma ajudar incompetentes e preguiçosos.

P&G – O VATICANO EM CRISE

Entre as empresas nascidas nos últimos 200 anos, a que mais e melhores contribuições ofereceu para a ADMINISTRAÇÃO MODERNA e para o MARKETING foi a PROCTER (P&G é bobagem – ou chamam pelo nome inteiro, ou pelo primeiro, por mais que a família do outro fundador reclame). Primeira a apostar na TV, nas pesquisas qualitativas, nas gerências de produto, em investir substancialmente em marketing. Assim, mereceu figurar durante décadas como uma das empresas de melhor desempenho em todo o mundo. Mesmo cometendo pequenos e indesculpáveis erros, como o de ignorar um mercado da dimensão do Brasil. E para nós, do MADIAMUNDOMARKETING e da MADIA MARKETING SCHOOL, sempre a consideramos nossa principal referência, nosso "Vaticano do marketing". Mas, em épocas de rupturas e mudanças como estamos vivendo, tudo isso é insuficiente. Que o diga a KODAK.

Assim, e por mais barulho que faça no BRASIL, a PROCTER ingressa em séria crise que coloca em risco seu reinado, quem sabe, seu futuro. Não era, mas, pelos últimos resultados, acaba de ingressar na categoria de candidatos a "DINOSSAUROS". Exemplares empresariais de extraordinário esplendor e brilho na sociedade industrial, que não sabem exatamente o que fazer e como se comportar na sociedade de serviços, onde tudo, simplesmente, flui.

A cabeça de McDONALD, seu diretor-presidente está a prêmio. Depois de três anos de sua gestão, a empresa aproxima-se do abismo. No último dia 4 de setembro, e diante de WILLIAM ACKMAN, administrador de um dos fundos que mais investem na empresa, não teve como não reconhecer as marcas de sua gestão: péssimos resultados, desgaste na relação com os investidores, e queda acentuada no moral do capital humano.

Curto e grosso. O ferramental clássico do marketing, que a PROCTER ajudou a desenvolver e que lhe conferiu, merecidamente, fama e fortuna, não funciona mais no mundo plano, líquido e colaborativo da sociedade de serviços. Segundo o WALL STREET JOURNAL, "nos últimos anos a PROCTER tem se caracterizado por uma doença que sempre foi sua maior virtude: a capacidade de entender os consumidores". Revela-se perplexa e sem saber para onde caminhar. E, quando decide, opta pelo caminho equivocado, invariavelmente.

Em momentos de crise como esse, decisões do passado passam a ser questionadas. Muito especialmente a compra da GILLETTE, em 2005, pela bagatela de US$ 57 bilhões que, segundo muitos, pouco ou nada acrescentou à empresa, e, pior ainda, agregou um anexo adicional ao seu foco que a torna insegura e titubeante.

Depois da reunião com WILLIAM ACKMAN, e com outros gestores de fundos, a decisão: Faca! McDONALD, provavelmente antes de ter sua cabeça cortada, terá de eliminar 4.000 postos de trabalho, e economizar R$ 10 bilhões até 2016. E a Faca não poupará produtos e mercados. Daqui para frente, a empresa se concentrará em 40 mercados e nos produtos com maiores margens.

A PROCTER é mais uma. Durante toda esta década continuaremos assistindo ao desfile dos dinossauros. Independentemente de nossa simpatia, apreço e torcida, poucos sobreviverão. Há uma dificuldade quase insuperável de se libertarem do velho modelo. Não conseguem, mesmo que queiram, e pela componente cultural, seguir a recomendação básica do maior dos mestres, PETER DRUCKER, em momentos como este que estamos vivendo, momentos de travessia, de mudanças: "Para mudar não é suficiente colocar todas as últimas novidades na velha moldura que temos em nossas cabeças. Primeiro, é preciso jogar a moldura velha fora".

PS: No início de 2013 McDONALD foi decapitado!

30 ANOS A MAIS E NOVAS OPORTUNIDADES

Nos últimos 100 anos ganhamos, arredondando, trinta anos a mais de vida. E dessa conquista maravilhosa, se chegarmos lúcidos e inteiros no final, decorrem uma série de desafios, ameaças e oportunidades.

Começa que as pessoas ainda não se deram conta de que a conta que fizeram lá atrás não fecha se tiverem a felicidade de viver tudo o que é possível. A poupança ou o dinheiro acaba antes. Então, mais que urgente rever todos os planos de pensão e aposentadoria – próprios, pessoais, independentes, ou os comprados aos bancos, que também partiam da suposição de juros altos – rendimentos – perenes, e os juros, como todos sabem, despencaram. E, provavelmente, jamais voltarão aos patamares de 5, 10 e 20 anos atrás.

A previdência pública, sem a menor dúvida, vai quebrar. Além da gestão medíocre e temerária dos que tomam conta da aposentadoria dos brasileiros, os trinta anos a mais de vida não estavam contabilizados nos cálculos atuariais, e a partir de 2030 vai faltar dinheiro. O que vai acontecer? Ou já, ou daqui a alguns anos, uma repactuação ampla, geral e irrestrita, ou seja, todos vão ter de entender que a aposentadoria objetivada virou sonho, e vão ter de aprender a viver, no final da linha, com um rendimento muito menor.

Já para outros negócios, oportunidades extraordinárias. Lembram-se das fraldas? Não as de criança, para adultos? Isso mesmo, aquela que de vez em quando ouvíamos falar? Pois é, converteu-se, com todas as conquistas da longevidade, numa mina de ouro para os fabricantes. Segundo o NIELSEN, hoje, o mercado de fraldas para adultos cresce a uma velocidade de 20% ao ano. Essa "categoria" desprezada pelos fabricantes lá atrás, já se traduziu num negócio de R$ 1 bilhão em 2011, ano em que as vendas cresceram 17% em volume e 20% em valor.

Em matéria para VALOR, e recém-chegada ao mercado, a sueca SCA – líder mundial nesse território – promete alcançar a liderança dessa "mina de ouro" em poucos anos com a marca TENA. Atormentando a vida da líder HYPERMARCAS com sua BIGFRAL, e da KIMBERLY-CLARK com sua PLENITUD. O otimismo de seu presidente, JULIO RIBAS, deve-se ao fato de que 10 milhões de brasileiros têm algum grau de incontinência urinária, sendo que um terço das mulheres com mais de 40 anos sofre dessa disfunção.

Você está preparado para os trinta anos a mais de vida? Sua poupança ou aposentadoria resiste? E sua empresa, está de olho em todas as infinitas possibilidades de mercado dessa nova velha mina de ouro?

CONCIERGERIE, OU CONCIERGE?

Já comentamos no passado, e hoje retomamos o tema mesmo porque desde o primeiro comentário até hoje o que, aparentemente, era uma manifestação isolada e pontual acabou adensando-se, virou tendência, e agora se institucionaliza. A figura do CONCIERGE em SHOPPING CENTERS.

DESAFIOS, AMEAÇAS, OPORTUNIDADES 121

Nunca é demais lembrar a origem do termo. Quem vai a Paris acaba visitando a CONCIERGERIE, antigo palácio da cidade, que abrigou o poder real francês do século X ao século XIV. No 1º arrondissement de Paris, converteu-se em prisão do Estado no ano de 1392, por ocasião do abandono do palácio por CARLOS V e seus sucessores. E durante muito tempo, a CONCIERGERIE, enquanto prisão, era uma espécie de antessala da morte. Dos que lá entravam, poucos saiam para a liberdade – iam direto para a morte. Inclusive sua "hóspede" mais célebre, a rainha MARIA ANTONIETA, presa na CONCIERGERIE em 1793 e, de lá, para a guilhotina.

De verdade, e na linguagem da hospitalidade, CONCIERGERIE é em termos gerais a PORTARIA, e o CONCIERGE, o porteiro, ou o/a hostess. A pessoa que recebe, dá boas-vindas, causa primeiras e ótimas impressões, ou primeiras e péssimas impressões, e, depois, trata de cuidar da pessoa que recepcionou. Nos hotéis, dos hóspedes, cuidando de suas necessidades de translados, restaurantes, tours, pequenas compras, serviços de mensagem, courier e outros.

Agora, os melhores SHOPPING CENTERS do país institucionalizaram as áreas e função do CONCIERGE. Ainda que em muitos resistam os velhos e incompetentes balcões de informações, nos mais novos e atualizados prevalece o CONCIERGE.

Na revista dos SHOPPING CENTERS de setembro de 2012, muitas informações sobre o assunto. É estabelecida a diferença entre os atendentes dos balcões de informações e o CONCIERGE. O balcão de informações restringe-se a responder questões sobre localizações de lojas, e serviços complementares do shopping. Já o CONCIERGE vai socorrer o cliente em suas necessidades de serviços no shopping e fora do shopping. Segundo a revista, no SHOPPING VILA OLÍMPIA na cidade de São Paulo "os serviços de conciergerie auxiliam na busca de vagas em hotéis, baladas, serviços como copiadoras e chaveiros." A equipe de concierges tem o domínio do inglês, espanhol e japonês, e orienta os clientes na utilização de seus gadgets de comunicação, inclusive na realização de ligações internacionais. Outros shoppings oferecem serviços complementares, inclusive um espaço projetado e vocacionado para esse tipo de atendimento, como é o caso do SHOPPING VILA LOBOS, também em São Paulo.

Esperava mais. Esperava muito mais. Terminei de ler a matéria e fiquei com a sensação de que os CONCIERGES dos shoppings ainda estão muito mais próximos dos velhos balcões de informação do que de concierges de verdade. E nas vezes em que fui em busca de orientação nos shoppings de São Paulo, tudo o que constatei é que a comunicação interna é lamentável. Que as pessoas encarregadas de informar sobre o que está acontecendo não são informadas e, portanto, não sabem e não podem informar sobre o que está acontecendo. "O senhor tem certeza que é aqui que tem esse espetáculo, esse evento, essa promoção?"

Ótimo saber da institucionalização do espaço e da função CONCIERGE. Preocupante constatar que na maioria das situações apenas o velho e ineficiente balcão de informações é que mudou de nome. E se um extraordinário salto de qualidade nesses serviços não acontecer, periga muito rapidamente os CONCIERGES converterem-se na CONCIERGERIE dos tempos de MARIA ANTONIETA.

O CAÇADOR DE OPORTUNIDADES

Reiteradas vezes comentei em diferentes artigos a obra extraordinária de MIGUEL KRIGSNER, querido companheiro da Academia Brasileira de Marketing, que todos conhecemos e certamente compramos seus produtos com felicidade e empolgação, magistralmente batizada por ele de O BOTICÁRIO. Um dos dez mais importantes e consistentes "cases" de marketing das últimas três décadas, o "case" de franchising no Brasil, e, provavelmente, um dos 10 melhores "cases" de franchise do mundo. Em seu setor específico de atuação – beleza – o número um.

Como é do conhecimento de todos, em 2008, MIGUEL decidiu, sabiamente, encaminhar sua sucessão, passando o comando da empresa a seu cunhado ARTUR GRYNBAUM, que chegou a essa posição não por ser cunhado, mas por ter ajudado a construir a empresa desde seus 16 anos de idade e só no O BOTICÁRIO ter trabalhado. Ou seja, parte integrante da história da organização.

ARTUR é formado em administração de empresas e economia, e pós-graduado em finanças pelo IBMEC. Ingressou no O BOTICÁRIO em 1986 como assistente financeiro, e hoje comanda a empresa, retirando-se MIGUEL para a presidência do Conselho. Ainda recentemente, MIGUEL concedeu uma entrevista para ANA LUIZA LEAL, da revista ALFA. E nessa entrevista, a propósito dos 35 anos da fundação de O BOTICÁRIO completados no mês de março, contou muitas histórias, e revelou os méritos de ARTUR, escolhido para sucedê-lo.

Entre outras informações, contou a ANA LUIZA que em 2011 O BOTICÁRIO superou o McDonald´s em receita, que é a maior rede do mundo no território dos cosméticos, que tem mais de 100 pontos de venda em oito países, e também fala de ARTUR, que entrou na empresa com 16 anos e nunca mais saiu: "Ele é mais cartesiano, eu sou o lado emocional, criativo... É importante para a empresa contar com essas duas cabeças". Segundo ele, desde que ARTUR assumiu o comando, em 2008, o faturamento quase dobrou. Passou de R$ 2,8 bilhões para R$ 5,5 bilhões.

Agora volto meus olhos para VALOR do dia 8 de novembro de 2012. Uma matéria contando de mais um negócio de O BOTICÁRIO na gestão ARTUR: uma rede de importados. Segundo a matéria, só no ano de 2012 criou três unidades de negócios: além da rede de importados, THE BEAUTY BOX, no mês de agosto nasceu a "QUEM DISSE, BERENICE", especializada em maquiagem, e no mês de fevereiro colocou os pés em cuidados terapêuticos para a pele, com a SKINGEN INTELIGÊNCIA GENÉTICA. E antes ingressou no território das vendas diretas, com a EUDORA. No final da matéria, ARTUR, 43 anos, brinca com MARLI LIMA, que o entrevistou em CURITIBA, "continuo olhando oportunidades e vou fazer isso até ficar gagá...".

Continuarei torcendo e rezando para que tudo dê certo. A obra de MIGUEL é, sobre todos os aspectos, extraordinária. Mas não seria um verdadeiro admirador e amigo se não registrasse minhas preocupações com a ambição de ARTUR de construir novos negócios e imprimir sua marca à marca, que, em meu entendimento, mesmo aparentemente tendo tudo a ver com o negócio original de O BOTICÁRIO, já foge por completo de seu DNA.

Nem sempre, em negócios onde se vende sonhos, gestões e atitudes supostamente cartesianas dão certo. Muitas vezes, quase sempre, as melhores oportunidades encontram-se no próprio negócio.

FELIZ ANO NOVO

No original estamos aqui de novo, novamente. E assim será enquanto formos. Depois sabe-se lá. E neste recomeço, pequenas reflexões sobre anotações no tempo de meu Journal Road Trip.

A primeira me lembra de previsões, 99% erram, mas, as pessoas continuam lendo e comentando. Uma das mais festejadas, quando realizada, foi a do NEW YORK TIMES do dia 19 de outubro de 1967: "Lá pelo ano 2.000 as pessoas não trabalharão mais que 4 dias por semana e menos de 8 horas por dia. Somando-se férias e feriados, teremos um total de 127 dias de trabalho e 218 dias de folga". Quem será que previu esse absurdo?

A segunda reflexão, fala do caminho para a sabedoria e foi formulada por ARTHUR JONES: "Sucesso vem de bom julgamento. Bom julgamento vem da experiência. Experiência vem de mau julgamento". Deu para entender? É isso mesmo.

Já a terceira, ou muitas, do iconoclasta FRALBER SAIDAM. Entre elas: "Se tiver que casar, case com uma mulher baixa; dos males, o menor". Ou "Não beba dirigindo; você pode derrubar a cerveja"; ou "Dignidade é jamais se lembrar do que demos e nunca se esquecer do que recebemos"; ou ainda, "Se em algum momento sentir que a vida deu as costas para você, aproveite e dê um belíssimo chute na bunda dela".

A quarta vem de Sir WINSTON CHURCHILL e que nunca é demais lembrar: "Por mais encantadora que seja a estratégia, jamais se esqueça de dar uma olhadinha nos resultados".

A quinta, definitiva para os negócios, muito especialmente no mundo novo, plano, colaborativo e líquido, onde todos se encontram, conversam e trocam informações em tempo real e permanentemente no ambiente digital, é de SUSAN ROANE: "Recorrer a conhecidos com experiência anterior é a melhor maneira de comprar rápido, certo e seguro. Temos trocado experiências e partilhado recomendações desde o início dos tempos. ADÃO, por exemplo, recomendou a EVA que experimentasse uma tal de MAÇÃ, e, desde então, não temos feito outra coisa". Jamais se esqueça o que os americanos levaram duzentos anos para aprender: "People do businnes with people they know, like, and trust". E no Mundo Novo essa sabedoria se reescreve da seguinte maneira: pessoas fazem negócios com pessoas que conhecem, gostam e confiam, ou recomendadas por pessoas que conhecem, gostam e confiam.

Termino com DRUMMOND e CONFÚCIO. Na carteira do poeta foi encontrado um bilhetinho intitulado "Recomendações da mamãe". Dizia: "1 – Não guarde ódio de ninguém; 2 – Compadeça-se sempre dos pobres; 3 – Cala os defeitos dos outros". Já mestre CONFÚCIO adverte: "Os homens perdem a saúde para juntar dinheiro e depois gastam o dinheiro que juntaram para recuperá-la. Por pensarem ansiosa e exclusivamente no futuro, esquecem-se do presente, e não vivem nem no presente nem no futuro. Vivem como se fossem morrer e morrem como se não tivessem vivido".

FELIZ 2014!

A HORA E A VEZ DE ENÉAS

Chega um momento em que o líder tem de se afirmar. Tem de ir para o palco, dar a cara para aplausos e vaias, e cumprir seu sagrado dever profissional de defender intransigentemente Missão, Visão, Valores e Compromissos da organização que comanda.

De seguir na busca do legado de toda empresa e que é o de permanecer viva, próspera, saudável, lucrativa, honrando o juramento que o empreendedor fez à sociedade ao decidir iniciar o negócio. Disse, a todos nós, que confiássemos nele emprestando os recursos necessários – capital financeiro, humano, matéria-prima, máquinas, instalações, tecnologia – que seria capaz de transformar tudo isso em riquezas, prosperidade, empregos e produtos e serviços de qualidade.

Tudo começou com VALENTIM SANTOS DINIZ e sua PADARIA NICE, depois DOCERIA PÃO DE AÇÚCAR, hoje GRUPO PÃO DE AÇÚCAR. VALENTIM plantou a semente e regou o terreno, ABILIO deu sentido, dimensão e grandeza à obra e tudo continuaria assim não fosse o fato de decidir vender o PÃO DE AÇÚCAR. Realizada a venda, e ainda não feita a entrega, o comando de uma das maiores empresas brasileiras está há quase dois anos nas mãos de um profissional. Invenção e contratação de ABILIO, hoje servindo e sob a orientação de NAOURI (CASINO). ENÉAS PESTANA é seu nome e começou o ano de 2013 subindo ao palco e dizendo a que veio. Não poderia mais fazer diferente; era a hora. O GRUPO PÃO DE AÇÚCAR precisava e é maior que ABILIO e NAOURI.

Casado, 3 filhos, 49 anos, formado pela PUC em ciências contábeis, católico de ir à missa aos domingos e jantar com a família, ENÉAS está numa situação ímpar neste momento. Entre a cruz e a caldeirinha, ou a espada, e tendo de manter a empresa sob seu comando tinindo, e seus colaboradores mais que comprometidos e motivados independentemente do fogo cruzado sobre suas cabeças dos dois lados da trincheira. Agora que resolveu abrir o jogo vamos conferir o que tem dito na imprensa – ÉPOCA NEGÓCIOS, ESTADÃO e outras publicações.

O confronto é recente, a visão é conjunta e de mais de 10 anos – "O CASINO entrou aqui em 1999, muito antes de mim. Independentemente da troca de comando, eles já estavam compartilhando as decisões há muitos anos".

Atitude da equipe evitando contaminar o ambiente interno com a briga dos sócios – "Assumimos um papel de neutralidade, profissionalismo absoluto, com foco na companhia e no que interessa à ela. Respeitamos os acionistas e entendemos que eles podem resolver suas questões sem a participação do management. Minha orientação ao time é sempre a mesma: foco na companhia".

O seu ofício – "Minha relação com os acionistas é de respeito. Se ABILIO é o controlador, se existe uma situação de co-controle ou se o

CASINO é o controlador, eu respondo para o conselho de administração e minha responsabilidade é de execução".

Abilio decepcionado com enéas? – "Nunca ouvi isso do ABILIO e não sei se é verdade. De qualquer forma, isso não me atinge porque o que faço aqui é consciente e racional. Não posso me dar ao direito de não trabalhar numa linha reta, neutra e profissional".

O seu dever social – "O meu caminho sempre foi o mesmo. Quem paga o meu salário é a companhia, independentemente de quem me escolheu. Quem paga o meu salário não é o CASINO, não é o ABILIO e não é o minoritário, então vou trabalhar pelo interesse da empresa. Se isso ora agrada um e o outro, ora o outro e não o um, eu vou trabalhar na mesma linha de sempre, e se der errado eu saio com a tranquilidade de que trabalhei a serviço da companhia".

No final de sua entrevista para ÉPOCA NEGÓCIOS, emociona-se, "Você faz um plano de ações ou toma a decisão de trocar de emprego e dá certo. Você começa a achar que resolve tudo. 'Dá aqui, bicho, que eu resolvo. Qual o problema? Manda aqui e está feito, negão'. Você começa a acreditar nisso porque está treinado para solucionar tudo. Mas no lado emocional isso não funciona. Aos 40 anos, você percebe que isso está errado. Me achava um gigante, mas era pequenininho. Descobri meu tamanho real. Costumo dizer que um dia Deus vai visitar sua vida. Comigo só aconteceu aos 40 anos mas foi muito bom".

Seu nome é ENÉAS. Um perfil profissional incomum no mundo corporativo.

BRECHAS ESTREITAS DEMAIS

Ou seu negócio é de nicho ou de massa; ou indústria ou artesanato. Não adianta querer ser os dois, ou ter DNA de indústria e se meter a artesão, ou ter DNA de artesão e se meter em território onde só cabe quem produz em massa, volume, industrialmente.

Em todos os mercados, olhando bem se encontrará fendas. Pequenos espaços normalmente no limite entre dois grandes territórios. O suficiente para pequenos empreendedores, mas totalmente inviáveis para as grandes corporações. É o que acaba de acontecer uma vez mais, no território dos novos gadgets, da tecnologia.

Em 2010, dois produtos davam a sensação que prevaleceriam. O entusiasmo diante de seus lançamentos foi total. Hoje descobrimos tratar-se de fogo de palha, ejaculação precoce, deslumbramento inconsequente diante do aparente e supostamente novo. Prosperavam em brechas e vãos ainda não revelados. Refiro-me aos Netbooks, e aos leitores digitais, os e-readers, que, quando lançados, encantaram as pessoas que buscavam muitos dos serviços que ofereciam sem que houvesse uma terceira alternativa capaz de atender em um único gadget as duas demandas. Portabilidade e solução para as necessidades básicas do dia a dia no ambiente digital. E aí chegaram os tablets, e os netbooks e e–readers estão mortos ou com os dias contados.

Na recente CES – Consumer Electronics Show 2013 – que todos os anos, e abrindo o ano, anuncia as grandes novidades na cidade de Las Vegas, as duas "vedetes" das duas últimas edições praticamente desapareceram. O que se imaginava, com a chegada dos tablets agora se revela nos números mais que sinalizadores. Segundo a empresa de pesquisa GfK, os netbooks bateram no teto em 2010 com vendas de US$ 15,1 bilhões, os e-readers alcançaram o cume em 2011 com vendas de US$ 4,9 bilhões. Em 2013, os dois produtos registraram uma razoável performance ao baterem nos US$ 4,1 bilhões – os netbooks -, e US$ 3,2 bilhões, os e-readers. Ou seja, caminham inexoravelmente ladeira abaixo. E rapidamente deixarão de interessar às grandes empresas pela pouca expressão econômica.

Brechas, vãos, fendas, pequenos demais.

A HORA DE VENDER A EMPRESA

Não existe uma hora certa de vender a empresa. Nem nos melhores momentos, nem nos piores, nem por ventos contrários, nem por lufadas a favor. Existe o sonho. E enquanto o sonho persistir, não se vende a empresa. E mesmo depois de muito tempo, quando se faz necessária a sucessão, o sucessor deve ser uma pessoa – acima de qualquer característica, virtude, formação, *curriculum* – capaz de manter o sonho em pé, vivo, e crescente. Daí o enorme desafio que é escolher o sucessor, fazer a transição.

No último SXSW – South by Southwest – mega festival de música, cinema e tecnologia que se repete todos os anos na primavera de Austin, no Texas (EUA), a palestra de PETER THIEL, empresário e gestor de fundos de investimentos, cofundador do PayPal e que acreditou, investindo no FACEBOOK em sua decolagem, foi uma das mais concorridas e que alcançou grande repercussão. Em sua palestra, THIEL finalmente contou o que aconteceu no dia em que MARK ZUCKERBERG decidiu não vender o FACEBOOK para a YAHOO! por US$ 1 bilhão.

O "FEICE" acabara de completar dois anos de existência. Transcendera o *campus* da Universidade onde começou, e era o portal preferido dos universitários americanos – entre 8 e 9 milhões de frequentadores. Registrava uma receita anual de US$30 milhões, mas perdia dinheiro. E aí veio a proposta de US$1 bilhão do YAHOO!.

Numa segunda de manhã, MARK, THIEL e outro investidor, JIM BREYER, encontraram-se para analisar a proposta do YAHOO! e dizer se aceitavam ou não. "Eu e BREYER tremíamos nas bases e estávamos mais que tentados a vender o FEICE". MARK chegou, sentou-se, e foi dizendo: "Estamos aqui nos reunindo apenas por educação e nossa reunião não vai levar mais que 10 minutos. Não vamos vender nada para ninguém". MARK acabara de completar 22 anos.

THIEL e BREYER resolveram insistir, "MARK, talvez devêssemos considerar a proposta. Um bilhão de dólares é muito dinheiro. Você tem 25% da empresa e com sua parte na venda poderá fazer um monte de coisas com tanto dinheiro".

"Certamente", respondeu MARK. "A primeira coisa que faria é uma nova rede social como a que já tenho; se já tenho, não preciso de dinheiro ... Ademais, o YAHOO! não tem a mais pálida ideia sobre o seu futuro porque perdeu a capacidade de sonhar, e assim não consegue ver, porque ainda não chegamos lá e até onde poderemos ir."

THIEL disse que nesse momento entendeu exatamente o que é um empreendedor de verdade. "É o que acredita, tem fé, não se afasta de seu sonho e não o vende por nenhum dinheiro". E, concluiu, "já nós, investidores e gestores de fundos, queremos obrigá-los a caminhar com os pés na terra, e tomar decisões baseadas em estatísticas, probabilidades, números".

Segundo THIEL, difícil foi explicar para os investidores dos fundos que administrava. A todo o tempo era questionado como fora incapaz de convencer um jovem de apenas 22 anos. Hoje, e olhando para trás, THIEL concluiu que os visionários, como ZUCKERBERG, conseguem enxergar um futuro muito diferente do presente, o que não faz parte do horizonte de investidores e gestores de fundo. Pura e simplesmente não conseguem enxergar nada que não seja o retorno sobre o investimento no prazo mais curto possível.

Isso posto, e independentemente da idade ou de qualquer outro fator só existe uma razão para um empreendedor vender seu negócio – quando deixou de sonhar ou quando o sonho não faz mais sentido para ele. E nesse momento sempre me pergunto, o que farão os gestores de fundos e os investidores com uma empresa que perdeu a capacidade de sonhar?

AS 100 MIL LOJINHAS DA LUIZA

Se alguém ainda tem alguma dúvida sobre o fato de o mundo estar se aplainando, horizontalizando e levando junto em suas consistentes ondas importantes players de diferentes territórios, é suficiente atentar para as últimas notícias na imprensa.

Agora, por exemplo, pego uma matéria do DCI realizada por FLÁVIA MILHASI. Na matéria, FLÁVIA foi conferir o que aconteceu, na prática, como o criativo projeto do MAGAZINE LUIZA de cooptar parcela de seus clientes e convertê-los em proprietários de uma nova rede de lojas – MAGAZINE VOCÊ. No projeto, os "feicers" – usuários do FACEBOOK – podem montar uma loja virtual de sua propriedade e vender artigos do MAGAZINE LUIZA para seus amigos. Apresenta os produtos, recomenda, e todo o restante é feito pelo LUIZA. E dependendo do produto vendido, ganha uma comissão entre 2,5% a 6,0% sobre o valor de venda.

O que aconteceu...? Apenas 100 mil lojinhas LUIZA, ou melhor, MAGAZINE VOCÊ. Contando à FLÁVIA sobre o balanço até agora, FREDERICO TRAJANO, diretor do LUIZA, diz: "Esperávamos o resultado em um ano; as expectativas de adesão foram superadas em três meses". Mais ainda, segundo FREDERICO as vendas pelo projeto no FEICE são maiores que na loja virtual do magazine. E apenas uma das 100 mil lojinhas já vendeu mais de R$ 35 mil.

Na mesma matéria outras informações relevantes. Como, por exemplo, a da C&A que não possui comércio eletrônico. Mas decidiu tirar proveito do digital patrocinando o canal moda do YOUTUBE. Um ambiente em que blogueiras falam sobre tendências, moda, maquiagem, e a C&A sempre aparece como fornecedora do conteúdo, estimulando as pessoas a visitarem e comprarem em suas lojas físicas.

E, para terminar, o conselho mais que relevante e procedente de CLAUDIA SCIAMA, diretora do GOOGLE, lembrando a todos que o digital talvez seja hoje o mais importante ponto de contato entre uma empresa e seus suspects, prospects e clientes: "Não basta focar apenas em métricas e no retorno de investimento. Tem de ter qualidade em seu conteúdo". Em verdade, as métricas traduzem frequência, assiduidade, impacto. Mas não revelam a impressão causada. Assim, todo o cuidado é pouco no tocante à qualidade do que se posta no digital. Muitas vezes, os campeões de ROI são os players mais odiados.

EM BUSCA DO CAMINHO DO LUCRO

Nasci num país onde as pessoas nascem lendo, ou melhor, onde os pais leem alucinadamente para as crianças. Existe uma quantidade de livros descomunal por aqui e impossível de ser exposta num único lugar. Depois que decide que livro comprar nenhuma pessoa tem a menor dúvida que pode comprar a distância sem precisar tocar fisicamente. Vou deixar tudo para trás, pegar carona nessa tal de internet, me mudar para um lugar que ofereça incentivos consistentes e, de preferência, que tenha uma ótima empresa de distribuição de livros nas proximidades.

Esse, ou parecido com esse, foi o pensamento que alucinou JEFF BEZOS, em 1994. Mudou-se para SEATTLE, alugou uma casa num subúrbio da cidade por US$ 890, tomou emprestado US$1 milhão com amigos, recorreu aos préstimos da distribuidora de livros INGRAM – uma das maiores do país, inspirou-se no rio Amazonas, e, de certa forma, inventou, por oferecer a primeira experiência relevante e consistente, o COMÉRCIO ELETRÔNICO.

Depois de 10 anos, finalmente a AMAZON deu seu primeiro lucro. O mesmo aconteceu até 2011. Em 2012, devido à crise mundial, voltou ao vermelho. Mas continua sendo o mais importante benchmark para todos que acreditam que um dia 80% de tudo o que se vende no mundo será através do digital. Só que para chegar lá todos vão ter de comer muita poeira, e muitos naufragarão pelo caminho.

Segundo o E-bit, em 2012 o comércio eletrônico brasileiro registrou 67 milhões de pedidos – um crescimento de 24% em relação ao ano anterior. Melhor ainda, 10 milhões de pessoas compraram pela primeira vez no digital. De novo neste 2013, o crescimento vai se situar nos 25%. E de novo, em 2013, quem sabe 2014, talvez 2015, os principais players continuarão num vermelho de dar gosto. Mas, sem jamais perder o entusiasmo e a certeza de que vale a pena investir agora e antes do que sair correndo atrás depois.

Em matéria no VALOR assinada pela ADRIANA MATTOS mais notícias em vermelho do setor. Os grandes players continuam no prejuízo, e quando dão lucro, é meramente simbólico. O maior de todos, B2W, leia-se Submarino, Americanas, Shoptime, melhorou a operação, atenuou as reclamações, mas continua perdendo dinheiro. No primeiro trimestre do ano cresceu 30% nas vendas, saltando para R$ 1,3 bilhão, mas, em compensação, os prejuízos subiram mais, 43%, perdendo R$ 61 milhões no período. E segundo RICARDO JORDÃO, diretor de marketing do RAKUTEN, maior shopping virtual do JAPÃO: "É difícil achar 50 lojas virtuais no Brasil que sejam lucrativas".

Entre os últimos resultados divulgados, o mais animador é da NOVA PONTOCOM, leia-se PÃO DE AÇÚCAR. Segundo seus dirigentes, fechou 2012 com R$100 milhões em caixa e após ter prejuízo nos três primeiros trimestres do ano, ganhou uns trocados no último, R$ 2,9 milhões. Para uma venda líquida de R$ 3,4 bilhões não é grande coisa, mas anima.

Em síntese, até 2018, 2020, muita água ainda vai correr debaixo da ponte. Mas não há como ficar fora do digital e tentar alcançar depois. Essa possibilidade, definitivamente, não existe.

capítulo 6

COISAS DO BRASIL

Empreendedorismo floresce e viceja no Brasil, mais que felizmente e mais que na hora. Muito melhor do que foi, mas ainda distante de uma Finlândia. Empresas que resistem heroicamente ao vendaval das mudanças e sobrevivem à semelhança do Faquir de FranzKafka.

O dia em que Geraldo Alckmin comportou-se como Pedro e antes do galo cantar três vezes renegou as principais obras de seu partido e de FHC. Sexagenária, e não obstante todas as ameaças, será que desta vez a KOMBI vai se aposentar? E, imagine só, YASMIN BRUNET no esplendor de seus 24 anos julgando-se velha...

ABILIO e MICHEL deram as mãos, somaram-se, e agora arrependem-se amargamente do que fizeram e não param de se lamuriar: você venderia o seu sonho? E as CHINATOWNS verdadeiras, com a invasão chinesa ao Brasil, finalmente acontecendo em muitas cidades do país e a partir de São Paulo.

A violência é tanta em muitas regiões das metrópoles que indiretamente matamos o PAPAI NOEL. O Brasil ainda não descobriu seus sábios, os homens e mulheres com mais de 60 anos. E DILMA, mais que exagerar, confessa-se despreparada, quase ignorante ao dizer em Paris que faria 880 aeroportos... nem 880, quem sabe 200, talvez 100.

Dia após dia descobrimos que os infratores são os peripatéticos, nós, cidadãos da cidade que gostamos de caminhar, atropelados recorrentemente por motos e bicicletas nas calçadas. BETANIA TANUE e a EGON ZEHNDER se somam para revelar o Perfil das Vencedoras Brasileiras. E, viva!, o Brasil lidera o ranking de "empreendedores tardios", vocação que se manifesta nos adultos, segundo a ESPM. E mais que na hora de defendermos uma pauta mínima para o Brasil do futuro; de amanhã.

SEMEANDO E PLANTANDO O NOVO BRASIL

No momento em que você lê este artigo existe um novo Brasil nascendo. Sendo plantado e semeado por milhões de outros brasileiros que decidiram empreender e, consciente ou inconscientemente, saírem na frente para a forma de se organizar na sociedade no mundo novo, plano, colaborativo e líquido. Mas que também pode ser chamado de sociedade de serviços, ou, como preferem os mais ortodoxos, sociedade pós-industrial.

Os números dessa semeadura e plantação acabam de ser divulgados, mediante pesquisa realizada em parceria entre o SEBRAE e o IBQP – Instituto Brasileiro da Qualidade e Produtividade – e dentro da 12ª edição do GEM – GLOBAL ENTREPRENEURSHIP MONITOR.

Hoje 1 em cada 4 brasileiros adultos tem ou está abrindo um negócio. Quatro milhões têm negócio com até três meses de duração e 11 milhões, entre três meses e três anos e meio – são os chamados iniciantes; e 12 milhões têm negócios com mais de três anos e meio de operação, são os chamados estabelecidos.

A pesquisa é realizada em 54 países. São entrevistados 2.000 pessoas em cada um desses países. No ranking geral do empreendedorismo mundial, o Brasil figura hoje na oitava posição, com 27% de empreendedores do total da população adulta. O primeiro lugar continua com a Tailândia, onde esse número é de 47%, seguida pela China 37%, Argentina 31%, Chile 30%, Trinidad e Tobago 29%, Peru e Colômbia 28%, e à frente dos Estados Unidos com 21%.

As "sementes" do novo Brasil têm características específicas e alentadoras. Enquanto no restante do mundo as mulheres respondem por 37% dos novos negócios, no Brasil esse índice salta para 49%. E, em relação ao próprio país, mais notícias alentadoras. Se em 2002, para cada negócio aberto por necessidade (perda de emprego), 0,77 era aberto por uma real oportunidade, já em 2012 a situação é completamente diferente. Para cada negócio aberto por necessidade (perda de emprego), 2,24 são abertos por reais oportunidades de mercado.

Renovam-se as esperanças. Já era hora!

FAQUIRES DO MUNDO MODERNO

JOSÉ CARLOS MADIA DE SOUZA, meu irmão, 3 anos mais velho que eu, FRANCISCO ALBERTO MADIA DE SOUZA, tinha uma letra muito feia. E aí meus pais, CARLOS ARAUJO SOUZA e JULIETA MADIA DE SOUZA, decidiram matriculá-lo na ESCOLA DE CALIGRAFIA DE FRANCO, na cidade de Bauru. Minha irmã, LUIZA TEREZINHA MADIA DE SOUZA, e eu, tínhamos uma letra um pouquinho melhor. Deu certo. E até hoje JOSÉ CARLOS tem uma letra bonita.

O ano era de 1922. FRANZ KAFKA (1883/1924) chegando ao final de sua vida publica o conto "Um artista da fome". Com o "progresso", após a Primeira Guerra, uma das mais respeitadas profissões – a do faquir – ingressa em forte declínio. E outras atrações, de menor duração e emoções mais fortes e concentradas, leia-se, o cinema, vão prevalecendo. Visitado por milhares de pessoas no correr de uma temporada de fome de 30/40 dias, aos poucos a "jaula" do faquir passa a ser ignorada. A tal ponto que o artista da fome de KAFKA é encontrado, muitos meses depois, tendo sua jaula cercada pelo mato, sem merecer a visita de uma única pessoa nas últimas semanas, mas seguindo rigorosamente no desafio a que se propôs.

O ESTADO DE S.PAULO possui um caderno da melhor relevância e qualidade, o PEQUENAS E MÉDIAS EMPRESAS, e nele me reencontro com a CALIGRAFIA DE FRANCO, um dos faquires dos tempos modernos. Na matéria, o 3º ANTONIO DE FRANCO, fala da história da empresa e do compromisso com o legado pelo seu avô. Aí vou ao site da escola, e leio, "A história dos DE FRANCO no ensino da caligrafia no Brasil é uma história de amor a um ideal. Tudo começou quando DONA IDA NÓBILE DE FRANCO, mãe do fundador da ESCOLA DE CALIGRAFIA DE FRANCO, PROF. ANTONIO DE FRANCO, chegando ao Brasil por volta de 1880 e originária de uma família de nobres de Veneza, trouxe consigo uma sólida cultura e educação cujos princípios mais elevados foram transmitidos ao seu filho, inclusive o amor pela caligrafia. Este, em 1915, após anos de dedicação, elaborou um método exclusivo e patenteado de ensino que, através de todo este tempo, tem comprovado a qualidade e eficiência de sua didática...".

Volto ao ESTADÃO e à entrevista de ANTONIO DE FRANCO, o terceiro, na sede da Escola na Avenida Rebouças, na cidade de São Paulo: "Isso aqui é uma escola de 97 anos. E chegamos até aqui porque fazemos exatamente a mesma coisa desde sempre" – ANTONIO é o terceiro ANTONIO na sucessão, e o próximo, seu filho, também se chama ANTONIO; e todos os três primeiros formados na Escola de Direito da Universidade de São Paulo. E o discurso continua o mesmo, "Cerca de 90% dos nossos alunos querem apenas melhorar a estética da escrita. Os demais serão calígrafos profissionais. Mas tanto faz o objetivo. Começamos sempre com lições de hastes e elipses. Depois, formamos as vogais, as consoantes, frases maiúsculas, minúsculas, números... qualquer pessoa consegue ter uma letra bonita em dois meses...".

Não obstante toda a tecnologia, modernidade, ambiente digital, computadores e smartphones, e tudo o mais, sempre sobreviverão pequenos negócios especializados. Terão melhor sorte que o faquir de KAFKA, desde que se conformem com os limitados contornos de seus pequenos mercados, e resistam a tentações. E não sonhem em enriquecer, conformando-se com uma vida digna, apaixonada e feliz. E será que não é o que todos deveríamos querer?

O DIA EM QUE ALCKMIN ESCORREGOU

Poucas vezes na história do marketing político em nosso país, uma cochilada lamentável decorrente de uma péssima orientação e revelando um oportunismo pueril e burro marcou, para sempre, um político promissor. Que encantou milhões de eleitores, com sua fala pausada, convincente e encantadora. Com aparência de gente boa, honesta, íntegra. Seu nome, GERALDO ALCKMIN. Que no desespero das pesquisas, enfiou os pés pelas mãos, e renegou uma das mais importantes obras de seu partido, dos governos FHC, e que inseriu o Brasil para sempre na rota do desenvolvimento: as privatizações. Agora, devidamente rebatizadas por DILMA, e retomadas a pleno vapor.

Conforme muito bem lembra MERVAL PEREIRA, em sua coluna de O GLOBO, "acusado por LULA, então candidato à reeleição, de ser um entreguista que só pensava em privatizar, ALCKMIN surgiu em seu programa de propaganda eleitoral com um colete onde se viam os nomes das principais estatais brasileiras, com destaque para a PETROBRAS, como garantia de que não as privatizaria se vencesse a eleição... Teve menos votos no segundo turno do que no primeiro". Em vez de atrair votos de LULA, conseguiu perder parcela expressiva de seus admiradores diante de sua fraqueza de ocasião.

Mais ou menos o que aconteceu com SERRA, em sua eleição para Senador logo após o Plano Real. Não escondia de ninguém suas discordâncias com a equipe que fez o plano, e recusou-se a pegar carona nos primeiros dias do Real em seus programas na TV. Um pouco mais adiante, e à medida que a população consagrava a obra de FHC, sem maiores alardes, passou a colocar a moeda do Real como cenário de seus programas gratuitos. Muito da rejeição que enfrenta hoje reside no desencanto provocado em muitos de seus admiradores diante de seu oportunismo envergonhado.

Tática de qualidade é aquela que não questiona e nem põe em risco a Estratégia. Táticas de oportunismo e ocasião não engabelam mais consumidores e eleitores diplomados e esclarecidos. Preferem buscar outras alternativas do que comprar. Buscar outros políticos, votar em branco ou anular o voto, do que continuar endossando quem renega e deixa-se degenerar.

A palavra que traduz tudo isso é *autenticidade*. Fazer sempre o que você diz e demonstra acreditar. E por ter negligenciado nesse – talvez hoje o mais importante dos quesitos de produtos, pessoas e marcas –, GERALDO tenha sepultado para sempre suas eventuais possibilidades de um dia ser o Presidente da República do Brasil.

Como nos ensinou MILLÔR FERNANDES, "memória não tem borracha". E não dá para esquecer o que GERALDO fez antes do galo cantar três vezes.

A KOMBI SOBREVIVERÁ?

Poucos acontecimentos emocionam mais as pessoas que um condenado à morte se salvar; escapar, na última hora. Alguns filmes da história do cinema consagraram-se nas bilheterias por tratarem com qualidade do tema. Entre outros, dois merecem destaque especial. "Um condamné à mort s'est Échappé", dirigido por ROBERT BRESSON, 1956, e Midnight Express, dirigido por ALAN PARKER, 1978.

Agora quem se vê, uma vez mais, ameaçada de morte, é a velha, emblemática e festejada KOMBI. Figura obrigatória no desenho de muitas crianças de muitas gerações quando a professora, no primeiro ano da escola, pedia que desenhassem uma casinha. E, em boa parte dos desenhos, a casinha, a árvore, o portão, a KOMBI.

KOMBINATIONSFAHRZEUG é o nome completo em alemão da ameaçada KOMBI. Quer dizer, veículo combinado, ou multiuso – parece que foi "kombinado". Seu primeiro exemplar circulou nas ruas da Alemanha em 1950. Em 1953 o grupo BRASMOTOR passou a montar o carro no Brasil, e a fabricá-lo a partir de 2 de setembro de 1957 – o primeiro VOLKS fabricado em nosso país.

Se fora do Brasil a KOMBI ganhou mais derivações e outros modelos, por aqui as mudanças foram poucas. Talvez a mais radical de todas a adoção da motorização refrigerada a água, em 2005, para se adequar às novas normas sobre emissões. E a mais curiosa – a proibição, pelo CONTRAN, da seta "bananinha", por ter causado diversos acidentes com ferimentos no rosto de pedestres descuidados.

Prestes a completar 60 anos, a KOMBI continua vendendo e dando lucro para a VOLKS. Em 2011, foram 24,8 mil vendidas, e até julho deste ano 14,9 mil, mais que o dobro do segundo colocado na categoria de furgões, o FIAT DUCATO. E não obstante todos os serviços prestados, e ainda continuar viável, sua morte parece inevitável.

A partir de 2014 todos os veículos, obrigatoriamente, terão que ser produzidos com airbag e freios ABS. E segundo a VOLKS, a estrutura da KOMBI não possibilita a adoção desses dois equipamentos obrigatórios. Mas existem esperanças.

Desde conseguir uma prorrogação no prazo, ou mudar a KOMBI para uma outra categoria de veículos na qual esses equipamentos não são obrigatórios. A VOLKS não se manifesta sobre o assunto. Limita-se a manter o setor KOMBI em funcionamento na fábrica de São Bernardo do Campo, trabalhando em turno único e com 630 empregados.

A KOMBI vai morrer? Saberemos nos próximos meses. Se isso acontecer nos fatos, nada mudará na lembrança de gerações de brasileiros em que a KOMBI, para sempre, será parte obrigatória da paisagem.

O DANONE DA DANONE

Nos anos 70, quem visitasse a ALCÂNTARA MACHADO PUBLICIDADE, e pedisse uma apresentação, certamente ouviria a história do DANONE na voz e na maestria do Acadêmico ALEX PERISCINOTO. Contava que um dia, ele e o José foram procurados por um produtor de leite – ROBERTO CARVALHO DIAS – que pretendia lançar um iogurte, mas não tinha distribuição adequada. Recomendou-se que antes de qualquer campanha publicitária comprasse duas KOMBIS e melhorasse a distribuição.

Meses depois voltou ROBERTO com sua LATICÍNIOS POÇOS DE CALDAS, agora em parceria com a francesa DANONE, para um primeiro lançamento de um iogurte com polpa de frutas. A criação contou com o talento do ARAPA, do KLAUS ISNENGHI, e a direção do JULIO XAVIER. E nascia, estrelado pelo filho do KLAUS, um dos momentos mais emblemáticos da moderna propaganda brasileira. O comercial GAROTINHO FRANCÊS. Como de hábito, e fugindo ao roteiro, JULINHO XAVIER fez uma segunda versão do comercial, aproveitando-se da escorregada do então garotinho PATRICK SIARETTA ao falar a palavra "geladeira" que acabou saindo "geladerrra". E até hoje todos se lembram da memorável e antológica campanha, e principalmente do comercial, que fizeram da DANONE e do DANONE no Brasil mais que uma marca de produto, designação genérica de categoria de produto. Até hoje muitas pessoas vão aos supermercados comprar o "DANONE da NESTLÉ…".

Agora, recorrendo à nostalgia e a sua estreia triunfal no Brasil, há pouco mais de quarenta anos, a DANONE está reeditando ou relançando "O VERDADEIRO DANONE". Depois de investir em muitas e outras marcas, a empresa decidiu concentrar seus investimentos no próprio DANONE da DANONE. Falando à imprensa, o presidente da empresa, MARIANO LOUZANO declarou, "Antes investíamos em várias marcas, mas não na marca mãe, que é DANONE". E, ao fortalecer e retornar às origens, o objetivo é fazer com que "o brasileiro consuma um iogurte por dia, e não um a cada seis dias".

Imaginava que a DANONE fosse aproveitar mais o extraordinário capital incorporado à empresa e a sua marca por um notável trabalho de comunicação publicitária. Diante da chamada do "release" distribuído à imprensa, já imaginava uma grande retrospectiva dos anos 70, das músicas, produtos, marcas de sucesso que, ao lado do e da DANONE, introduziam a família brasileira, finalmente, na sociedade de consumo. Mas, tudo o que vi e até agora, me pareceu um mero aproveitamento de uma espécie de efeméride, com pouca emoção e menor entusiasmo.

As empresas, definitivamente, não têm a menor consciência do valor de certas conquistas. Ou os novos executivos são incapazes de valorizar as conquistas passadas sob pena de enfraquecer suas eventuais e futuras novas conquistas.

SE YASMIN É VELHA, O QUE SOMOS NÓS?

FREUD dizia "Nunca fui capaz de responder à pergunta: o que uma mulher quer?". CAETANO musicava, "Você é, você faz, você quer, você tem, você diz a verdade, e a verdade é o seu dom de iludir, como pode querer que a mulher vá viver sem mentir". YASMIN não é velha, não é mentirosa, é quase adolescente em seus 24 anos, mas confirma, "sei que é um absurdo, mas, para a profissão de modelo, sou velha". Talvez a melhor pesquisa já produzida sobre o sentimento de velhice de todas as mulheres, tenha sido produzida pela revista TPM da TRIP EDITORA. E não é uma pesquisa, é uma matéria. É importante porque o negócio de "explorar o sentimento de velhice das mulheres" move montanhas de dinheiro. Talvez, hoje, um dos melhores entre todos os business.

E nessa matéria que é mais que uma pesquisa, mãe e filha conversam, YASMIN, 24 e LUIZA BRUNET, 50. Enquanto LUIZA diz: "Mulher que não tem um trabalho e não leva o filho na escola, na minha opinião, é uma mulher inútil", YASMIN esclarece: "Com ruga, por exemplo, não tenho a menor preocupação. Acho lindo. Assim como gosto de tatuagem. Acho que tudo conta uma história". YASMIN protesta: "Acho horrível a ditadura da magreza, mas as pessoas colocam um véu em cima, fingem que é uma vida de glamour". LUIZA protesta: "As mulheres têm que estar sempre impecáveis. O homem, se tem uma barriguinha, fica tudo bem. Vai ver é a gente que se cobra mais".

E, na sequência, TPM escancara em formato de vitrine, anotações, baús, o território das "VELHAS". BARBARELLA, JANE FONDA, 74, comparece. E aí nos lembramos de seus ensinamentos, "Passei a vida tentando agradar aos homens. Primeiro meu pai, depois namorados e maridos. É o que chamo doença do agradar", ou "Eu me casei três vezes. Tenho fama, dinheiro e sucesso, mas, na intimidade de meus casamentos, sempre abri mão de meu poder para agradar ao homem com quem estava apenas para ser aceita por ele". E LETÍCIA GONZALEZ vai direto ao ponto: "Um dia ela acorda e o rosto caiu. A bunda também. O fôlego acabou, ninguém mais virou o pescoço na rua, e os fios brancos tomaram conta..." Revelando, "o Brasil é campeão mundial em cirurgia de pálpebras, e no botox perdemos apenas para os Estados Unidos".

E aí uma sucessão de depoimentos de mulheres lindas lembrando o dia em que caiu a ficha. LORENA CALABRIA, 48, jornalista, "Percebi que envelheci quando empaquei na ponte do Brooklyn, este ano". De bicicleta LORENA "sofreu" para atravessar a BROOKLYN BRIDGE, NYC. FERNANDA VENTURINI, 42, quando decidiu voltar a jogar e "não podia treinar como sempre treinei". LAÍS BODANZKY, 43, cineasta: "Notei que estava diferente quando chegou uma sexta-feira à noite e me deu preguiça de sair". WANDERLÉA, 66, cantora, "Descobri minha primeira ruguinha aos 30 anos, alguns cabelos brancos aos 40 e a partir daí entreguei a Deus". E aí, a melhor pesquisa sobre o sentimento feminino de velhice, e que não é uma pesquisa e sim uma edição de excepcional qualidade da revista TPM encerra, coberta de glórias, entrevistando PALMIRINHA ONOFRE.

No meio da entrevista, e falando sobre a sensação do medo, PALMIRINHA, 80 anos, confessa: "Eu morria de medo do público, mas já no meio do programa ligavam para comprar empadinhas". E sobre o futuro: "Tenho um grande futuro pela frente... maravilhoso".

Se sua empresa quer entender a mulher – difícil, quase impossível – e todas as empresas precisam das mulheres, não deixe de comprar, ler, guardar a TPM de número 125. Assim como a VEJA se diz, INDISPENSÁVEL.

SONHICÍDIO DUPLO

Na terça-feira, 13 de novembro de 2012, MICHAEL KLEIN, em nome de sua família, fazia uma oferta para JEAN-CHARLES NAOURI para ter sua CASAS BAHIA de volta, agora devidamente rebatizada de VIAVAREJO com a soma ao PONTO FRIO. Pelas notícias, a família estava disposta a pagar R$ 3 bilhões para ter o controle do negócio, saltando dos atuais 47% para 70% de participação. Na véspera, RAPHAEL KLEIN, filho de MICHAEL, neto de SAMUEL, abriu o coração para DAVID FRIEDLANDER, do Caderno Negócios, do ESTADÃO. Assim como já o fizera ABILIO DINIZ, "verteu lágrimas" pela decisão da família de vender o sonho. Por mais absurdo e patético que possa parecer, o maior negócio do varejo brasileiro caiu nas mãos de um francês, pelas lideranças de duas famílias não terem se dado conta que, mais que uma procurando comprar ou comer a outra, mais que um embate maluco de egos e vaidades, estavam de verdade cometendo "sonhicídio duplo". Pode ser até que no final alguma reversão aconteça. Mas, mesmo assim, o melhor resultado possível é mitigar os prejuízos consumados. VALENTIM, ABILIO, ANA, SAMUEL, MICHAEL e RAPHAEL eram felizes e não sabiam.

Da entrevista emblemática de RAPHAEL KLEIN, 35 anos, momentos de reflexão, tristeza, aprendizados, ensinamentos. Na eminência de deixar o comando, RAPHAEL se consolava: "Último dia na presidência executiva. Depois vou para o conselho de administração. Mas há um ponto importante aqui – a família KLEIN não está deixando a empresa. Vamos ter dois membros no conselho, meu pai e eu, e seremos muito atuantes... O conselho será mais atuante na companhia... As reuniões que eram a cada 60 dias, serão feitas a cada 30 dias". Isso e nada é rigorosamente a mesma coisa, para quem era o todo poderoso e comandava executivamente o negócio.

Numa espécie de Serenata do Adeus do saudoso VINICUS DE MORAES – "Ah vontade de ficar, mas tendo de ir embora. Ah, amar é se ir morrendo pela vida afora" – RAPHAEL confessa: "Eu gostaria de ficar mais dois anos, não tenho problema em falar nisso. Acredito que meu trabalho ainda não terminou. Gostaria de ficar mais dois anos para terminar. Amo esta empresa, sou apaixonado pelas pessoas que a construíram. Comecei a frequentar a CASAS BAHIA com seis anos de idade. Nas férias escolares, todo mundo ia fazer alguma coisa, meu pai me levava para a loja. Andava de Velotrol lá dentro, ajudava a arrumar o estoque, às vezes atrapalhava, conhecia todo mundo...".

Perguntado sobre a razão de tantos problemas, RAPHAEL lembrou: "Uma fusão desse tamanho envolve muitos desafios. Quando se faz um negócio desses, o Power Point e o Excel aceitam qualquer coisa. A implementação é muito mais complicada... Acho que deveríamos ter pensado muito mais na operacionalização do que na negociação. Entre combinar e implementar há uma grande diferença".

Num determinado momento, perguntado sobre o que seu avô SAMUEL KLEIN achava de tudo isso, RAPHAEL disse: "Meu avô costuma dizer que o que nos trouxe até aqui não é necessariamente o que nos levará ao futuro – e, desejando boa sorte aos profissionais, concluiu – tanto Seu SAMUEL quanto ABILIO DINIZ não têm mais o controle das empresas que criaram. O desafio agora está com os executivos. Terão de se provar competentes e que conseguem tocar o negócio sem a família na operação. Mas estaremos no conselho...".

Os bilionários DINIZ e os bilionários KLEIN furaram a bola do jogo e vão assistir aos próximos lances da arquibancada. Em nenhum momento se deram conta de que, ao matar o sonho do ex-concorrente quase-aliado, estavam dando fim ao próprio sonho.

ELES, OS CHINESES, CHEGARAM!

A invasão chinesa está consumada; é irreversível. Não exatamente o mundo será chinês. Apenas os chineses já estão, e estarão cada vez mais presentes, em todo o mundo. Não me refiro aos produtos chineses; não me refiro às empresas chinesas. Falo dos chineses mesmo, pessoas. Com 21% da população da Terra – 1,5 bilhão dos 7 bilhões – não é suficiente fabricar e exportar produtos baratos. É vital, para dar o que fazer a mais de 800 milhões de chineses à margem do progresso do país, instalarem-se – o país através de suas empresas e empresários – em praticamente todos os demais países do mundo.

Outro dia assisti a um documentário sobre a presença dos chineses na África. De causar admiração e perplexidade. Talvez seja a redenção da África; o que não se sabe é que África será a resultante de todo esse processo. Agora leio na FOLHA que 17 imigrantes chineses são os donos de três pastelarias nos melhores pontos da ROCINHA (cidade do Rio de Janeiro). De Recife vem a reclamação dos comerciantes locais segundo BRASIL247: "Ruas do comércio popular no Recife estão sendo invadidas por comerciantes chineses; produtos importados do país asiático enchem os olhos do consumidor local, mas já prejudicam o empresariado da capital pernambucana". Perceberam? Antes vinham só os produtos, agora vêm os chineses junto. Segundo a BBC, incomodados, os bandidos franceses elegeram os chineses seu alvo preferido, "os ataques não têm motivação racial", declarou a prefeita do 20º Arrondissement, FRÉDÉRIQUE CALANDRA, "os chineses são atacados frequentemente não por causa do racismo, mas porque os bandidos enxergam neles a oportunidade de lucro fácil, já que costumam levar consigo muito dinheiro". Em praticamente todos os países do mundo, em suas principais cidades, os chineses estão chegando. E dando um novo colorido a esse mundo de 7 bilhões de habitantes.

Na cidade de São Paulo, muitos hotéis renderam-se a essa nova realidade, arregaçaram as mangas, e estão preparando seus funcionários para receberem bem os chineses. De 2010 para 2011, o número de visitantes chineses à cidade cresceu 48%, e em 2012 o percentual foi igual ou maior. Há 15 anos, existia uma única agência de turismo especializada na recepção dos chineses. Hoje mais de dez. No NOVOTEL JARAGUÁ, no café da manhã nove itens regulares são da culinária asiática. E são os hóspedes preferidos pela equipe do hotel porque são mais generosos nas gorjetas.

Assim, não é que os chineses estão chegando. Já chegaram. E virão em número cada vez maior. Se no passado algumas cidades como NYC, Londres, São Francisco tinham sua Chinatown, muito rapidamente centenas de cidades pelo mundo seguirão o mesmo caminho. No dia 10 de dezembro de 2012, o Senado Federal fez sessão especial para comemorar os 200 anos da imigração chinesa para o Brasil. Nos próximos dez anos teremos em nosso país mais chineses do que os que para cá vieram nesses primeiros 200 anos.

Seremos um dia, todos, chineses?

MATAMOS O PAPAI NOEL

Tudo começa, supostamente, com o bispo NICOLAU, na Turquia, 280 anos d.C. Ao menos, é o que consta. NICOLAU ajudava os pobres e deixava moedas em saquinhos próximos às chaminés das casas. Acabou sendo canonizado e virou SÃO NICOLAU. Depois a história e a imagem foram se associando ao Natal a partir da Alemanha e aterrissando nos Estados Unidos como SANTO CLAUS, e no Brasil como PAPAI NOEL. Até 1886, o PAPAI NOEL trajava roupas marrom ou verde-escuro, quando THOMAS NAST decidiu atualizar o bom velhinho com o vermelho e o branco. Em 1931, a COCA-COLA deu cara ao PAPAI

NOEL e seguiu o desenho de THOMAS NAST com o prevalecimento do vermelho.

PAPAI NOEL vive entre 3 e 5 anos. Quando a criança completa 1 ano, e quando bate nos 6 e já entendeu que o bom velhinho cumpre uma missão por tempo certo e determinado. E se encarrega de disseminar suas histórias para os priminhos e irmãozinhos mais novos sustentando a mística. Já se tentou acabar com o PAPAI NOEL de diferentes formas, mas, à medida que os anos passam, a mística do barbudo em vermelho cresce, prospera e se fortalece. Menos em algumas regiões do mundo e mais especificamente em algumas cidades do Brasil, onde se incluem as grandes metrópoles.

No Rio de Janeiro, para alguns lugares da cidade, onde NATURA e AVON não conseguem entregar seus produtos, os presentes de Natal também não chegam. E o mesmo acontece numa das maiores cidades do mundo, a cidade de São Paulo. Até o momento em que escrevemos este artigo, já entrando em março de 2013, mais de 3.000 presentes ainda não chegaram aos destinatários. Continuam aguardando nos CORREIOS. Inclusive os presentes doados na Campanha de Natal dos Correios, em que as crianças escreviam cartas fazendo seu pedido: "Ele fica no portão todos os dias aguardando o carteiro chegar", diz VERA NILMA, 45 anos, mãe de WENDEL PORTELA SILVA, 7 anos, à TATIANA CAVALCANTI do jornal AGORA.

Estamos conseguindo o que muitos tentaram e não conseguiram: matar o PAPAI NOEL. Ao menos para muitas crianças pobres. Em determinadas regiões das grandes metrópoles, os carteiros só fazem as entregas devidamente escoltados pela polícia. Recentemente um carteiro foi ferido com um tiro na perna e três funcionários dos CORREIOS sofreram sequestro relâmpago. E pensar que em passado recente os "inimigos" dos carteiros eram os cães...

Quem mais vamos matar em nosso incessante recuar, se defender, se proteger, não enfrentar?

HOMENS COM MAIS DE 60 ANOS

Em 2012 a ESPM completou 60 anos. No dia 27 de outubro. Um "case" extraordinário de sucesso, alimentado pelo capital da paixão dos publicitários brasileiros pela ciência e arte da comunicação de qualidade. Uma escola que nasceu num espaço emprestado na rua 7 de abril, no centro da cidade, no edifício dos Diários Associados e junto ao então MASP. Onde, depois de trabalharem à exaustão durante todo o dia, publicitários alocavam parte de suas noites a formar os novos valores que dariam sequência às suas crenças e obras. Não poderia existir semente, raiz, alicerce melhor. E deu no que deu. Nota 10! 11! 1.000!

Semana passada, fui convidado para almoçar na ESPM. Hoje numa sede magnífica, com mais de 2 mil colaboradores, em permanente, consistente e extraordinário crescimento, sem jamais abrir mão da missão a que se propuseram seus idealizadores, agora há quase 61 anos. Receberam-me JOSÉ ROBERTO WHITAKER PENTEADO, presidente da ESPM, ARMANDO FERRENTINI, presidente do Conselho Deliberativo, e FRANCISCO GRACIOSO, Conselheiro Associado, que, com total justiça e maior merecimento, tem seu nome e magnífica gestão imortalizados no *campus* PROF. FRANCISCO GRACIOSO.

Conversa vai, conversa vem, lembramo-nos do primeiro Leão de Ouro do Festival de Cannes ganho pelo Brasil. Criado por WASHINGTON OLIVETTO, dirigido por ANDRÉS BUKOWINSKI. HOMENS COM MAIS DE 40 ANOS. Assinado pelo CONSELHO NACIONAL DE PROPAGANDA. E naquele momento, depois de tudo o que aconteceu no mundo desde então, mais os 60 anos da ESPM, e os 30 anos que em média nós, seres humanos, ganhamos de vida nos últimos 100 anos, consideramos mais que oportuno retomar-se o tema e fazer uma nova versão daquele comercial, agora rebatizado para HOMENS COM MAIS DE 60 ANOS. Fica aí o desafio para o WASHINGTON e o ANDRÉS, e agora, segundo me garantiram os três, a ESPM também faz questão de assinar.

Na ocasião lembrei aos três que o melhor funcionário do McDonald's do Reino Unido é um homem com mais de 80 anos. E na véspera do aniversário de São Paulo, a FOLHA traz a história dos "75 ANOS DE SUOR" de WALTER ORTHMANN, com 90 anos de idade completos. No resumo da matéria, "Aos 90 anos, o catarinense WALTER ORTHMANN só tem um registro em sua carteira de trabalho: desde os 15, ele nunca mudou de empresa nem parou de trabalhar. Na semana passada ele recebeu o título de funcionário com o maior tempo de registro trabalhista em uma só empresa, pelo RANKBRASIL, o livro dos recordes brasileiros..." Na matéria diz WALTER, "Eu tinha 15 anos quando fui com minha mãe pedir emprego nas Indústrias Têxteis Renaux. Batemos na porta e, em seguida, um diretor nos atendeu e disse que eu poderia começar na segunda...".

Na sociedade de serviços que estamos construindo, deste mundo novo, plano e colaborativo, onde o capital não é mais o dinheiro e sim o conhecimento, por que a maioria das empresas permite, recorrentemente, que seu mais precioso capital vá embora?

NEM 880, QUEM SABE 200

Por razões que jamais se entenderá DILMA ROUSSEFF, presidente do Brasil, em cerimônia do ELYSEE PALACE, na presença do presidente da França FRANÇOIS HOLLANDE, no dia 11 de dezembro de 2012 ensandeceu. Ou melhor, "embirutou". E produziu um absurdo que ficará guardado para sempre na história das estultices jamais pronunciadas por presidentes de países prometendo a construção de 880 aeroportos regionais: "Pretendemos ter um programa muito forte de aeroportos regionais. Queremos que cidades de até 100 mil habitantes tenham aeroportos no máximo a uma distância de 60 quilômetros. Queremos construir mais de 880 aeroportos regionais...".

A partir de 2006 a ANAC – Agência Nacional de Aviação Civil – passou a coletar e divulgar regularmente uma série de dados e estatísticas. Naquele ano existiam 13 empresas aéreas de pequeno porte explorando a chamada aviação regional. Essas empresas detinham 2,61% do mercado total da aviação comercial do país. Em dezembro de 2012 essa participação despencou para menos de 1% e das 13 empresas que atendiam 122 cidades – eram mais de 400 em 1960 – restam apenas quatro.

Depois da ressaca do absurdo DILMA em Paris, membros do governo, sem caírem na loucura de corrigir a presidenta publicamente, mudaram o tom da conversa e agora o papo é bem diferente, "Queremos voltar a ter uma quantidade enorme de aeroportos, mas em outro contexto, o de uma aviação civil como transporte de massa" – GUILHERME RAMALHO, secretário-executivo da SAC, Secretaria da Aviação Civil – para o jornal VALOR. O governo pretende investir R$ 7,3 bilhões para melhoria e construção de 270 aeroportos no país. Ainda assim, é um absurdo, um exagero.

Tudo o que o governo deveria fazer é um plano diretor para aeroportos no Brasil. Desconsiderando tudo o que existe e pensando, de verdade, em HUBS e SPOKES dentro da nova realidade urbana do país, do trânsito nas principais metrópoles (fonte geradora de mais de 50% de todo o tráfego aéreo), e da vida moderna. É possível que dentro dessa nova realidade seja mais que recomendável e inteligente detonar 80% do que restou dos aeroportos e se pensar numa nova malha aeroviária. E, investindo menos para fazer o novo e eficaz, do que investindo mais para remendar o velho e ineficaz.

O estado de São Paulo, maior gerador de tráfego aéreo do país, é o melhor exemplo para qualquer estudo ou reflexão. Porque as empresas regionais debilitaram-se e os voos minguaram? Pela simples razão de que as pessoas vão mais rápido e confortável de carro ou ônibus do que de avião, com total e absoluta autonomia na organização de seus horários e agendas. Por exemplo, da cidade de São Paulo a cidade de Marília, além de existirem poucos voos com horários inadequados, leva-se de carro para percorrer os 400 quilômetros cinco horas com uma parada pelo caminho, e de avião, duas horas para ir até VIRACOPOS, mais duas de espera, mais uma de viagem, mais uma de check-in e check-out se tudo der certo!

Acorda, DILMA! Acorda, ANAC! Acorda, SAC! Desse jeito vocês vão preparar o Brasil para a Copa do Mundo de 1950. Pensando assim, e planejando com os olhos no retrovisor, candidatam-se a ser uma das birutas dos 880 aeroportos que jamais teremos.

EM DEFESA DE ARISTÓXENO, SÁTIRO, EUDEMO E CRITOLAU

Eu, bípede e peripatético, a cada dia que passa encontro dificuldade maior em caminhar pelas ruas da cidade. Aristóteles e seus seguidores, que gostavam de ensinar, filosofar, conversar, caminhando, no chamado peripato – daí peripatéticos – não sobreviveriam uma semana nas cidades de hoje. Muito especialmente em São Paulo.

Moro em Higienópolis. Há mais de 50 anos. Desde que me mudei de Bauru. Ruas mais escuras, casarões sobreviventes com enormes quintais. Na esquina da Alameda Barros com Angélica com São Vicente de Paula um grande terreno com pássaros e outros pequenos animais, árvores maravilhosas, que ao terem suas ramas e galhos movimentados pelo vento no avançado da noite chegavam a assustar as pessoas. Eu morava com minha família num apartamento alugado, e em frente, onde hoje é uma Sinagoga. Além das árvores, e excepcionalmente, um ou outro gato que saltava de um muro para outro.

O bairro foi se adensando, mais famílias em novos prédios de apartamentos, e a população de cães multiplicando-se em espantosa velocidade. Em 2030, teremos na cidade mais cachorros do que pessoas. Nos anos 70 e 80, os moradores levavam seus cães para passear e não tinham a menor preocupação e nem se sentiam responsáveis em limparem as sujeiras deixadas pelo caminho. A partir dos 90, a atitude foi mudando e a maioria atenuou as calçadas de cocô de Higienópolis.

De 2000 para cá, tudo se exacerbou e é quase impossível caminhar-se pelas ruas do bairro. Além de muito mais cachorros, seus proprietários vão se tornando amigos e param para conversar ocupando toda a calçada. Muitos contratam passeadores que levam 5, 6, 7, 8 cães para caminhar pelas ruas e quando você se encontra com a tropa, o melhor é saltar para o meio fio, leito carroçável, rua.

Mais recentemente, com a multiplicação de bicicletas, a concorrência pelo espaço aumentou entre proprietários de cães e pessoas em suas bicicletas nas calçadas. Muitas vezes, empolgadas pela volta de algum passeio, continuam conversando e, de novo, você é quem tem de se desviar das "magrelas" sob pena de encaixar uma roda no vão das pernas ou o guidão na barriga. Outro dia, para me desviar de duas bicicletas, fui para a rua. Claro, antes de fazer isso, olhei para ver se vinha vindo alguém. Não vinha. Desci e quase fui atropelado por um ciclista na contramão. Quando olhei para reclamar, ouvi do jovem ciclista, "Presta atenção aonde anda, velho esclerosado".

Diante de tudo isso, e praticamente impossibilitado de caminhar pelas ruas do bairro onde moro, só me resta recorrer ao pai dos peripatéticos, SÓCRATES: "Uma vida sem desafios não vale a pena" ou "Aquilo que não puderes controlar, não ordenes" ou "O homem faz o mal porque não sabe o que é o bem".

AS VENCEDORAS

VALOR somou-se à consultoria EGON ZEHNDER, a BETANIA TANURE, professora da PUC MINAS e consultora, e a outros especialistas, e escolheram, entre 50 profissionais e empresárias pré-selecionadas por diferentes critérios, AS DEZ MELHORES EXECUTIVAS DO BRASIL. Lá estão e venceram, ANDREA ALVARES, CARLA SCHMITZBERGER, CELINA ANTUNES, CHIEKO AOKI, ELIANA TAMEIRÃO, GRAÇA FOSTER, LILIANA AUFIERO, LUIZA HELENA TRAJANO, MARIA EDUARDA KERTÉSZ, TANIA CONSENTINO. Antes de mais nada, parabéns a todas e a todas as demais mulheres que emprestam talento, sabedoria e dedicação ao crescimento e sucesso de suas empresas e, por decorrência, à sociedade brasileira.

No caderno EU&FIM DE SEMANA, que VALOR publica encartado todas as sextas-feiras, uma espécie de ficha-técnica das vencedoras. E em todas, ou quase todas, traços recorrentes. Com exceção de DUDA – MARIA EDUARDA KERTÉSZ, 39 anos, presidente da divisão de consumo da Johnson & Johnson, todas as demais já superaram os 40. A idade média das vencedoras é de 55 anos.

Todas as líderes têm figuras inspiradoras. Para duas delas, a mãe. Para outras duas, o pai. Para LUIZA, a tia. Para CHIEKO, MADRE TERESA. Para CELINA, a avó. Para LILIANA, o avô. Para GRAÇA, Princesa

Isabel. Todas trabalham muito. As que menos trabalham o fazem dez horas por dia. GRAÇA, de 16 a 18 horas.

O lado artístico das vencedoras talvez decepcione seus fãs. Composições consagradas, best-sellers e campeões de bilheteria entram na lista: O VENTO LEVOU, 100 ANOS DE SOLIDÃO, CINEMA PARADISO, CLAIR DE LUNE, CORINNE BAILEY ERA, MOZART, BÍBLIA, MICHAEL JACKSON, CHICO BUARQUE, MARISA MONTE, GLADIADOR...

Formações diferentes, também: 3 direito; 2 administração, 2 engenheira química, 1 arquitetura, 1 biologia, 1 engenharia civil, 1 engenheira elétrica. Para relaxar, viagens e outras amenidades, deveres, obrigações – "viagens e apresentações artísticas", "ler, cavalgar, passear ao ar livre", "ginástica, canto, filmes, leitura", "admirar a queda d'água", "novelas e netos", "SPA, dança e ginástica". Nas mais inusitadas, DUDA que "cozinha para os amigos", GRAÇA que "anda descalça à beira mar e sozinha do Leme ao Arpoador", e ELIANA que, simplesmente, "respira fundo, segura o ar e solta".

Mulheres lindas, entre milhões de outras mulheres lindas que enaltecem o Brasil.

MELHOR QUE TOMBAR, MATAR DE VEZ

Não sei se você vai querer se levantar e seguir até o fim, mas vou começar a cantar o HINO NACIONAL BRASILEIRO: "Ouviram do Ipiranga as margens plácidas / De um povo heroico o brado retumbante, / E o sol da liberdade, em raios fúlgidos, / Brilhou no céu da pátria nesse instante...".

Não sei se gosto tanto assim de nosso Hino. Se pudesse escolher ficaria com a composição de ARI BARROSO, "Brasil, meu Brasil brasileiro... / Abre a cortina do passado / Tira a mãe preta do cerrado / Bota o rei congo no congado / Deixa cantar de novo o trovador... / Ah! Ouve essas fontes murmurantes / Onde eu mato a minha sede / E onde a lua vem brincar...". Esse Brasil da AQUARELA é muito mais o MEU BRASIL do que o do hino. Mas, de qualquer maneira, logo no início do HINO NACIONAL BRASILEIRO, "Ouviram do Ipiranga as margens plácidas"... E aí fizeram um museu às margens plácidas do IPIRANGA, talvez nosso mais importante museu, o MUSEU DO IPIRANGA.

Por que fazem museus no Brasil? Por que tombam edificações históricas e legendárias? Por que se gasta tanto dinheiro para relegar nossos 500 e poucos anos ao esquecimento, abandono, degradação? Não tem explicação e muito menos justificativa. Nada contra preservar a memória; tudo a favor; lastro fundamental e precioso que garante e dá sustentação e sentido à MARCA BRASIL. À nossa NARRATIVA. Mas, diante do nenhum apreço e responsabilidade sobre a gestão desse patrimônio será que não seria melhor garantir-lhes uma morte piedosa?

JORNAL AGORA, 5 de abril de 2013, manchete: "MUSEU DO IPIRANGA VIRA BANHEIRO PÚBLICO E MOTEL". Estão urinando em nossa história, estão transando no patrimônio nacional. E aí segue a matéria, ouvindo o depoimento dos vizinhos de nosso mais importante MUSEU, o do IPIRANGA. Banheiros interditados por falta de condições, mato invadindo os jardins, pipas perdidas e levadas pelo vento adornando estátuas surradas dos representantes da independência. Mas é na cripta, onde estão os restos mortais de D. PEDRO I, que os casais mórbidos e destemidos urram de prazer. Qualquer dia desses D. PEDRO se levanta e enfia a espada em meia dúzia deles. E aos berros, "Vão f... na pqp". Mais que merecido. Ou seja, amigos, nossa história virou mictório e motel.

VALDIRENE AMBIEL, que fez a pesquisa de exumação dos restos mortais na cripta, confirma, "Trabalhei por sete meses na cripta e, infelizmente, preciso dizer que a denuncia procede, é verdadeira. O cheiro de urina é insuportável e o local sofre com a ação de vândalos". Não poderia ser diferente, VALDIRENE, tudo o que se percebe e reconhece como abandonado – lembra-se da teoria das "JANELAS QUEBRADAS" – está condenado à destruição.

Há 16 anos os moradores do bairro, testemunhos constrangidos e indignados diante da irresponsabilidade dos gestores públicos, fazem uma "vaquinha" para bancar a troca da bandeira nacional que permanece em frente ao monumento. Custa R$ 1.300 e nem mesmo isso a administração faz. Uma espécie de última vela acesa para ver se um dia acordamos e cuidamos melhor e responsavelmente de nosso maior patrimônio: nossa história. Uma espécie de vela da esperança – a última que morre ou se apaga.

ÓTIMA NOTÍCIA, IMPORTANTES LIÇÕES

Número após número, a REVISTA DA ESPM vai se convertendo na principal revista de instituições de ensino do país. Na edição de ABRIL, a de número 87, o tema já tratado pela publicação em 2004 é EMPREENDEDORISMO.

Logo na abertura, a entrevista de CASIO SPINA por ARNALDO COMIN. E na introdução de ARNALDO a ótima notícia/informação de que segundo o GLOBAL ENTREPRENEURSHIP MONITOR, enquanto apenas 2,3% dos italianos adultos declaram fazer planos para abrir um negócio próprio, esse índice salta para 7,6% nos Estados Unidos, 14% na China, e, 17% no Brasil! Conclui o autor, "O sonho do negócio próprio nunca bateu tão forte".

CASIO SPINA fala sobre a nova modalidade de investidor, o INVESTIDOR ANJO, "pessoa física, normalmente empresário, executivo ou profissional liberal que teve uma carreira bem-sucedida e decide aplicar o valor que acumulou em um ou mais negócios. Quase nunca se trata de grandes fortunas, mas de pessoas que desejam transferir essa experiência de vida para evitar que o futuro empreendedor cometa erros que eles próprios cometeram no passado". Assim, mais que bem-vindos os Investidores Anjos.

E, no corpo da matéria, depoimentos relevantes e exemplares de empreendedores que chegaram lá, ao sucesso. ALEXANDRE TADEU DA COSTA, CACAU SHOW, "Todo o empreendedor se vê numa fase em que tudo parece estar complicado e impossível de ir para frente. Nesses momentos é que você se dá conta do tamanho de seu sonho e o quanto está disposto em persistir e seguir seu caminho". Ou CHIEKO AOKI, BLUE TREE HOTELS & RESORTS, "Não devemos fazer as coisas simplesmente, mas sempre criar valor para o que estamos fazendo". Ou

CRISTIANA ARCANGELI, BEAUTY´IN, "Tenha sempre junto de você pessoas que estejam muito motivadas e envolvidas com seus sonhos e metas". Ou GUILHERME PAULUS, CVC, "Creio que uma das principais virtudes de minha empresa foi sempre saber ouvir o consumidor e criar produtos que caibam no bolso dos brasileiros".

Termino com o depoimento de MIGUEL KRIGNSNER, BOTICÁRIO, "Um empreendedor deve ter práticas arrojadas e criativas, que transcendam limites e ampliem horizontes, possibilitando a exploração de novas ideias, em um compromisso com o consumidor, colaboradores e fornecedores". E o de REGIS DUBRULE, TOK&STOK, "Em 35 anos enfrentamos uma série de dificuldades, como o fato de muitos parceiros (colaboradores, fornecedores, proprietários dos imóveis das primeiras lojas) virarem nossos concorrentes. Por isso, encontrar as pessoas certas e saber guardá-las para constituir o time vencedor é um grande diferencial".

DE TIO PARA SOBRINHA

Um forasteiro em São Paulo; cresceu, prosperou, prevaleceu. ARRI COSER com 14 anos e seu irmão JAIR com 19 deixaram Encantado (RS), e vieram encantar e reinventar o churrasco na capital paulista. Mas, antes, uma temporada no Rio de Janeiro; e depois volta para Porto Alegre, identificando uma oportunidade numa pequena churrascaria chamada FOGO DE CHÃO no bairro de Cavalhada, próxima ao rio Guaíba. Muita luta e sofrimento, juntando cada trocado iniciou a reinvenção do churrasco num primeiro ponto no Bairro de Moema, em São Paulo, 1986. Onze anos depois, a primeira filial nos Estados Unidos, na cidade de Dallas. E, na sequência, Houston, Atlanta, Chicago, Beverly Hills, Washington, Belo Horizonte, Filadélfia, Brasília, Baltimore, Minneapolis, Austin, Salvador, Indianópolis, Miami, Scottsdale, Kansas, Denver, Santo Antonio, Rio de Janeiro, Las Vegas... No ano passado, a FOGO DE CHÃO foi comprada pelo private equity THOMAS H. LEE PARTNERS, por R$ 400 milhões, e ARRI ficou livre para voar, novamente.

Semanas atrás protagonizou um Encontro com Pequenos e Médios Empresários – uma extraordinária e mais que institucionalizada iniciativa do ESTADÃO –, reportada por ROBERTA CARDOSO. ARRI disse que está retornando. Vai começar o caminho, de novo. Que fez uma sociedade com uma sobrinha de 19 anos com uma condição: ensina a sobrinha por 7 anos; depois, nos 7 seguintes, a sobrinha ensina os filhos de ARRI. O novo negócio se chama NABRASA STEAK, um "rodízio" qualificado, numa sequência de 12 cortes de carne.

No Encontro, algumas das lições de ARRI COSER aos Pequenos e Médios Empresários: 1 – Depois de atirar em várias direções, ARRI, decidiu, "quando eu tinha 20 anos decidi enxugar para ter foco em um negócio só e fazê-lo crescer em bases sólidas e com boa saúde financeira"; 2 – Cuidados na decolagem, "Eu sempre disse que só cresceria quando tivesse controle de tudo. Eu queria saber quantos palitos eram gastos por cliente e quantas gramas de sal cada pessoa consumia"; 3 – De empreendedor a empresário – "Você vira empresário quando começa a ter gente trabalhando para você. No início, você faz tudo sozinho. Mata um leão pela manhã, um à tarde e outro à noite"; 4 – Profissionalização e delegação – "Eu adoro delegar funções aos outros. Mas isso só acontece quando tem mais gente trabalhando para você. No início, é você quem tem que fazer tudo"; "No início da década de 90 nós achamos melhor profissionalizar tudo para cada um da família ter seu próprio negócio. Tirei todo o mundo. Uns primos ficaram bravos comigo. Mas, com o tempo, eles viram que eu tinha razão e hoje está tudo bem".

Conseguirá ARRI repetir o sucesso do FOGO DE CHÃO com o NABRASA STEAK? Seu retrospecto diz que sim; as novas realidades de seu mercado de atuação dizem que não necessariamente. Vamos conferir e torcer; ARRI merece.

PAUTA MÍNIMA

Desafiamos a cada um de nossos leitores, na ampla e salutar discussão/reflexão que agora se instala no Brasil para escolhermos, verdadeiramente, o que queremos para nosso país, a definir uma espécie de PAUTA MÍNIMA. A nossa do MMM é:

PAUTA MÍNIMA

0 – *Inclusão digital de todos os lares brasileiros em banda larga de alta velocidade* – já que não conseguiremos educar todos os brasileiros com a velocidade necessária – demora para ensinar a pescar – vamos, ao menos, garantir o acesso – fornecer a vara – evitando que a distância entre os mais ricos e mais pobres aumente. Vamos fazer da internet e do ambiente digital uma oportunidade, e não uma ameaça; (vamos utilizar o mesmo dinheiro que será gasto – seria – no ridículo trem bala ligando Campinas ao Rio de Janeiro – para incluirmos os 200 milhões de brasileiros).

2 – *Saúde* – fortalecer e valorizar o SUS e os médicos da saúde pública, garantindo, finalmente, que os brasileiros recebam pelo que pagaram e pagam;

3 – *Educação* – valorizar as instituições de ensino e os professores, garantindo, finalmente, que os brasileiros recebam pelo que pagaram e pagam;

4 – *Transporte* – medidas rápidas e eficazes capazes de atenuar o caos em que se transformou o trânsito das cidades, enquanto as empresas não aprendem, de um lado, e preparam, de outro, todos os seus colaboradores para o trabalho a distância; criar incentivos para que as empresas acelerem esse processo;

5 – *Saneamento Básico* – garantir a todos os brasileiros condições mínimas e dignas de existência e vida;

6 – *Democracia Direta* – iniciar um processo de discussão e reflexão sobre a DEMOCRACIA QUE PRECISAMOS E QUEREMOS. Imagino que essa discussão, mais conclusões, mais formatação, mais a criação de todo o marco regulatório demandarão cerca de cinco anos. Assim, teríamos ainda uma eleição no formato atual – Democracia Indireta – para presidente da República, e já nas eleições de 2018 escolheríamos quem nos vai governar pelo voto DIRETÍSSIMO, sem garantia

de tempo de mandato, passível de demissão a qualquer momento. Mas, com tempo certo de mandato, passível de renovação, mediante mecanismos de aprovação sistemáticos. Uma espécie de contrato por prazo determinado com cláusula de renovação.

O que você acha? Qual é a sua PAUTA MÍNIMA?

ADEMAR DE BARROS

A maioria dos brasileiros não se lembra dele, ADEMAR PEREIRA DE BARROS. Nasceu no dia 22 de abril de 1901 na cidade de Piracicaba e morreu em 12 de março de 1969 em Paris. Filho de uma família tradicional de cafeicultores de São Manuel, foi prefeito de São Paulo (1957-1961), Interventor Federal (1938-1941), e duas vezes governador de São Paulo (1947-1951 e 1963-1966). Nas duas vezes que tentou chegar à Presidência amargou um terceiro lugar. Foi o único dentre todos os políticos a assumir, publicamente, em sua campanha à prefeitura de 1957, o slogan "ROUBA, MAS FAZ". E em suas campanhas utilizava um "jingle" composto por HERIVELTO MARTINS e BENEDITO LACERDA para justificar a famosa "CAIXINHA DO ADEMAR": "Quem não conhece? Quem nunca ouviu falar? Na famosa caixinha do ADEMAR. Que deu livros, deu remédio, deu estradas. Caixinha abençoada". Talvez, o último ladrão sincero e debochado... Ou seja, mesmo no pior aspecto, não se faz mais políticos como antigamente. Os de hoje tentam se sair bonitinhos na foto.

Três meses antes do cidadão brasileiro invadir as ruas das grandes metrópoles do país neste ano de 2013, o IBOPE pesquisou a corrupção no Brasil, contratado pela TRANSPARÊNCIA INTERNACIONAL. Crescemos! Ou, pior, o sentimento, a percepção de corrupção generalizou-se, numa espécie de septicemia do organismo social. O vírus, na opinião dos brasileiros, tomou conta de toda a máquina pública, a partir do comportamento de partidos e dos políticos.

Oitenta e um por cento dos brasileiros entrevistados consideram os partidos políticos, todos eles, "corruptos ou muito corruptos". De certa forma, dizendo e reconhecendo que a alternativa que lhes, ou que nós, é colocada é tentar descobrir quem é menos corrupto e "confiar" nosso voto. Entregando as chaves do cofre aos ladrões. Como exclamaria Paulo Francis, "SANTA INOCÊNCIA!". Uma mesma rodada dessa pesquisa aconteceu três anos antes, em 2010, e o índice que já era escandaloso e insuportável, de 74%, bateu agora nos 81%.

Especificamente em relação ao Congresso Nacional, os 2.002 entrevistados o rotulam como a segunda instituição, depois dos partidos, mais desacreditada. Para 72% da população, o CONGRESSO NACIONAL é corrupto ou muito corrupto. Nas duas medidas, estamos muito acima da média mundial dos 107 países pesquisados. Enquanto na média dos demais países a percepção de corrupção dos partidos é de 65%, no Brasil é de 81%; e no tocante ao Congresso, 57% na média dos demais países, e 72% no Brasil.

É o que nos espera no ano que vem, ou em todos os demais anos do resto de nossas vidas. Ou o que não nos espera se decidirmos dizer NÃO, CHEGA, BASTA! E foi o que começamos a fazer no abençoado e histórico ano de 2013.

Em frente, querido amigo e leitor, cidadão brasileiro; apenas começamos; esmorecer, jamais.

capítulo 7

EFEMÉRIDES E ÍCONES

Neste 2014, a propaganda tal como a conhecemos faz 100 anos. E parte! Em seu lugar, o BRANDING; saem as plataformas indiretas, despedem-se os intermediários, prevalece a comunicação em tempo real, pessoa a pessoa com interatividade. E, no meio de tudo isso, a triste figura de uma espécie de Rainha da Sucata – o homem que despediu STEVE JOBS da empresa que JOBS criou. Mais ou menos o que SALIERI fez com MOZART.

Um dos "caras" do digital dá as caras, MARC ANDRESSEN. KAKINOFF, aos 38 anos, assume o manche da GOL e tem tudo para lembrar o melhor do Comandante ROLIM. Deram uma geral no SÃO LONGUINHO que ficou irreconhecível para a maioria de seus devotos. EXAME completou 45 anos e passou batido pela INCLUSÃO DIGITAL de todos os brasileiros. Por que será?

MANGUEIRA trocou JAMELÃO por MATO GROSSO, CHRIS ANDERSON depois de tanto ensinar os outros como fazer na CAUDA LONGA, FREE, e na WIRED, converteu-se em MAKER. E o CITI continua resistindo a grande maioria de seus dirigentes vaidosos e incompetentes. Até quando?

Finalmente a 1ª cidade fantasma do AMBIENTE DIGITAL. Você é um dos milhões de fantasmas? MARKETING finalmente alcança o estágio de pensamento prevalecente na maioria das empresas e revela-se mais forte do que nunca. E as melhores mensagens de importantes paraninfos para formandos das melhores universidades americanas.

A velha e indireta democracia agoniza – já vai tarde, e você admira mais CRISTÓVÃO COLOMBO ou AMÉRICO VESPÚCIO?

A RAINHA DA SUCATA

O ciclo se completa. Exatos 100 anos. Desde o nascimento da ECLÉTICA – 1914 –, passando pela chegada das agências internacionais – THOMPSON, McCANN, AYER – da primeira house da UNILEVER, LINTAS + a STANDARD de LEUENROTH, os 40 anos da era do rádio – 1930/1970 – e os 40 da era da televisão – 1971/2011. O prevalecimento do marketing indireto; do pegar carona em veículos de comunicação e rezar para cair no colo ou chegar às mãos do destinatário; de viver de comissão e bonificação de mídia. Das contribuições inestimáveis da ALMAP e da DPZ enquanto escolas, e do BONI, enquanto maestro. Mais JULIO RIBEIRO e a ciência, arte, responsabilidade e sabedoria de se saber para onde se vai antes de se ir. Mais como, quando, onde, quanto, por quanto...

A velha e boa propaganda encerrou seu ciclo.

Não morre na próxima segunda. Nem em dezembro. Resiste aos Jogos Olímpicos do Rio de Janeiro. Vive ainda mais uns 10 anos, com otimismo. E diante dos novos e infinitos caminhos que recuperam e retomam a comunicação direta – agora, mais que sob nova direção – e ainda global, em tempo real e com interatividade; com a presença de milhares de novas empresas em busca de um formato e modelo econômico, grupos internacionais raspam o tacho.

Colecionando sucatas de extraordinário brilho, remuneração à moda antiga, feridas de morte pela decisão empresarial de sugarem até o fim o bagaço da última manga do advertising, aprisionando-se, consciente e economicamente, a um modelo descontinuado pelos ventos das mudanças a partir do nascimento do neto da válvula incandescente e filho do transistor, o microchip, em 1971.

Entre todas as movimentações nessa direção, a da PUBLICIS, de longe, supera todas as demais. Não existe a menor consistência em todas as suas últimas aquisições no tocante às melhores técnicas do branding e aos fundamentos da ideologia do marketing. São iniciativas econômicas. Coisa de grana.

Comprar o que existe do velho modelo com um payback teoricamente garantido antes do apagar das luzes do Baile da Ilha Fiscal da velha e boa propaganda brasileira. E a promiscuidade entre empresas clientes se generaliza, abrigando-se e confiando a um mesmo teto, com a complacência de seus executivos de marketing que fingem acreditar – sabe-se lá por quais razões – em "chineses walls".

Assim se passaram 100 anos. Na foto final, vacas no pasto vertendo leite verde com partículas de ferrugem quase que imperceptíveis; por poucos anos. O que não se imaginava é que a rainha de toda essa sucata fosse uma francesa, como nos velhos e bons tempos das noites de muitas cidades.

O HOMEM QUE DESPEDIU STEVE

Recentemente esteve entre nós. Aos 73 anos, muitas histórias, testemunho e protagonista de momentos emblemáticos e que fazem parte da narrativa do admirável mundo novo, JOHN SCULLEY tem muito a ensinar. Notabilizou-se por sua gestão à frente da PEPSICO entre 1970 e 1977, como VP, e de 1977 a 1983, como presidente. No dia 6 de abril de 1993, assumiu a presidência da APPLE, de onde saiu 10 anos depois. Em 1985 tomou a decisão que mudaria a história da empresa para sempre. Segundo seus principais críticos, isso atrasou o alcançar da fama e fortuna da empresa por no mínimo 10 anos. Segundo seus admiradores, tomou a decisão que criou todas as condições para a revelação hoje mais que consagrada de STEVE JOBS, e para o brilho inexcedível alcançado pela APPLE. Despediu Steve!

À luz dos números, a APPLE deve muito a SCULLEY. Durante sua gestão, a empresa quase quebrada viu seu faturamento saltar de US$ 800 milhões para US$ 8 bilhões. Ao se despedir, as vendas perdiam velocidade, e as ações caiam de forma significativa.

Em sua passagem pelo Brasil uma entrevista referencial para a revista VEJA. Dessa entrevista, os três momentos mais importantes daquele que passa para a história como uma espécie de JOHN SCULLEY "SALIERI" de STEVE "MOZART" JOBS:

1 – *O que é este novo mundo em que vivemos* – "Quando eu estava na APPLE havia apenas duas ou três empresas de tecnologia entre as 20 maiores do mundo. Hoje, são cinco ou seis... Criar uma empresa pioneira, uma startup, exigia milhões de dólares. Hoje começa-se com uma boa ideia e zero de investimento. O ISTAGRAM foi fundado sem um tostão e em 18 meses vendido ao FACEBOOK por US$ 1 bilhão. A possibilidade de qualquer um criar uma empresa inovadora é a verdadeira revolução digital do nosso tempo".

2 – *Sobre sua briga com steve jobs* – "Eu era presidente da PEPSI... STEVE, então com 27 anos, me convenceu a trocar com a pergunta: Você quer continuar a vender água açucarada pelo resto da vida ou me ajudar a mudar o mundo? Aceitei e ficamos amigos. Passamos cinco meses juntos num processo de conhecimento mútuo... É natural a dor causada pelo meu papel em seu afastamento. Deveria ter dito a ele, volte e resgate a sua empresa. Mas não disse. Tive sucesso na APPLE. Aumentei o faturamento em 1.000%. Mas eu não era um visionário. Estava vendendo produtos já consagrados, sem inovar. Se Steve não tivesse voltado, a apple teria se esgotado".

3 – *Sobre o Brasil e DILMA ROUSSEFF* – "Se fosse consultor de DILMA diria que para o país se tornar um polo é preciso que o governo saia da frente das empresas. O excesso de burocracia é um obstáculo em lugares como o Brasil e a Índia. Nos Estados Unidos, cria-se uma startup em um dia. No Brasil espera-se meio ano".

ELE, O CARA, MARC ANDRESSEN

Ele já esteve por aqui, em nossos comentários. Esteve e continua, com o brilho de sua inteligência e capacidade inovadora, por trás e pela frente de alguns dos fatos e acontecimentos mais relevantes do admirável mundo novo. Com 22 anos, inventou o web browser (nasceu MOSAIC, morreu NETSCAPE). Foi o primeiro a falar e a ir para as "nuvens". E não acontece nada em SILICON VALLEY, ninguém dá um único passo sem conhecer sua opinião e sentimentos. Indo diretamente à fonte, ou procurando ajuda através de emissários. TODOS! Uma espécie de oráculo do ambiente digital. MARC ANDRESSEN, 42 anos, bilionário, e em ebulição produtiva recorrente.

Recentemente, maio 2012, com total merecimento, WIRED colocou ANDRESSEN na capa, e fez a entrevista. Uma das duas mais importantes revistas do admirável mundo novo – a outra é FAST COMPANY –, entre outros créditos, disse apenas que "Nos últimos 20 anos, nenhuma outra pessoa individualmente ofereceu contribuições mais relevantes para a ciência e a arte de comunicação que MARK ANDRESSEN. Simplesmente é o responsável pela mudança na forma como nos comunicamos". A entrevista foi conduzida pessoalmente pelo editor da revista, CHRIS ANDERSON.

Um retrato do admirável mundo novo em uma única frase – "Um mundo onde todos, conectados, produzirão e consumirão simultaneamente, mediante comunicação instantânea, em tempo real, com interatividade; jamais se imaginou que um dia teríamos uma atividade social e econômica tão avançada, líquida e pulverizada".

A razão da componente social não estar presente desde os primeiros passos da internet – "Volta e meia me perguntam se não deveríamos ter pensado a internet desde o início sob o viés social. Claro que cogitamos de ter no MOSAIC a possibilidade de pessoas se manterem conectadas com seus parentes, amigos, pessoas de seu relacionamento profissional. Mas, naquele momento, o medo era a característica mais forte da desconhecida rede. As pessoas optavam pelo anonimato ou por pseudônimos".

Marc Andressen e Mark Zuckerberg – A primeira e grande vantagem que ZUCKERBERG teve em relação a 1ª geração de líderes da internet é que não se chamuscou e muito menos se queimou com a explosão da bolha. Uma espécie de aprendizado do não aprendizado, ou a coragem de não ter sofrido. Isso é tão verdadeiro que conversamos a primeira vez em 2005, e ele me perguntou: "O que fazia mesmo o NETSCAPE?". E eu respondi: "Desculpe, eu não entendi sua pergunta?". E ele completou, "Naquele tempo eu estava no colégio e não prestava muito atenção nessas coisas".

Quem tem o futuro garantido – "Ninguém é capaz de prever como será a fotografia do ambiente digital daqui a oito anos. A internet continua sendo um território selvagem onde tudo pode acontecer a qualquer momento. Há oito anos FACEBOOK era apenas uma ideia dormente na HARVARD UNIVERSITY. Talvez nos próximos cinco anos seja possível garantir que o FACE continuará na fita, mais a APPLE e mais o GOOGLE. Talvez a MICROSOFT consiga dar a volta por cima e se alinhar, novamente, com o WINDOWS PHONE. Quem sabe o TWITTER encontre uma saída. Mas nada é garantido. Quem sabe uma empresa que está sendo fundada neste exato momento em que conversamos...".

Para onde caminha a humanidade – "Quando a grande maioria dos trabalhadores estava na agricultura era absolutamente impossível imaginar-se o que fariam essas pessoas sem esses postos de trabalho na agricultura. Cem anos depois a grande maioria dessas pessoas estava trabalhando na indústria, e o mundo continuava se perguntando, o que será quando não existirem mais esses postos de trabalho? Hoje a maioria dessas pessoas está migrando para a sociedade de informações e serviços, e as pessoas continuam temerosas do dia em que os computadores serão o suficientemente inteligentes para terminarem com esses postos de trabalho. Como sempre aconteceu até hoje, mais que depressa criaremos o depois".

KAKINOFF, UM NOVO ROLIM?

Depois de ROLIM, as empresas aéreas jamais tiveram líderes que se aproximassem do carisma e simpatia do saudoso Comandante. A TAM, em lugar de ROLIM, colocou um sisudo e lento financeiro, com miopia crônica de marketing, e a GOL optou por ter à frente seu fundador, o cordial, mas tímido CONSTANTINO DE OLIVEIRA JÚNIOR. Agora a GOL decidiu virar o jogo, CONSTANTINO foi para a presidência do Conselho, e PAULO SÉRGIO KAKINOFF tirado da AUDI para assumir a presidência executiva da companhia.

Até hoje não vi uma única fotografia de KAKINOFF que não fosse sorrindo. Acho que não é forçado, é da sua natureza. Pelo depoimento que ouvi de muitas pessoas que trabalharam a seu lado e sob seu comando na VOLKSWAGEN, onde pontificou como responsável pelo marketing, é uma pessoa cordial, afável, que conquista todos ao redor de forma natural e inspiradora. E assim, pela qualidade e consistência de seu retrospecto e pela pessoa que é, quem sabe finalmente teremos um novo líder nas empresas aéreas parecido com ROLIM.

Começa em meio a um turbilhão. GOL e TAM em grave crise, prejuízos crescentes mês após mês, e, quem sabe, mesmo considerando-se a oportunidade, talvez fosse mais sensato da parte de KAKINOFF ter recusado o convite. Mas oportunidades como essa não cruzam pelo caminho duas vezes, e ponto para ele, de novo, não se intimidou e mergulha de cabeça no maior desafio de sua carreira.

Falando à FOLHA, depois de dois meses de sua posse, revela domínio do assunto, e desenha com muita propriedade o que é o "business" da aviação comercial: "É um setor de baixas margens, de alta volatilidade, sujeito a fatores exógenos". Uma espécie de montanha russa a céu aberto.

Em box na sua entrevista para a FOLHA, os primeiros dias do jovem executivo no comando da GOL. "Não é lindo" ou "Posso tirar uma foto?". Segundo a matéria, o novo presidente de 38 anos faz tremendo sucesso junto às comissárias e demais funcionárias da empresa. E o sucesso é maior porque seu antecessor e fundador, CONSTANTINO

JUNIOR, caracterizava-se pela timidez. KAKINOFF, assim como fazia ROLIM, não sai dos aviões. Interage com os passageiros, vai até a cabine, pega o microfone, conta seus planos, e coloca-se à disposição para ouvir críticas e sugestões. Além de procurar tornar-se amigo da tripulação, faz curso de pilotagem. Quem sabe um dia assuma o comando de um BOEING, como faziam ROLIM e OMAR FONTANA.

KAKINOFF será um NOVO ROLIM, ou o ROLIM da GOL? O tempo dirá. Principalmente se os ventos da economia, independentemente de sua capacidade, soprarem a favor. Pelo depoimento de alguns passageiros, e de muitos funcionários da GOL, atributos e virtudes não lhe faltam.

NEWSWEEK PUXA A FILA

O que todos temiam e não queriam acreditar acaba de ser anunciado. A legendária NEWSWEEK deixa de circular em dezembro de 2012, e migra com tudo para o ambiente digital. O mesmo que aconteceu um dia com LIFE, MANCHETE, CRUZEIRO. Daquela vez o "vírus mortal" atendia pelo nome de televisão. Ninguém mais queria nem precisava ouvir o rádio e depois conferir como eram as pessoas nas revistas. Viam e ouviam direto na televisão. Desta vez o "vírus mortal" é neto de família conhecida e bem reputada – filho do transistor e neto da válvula incandescente – e ganhou marca e relevância pela competência da INTEL. O vírus se chama microchip, que induziu o nascimento de um segundo ambiente no velho e debilitado mundo analógico – o ambiente digital. E, como cantavam MILTON NASCIMENTO e RONALDO BASTOS, "sei que nada será como antes, amanhã...".

Fundada no dia 17 de fevereiro de 1933 por THOMAS J.C. MARTYN, com a denominação NEWS-WEEK, em 1937, já tendo como presidente e editor-chefe MALCOLM MUIR, eliminou o hífen e virou NEWSWEEK. Em 1961 foi comprada pelo jornal WASHINGTON POST. Mais recentemente e na tentativa de salvá-la, foi comprada por um fiel leitor milionário e empresário do setor de áudio, SIDNEY HARMAN, pelo preço simbólico de US$1,00 mais uma dívida superior a US$ 50 milhões.

EFEMÉRIDES E ÍCONES

Em termos publicitários, e enquanto esteve vivo, HARMAN conseguiu um razoável desempenho. Morreu em 2011, mas confessava-se incapaz de conter a queda na circulação. Caiu nos últimos meses a menos da metade da circulação de 5 anos atrás. Em 2007, tinha uma circulação paga de 3,1 milhões de exemplares, e a circulação média do primeiro semestre de 2012 foi inferior a 1,5 milhão de exemplares.

Sob o comando de TINA BROWN, que assinou o comunicado de sua extinção em papel, aposta num segundo ato, agora no ambiente digital. E *curriculum* e competência na produção de conteúdo não serão a razão para eventual insucesso. Incapacidade de se desconstruir e reconstruir, de jogar fora a velha moldura, de libertar-se de um modelo que perdeu a razão de ser, sim, e talvez a impeçam de concluir a travessia e migração para o admirável mundo novo e de dois ambientes.

No comunicado, TINA, otimista e com emocionante energia, diz: "Estamos conduzindo a NEWSWEEK a uma transição, e não dizendo adeus. Mantemos nosso compromisso com a própria revista e com o jornalismo que representa. Não se trata de uma decisão que coloca em dúvida a qualidade ou a marca do nosso jornalismo. Relaciona-se, exclusivamente, à situação econômica desafiadora da produção e distribuição de mídia impressa".

E, concluiu, "Abandonar a mídia impressa é um momento extremamente difícil para todos nós que amamos o lado romântico da imprensa. Mas, ao nos aproximarmos do 80º aniversário da NEWSWEEK, no ano que vem, precisamos sustentar o jornalismo que dá à revista o seu propósito – e abraçar plenamente o futuro digital".

E os outros, e as outras, estão esperando o quê?

QUANDO O MELHOR AMIGO MORDE

Vaidoso, idade avançando, ALBERTO HADDAD criou coragem e submeteu-se a uma plástica rejuvenescedora. Botox, correção de pálpebras, papada, e outros pequenos detalhes. Rosto inchado voltou para casa. Abriu a porta e foi mordido por seu melhor amigo, REX, depois de mais de 10 anos de convivência e felicidade. Você é, socialmente, o que as pessoas acham de você; se você muda o que você é, na melhor das hipóteses, as pessoas vão ficar confusas; em condições normais, terão certeza de não se tratar da mesma pessoa. É o que acaba de acontecer com uma SANTA.

Em verdade, há dois anos, alguém decidiu restaurar a imagem de SÃO LONGUINHO na paróquia de Guararema, na Grande São Paulo. Fundada em 1752 pelos Jesuítas, a igreja é a única do país que tem uma imagem de SÃO LONGUINHO – um dos soldados na crucificação de Cristo, devidamente convertido, e adorado por fazer verdadeiros milagres na busca recorrente das pessoas por objetos perdidos. Depois de seis meses voltou SÃO LONGUINHO; irreconhecível. A túnica branca virou marrom. De romano, virou franciscano – colocaram no santo calçado, mochila e lanterna. Na ocasião, entrevistada pela reportagem da GLOBO, uma fiel aposentada, CARMEN SEGALA, desabafou: "Não é o mesmo. Eu tenho fé na foto que carrego na bolsa e não nessa imagem esquisita".

Você quer virar imagem esquisita?

Não obstante a grande repercussão que teve a "plástica" no SÃO LONGUINHO, o absurdo volta a acontecer. Desta vez, a "vítima" foi a imagem de SANTA BÁRBARA, datada do início do século XIX, que ocupa o altar principal da capela da Fortaleza de Santa Cruz da Barra, em Jurujuba, Niterói, em "plástica" realizada pela equipe de preservação e conservação do Museu Histórico do Exército do Forte de Copacabana. SANTA BÁRBARA, segundo muitos fiéis, "virou BARBIE". Ouvido pela reportagem de O GLOBO, o professor de história da arte e especialista em arte barroca, ELMER CORRÊA BARBOSA, disse: "O que se vê é algo grotesco. Mais parece uma imagem de gesso contemporânea. Em nada se parece com o que se fazia naquela época, no início do século XIX. Era um período pós-barroco, em que os artistas buscavam uma aproximação das imagens religiosas da figura humana, através de uma técnica chamada de encarnação". Segundo o historiador MILTON TEIXEIRA, "é uma obra lindíssima, que conheço há 20 anos e deve datar de 1810. Estava em bom estado. Isso que fizeram foi um crime. Descaracterizaram uma peça histórica que, no máximo, precisava de uma limpeza".

Será que não é disso que você está precisando? De uma boa limpeza? Por fora e por dentro. Ou você prefere mesmo converter-se numa réplica de você mesmo, de qualidade inferior, e provocar estranhezas e desconfianças nas pessoas que gostam e respeitam você como você é. E ainda ser mordido pelo cachorro...

45 ANOS DE EXAME

Ótimos momentos, momentos difíceis e irrelevantes, muitos acertos, alguns erros, e uma contribuição inestimável para a modernização da economia e dos negócios no Brasil. Esses foram os primeiros 45 anos da REVISTA EXAME da EDITORA ABRIL, peça fundamental, mediante disseminação das melhores práticas, na formação, amadurecimento e despertar de milhares, talvez milhões de vocações profissionais e empresariais em nosso país. Assim, e com total merecimento, parabéns, EXAME. Parabéns, EDITORA ABRIL. E missão mais que cumprida, com uma pequena exceção no final deste comentário.

Na edição comemorativa dos 45 anos, a de número 1030, "10 ideias para entender a economia e os negócios no Brasil e no mundo", com artigos e entrevistas de importantes especialistas e que mais que recomendamos a todos os nossos leitores. Na abertura da edição matéria assinada pela editora FABIANE STEFANO em que mostra o quanto evoluímos, e o quanto ainda temos pela frente: "Tão perto e tão longe do topo – Nos últimos 45 anos o Brasil passou de um país agrário e pobre para uma economia moderna e de renda média – mas esse é apenas o meio do caminho para virarmos uma nação desenvolvida". Manifestação semelhante caracteriza a CARTA EXAME, na página 9 da revista: "Felizmente, o Brasil retratado por EXAME nos primeiros anos de vida não existe mais. Nossa economia foi multiplicada por 7 – temos agora o sexto PIB do mundo. A frota nacional de veículos é mais de 30 vezes superior. No ano em que EXAME foi lançada, vivíamos apenas 48 anos, em média, o correspondente à expectativa de vida atual do

Chade. Hoje vivemos 74 anos. O analfabetismo atingia quase 40% dos adultos – ante menos de 9% atualmente. O número de universitários cresceu 17 vezes...".

Nessa mesma CARTA EXAME reitera seus compromissos: "A democracia, o livre mercado, o empreendedorismo e o papel preponderante das empresas na economia. O governo é decisivo na construção de um país moderno. Mas sua função é muito mais a de garantir um bom ambiente de negócios do que produzir ou interferir na competição".

E todos os temas/ideias contemplados na EDIÇÃO de 45 ANOS de EXAME são da maior relevância, qualidade e oportunidade. Mas, infelizmente, a EDITORA ABRIL, através de todos os seus eventos e publicações, colocou em plano secundário a mais importante entre todas as questões, o mais relevantes entre todos os temas: a inclusão digital. E essa reiterada omissão é absolutamente injustificável. Muito especialmente em respeito a seus propósitos, devidamente renovados e reforçados no editorial e, muito especialmente, em respeito aos seus leitores.

Por isso, e no soprar das velinhas do bolo, apenas 44 apagaram. Uma insiste em permanecer brilhando.

SAI JAMELÃO, ENTRA MATO GROSSO

José Bispo Clementino dos Santos partiu. Morreu no dia 14 de junho de 2008. O Carnaval nunca foi e nunca mais será o mesmo. Perdeu sua voz. Emudeceu.

JAMELÃO viveu 95 anos e 33 dias. Nasceu em São Cristóvão, cresceu no Engenho Novo e um dia foi levado por um amigo para conhecer a Estação Primeira de Mangueira. Paixão fulminante. Por lá ficou e permaneceu até o fim. De 1949 até 2006, colocava a Escola na rua, depois no sambódromo, interprete titular do samba-enredo. O Brasil esperava JAMELÃO, com sua voz; mais que colocar Mangueira para desfilar, de certa forma avisava que o Carnaval do Brasil continuava vivo e emocionante.

Na madrugada de 14 de junho de 2008, foi embora. Na Casa de Saúde Pinheiro Machado. Foi enterrado no Cemitério São Francisco

EFEMÉRIDES E ÍCONES

Xavier, no Caju, e seu corpo inerte e sua voz calada desfilaram pela última vez em cortejo fúnebre num carro do corpo de Bombeiros; o roteiro incluiu a Marquês de Sapucaí.

Corta para 2012. Escolha do samba enredo da Estação Primeira de Mangueira para o Carnaval 2013. JAMELÃO seria o homenageado. Na mesa, uma proposta de patrocínio do Estado de Mato Grosso – por que Estados têm que patrocinar Escolas de Samba –, e em vez de reverenciar uma de suas maiores estrelas e legenda, JAMELÃO, a Mangueira preferiu reverenciar "O trem da emoção viaja na imaginação / Meu samba é madeira, é jequitibá, é poesia dedicada a Cuiabá".

O que o Cuiabá tem a ver com a Mangueira? Tudo bem que as Escolas de Samba, um exemplo extraordinário e único em todo o mundo da capacidade de planejamento, organização e execução de comunidades, e que tem tudo a ver com o mundo novo, plano e colaborativo, precisem de recursos para melhorar cada vez mais a qualidade de seus desfiles, e os benefícios que daí decorrem para suas crianças, famílias, futuro. E tudo bem, também, que as empresas queiram pegar carona e se associar a essa manifestação.

Mas existem formas e formas. Seria infinitamente melhor para Mato Grosso – mesmo entendendo que Estados jamais deveriam patrocinar o que quer que fosse – valorizar sua MARCA apoiando uma legítima, merecida e emocionada homenagem a JAMELÃO, do que fazer a Estação Primeira, constrangida, cantar "num relicário de beleza sem igual fonte de riqueza natural cidade formosa...".

Escolas de Samba são plataformas de comunicação. O conteúdo é sagrado e não se fala em comercialização, merchandising e tudo o mais, antes de devidamente definido. Depois, e desde que haja adequação, da mesma forma como se comportam todas as plataformas com um mínimo de ética e credibilidade, considera-se a possibilidade de patrocínios dentro de limites claros, precisos e milimetricamente definidos.

Como cantava JAMELÃO na música, "eu pensei que você respeitasse, uma velha amizade, olha aí, meu compadre, você dessa vez se mancou... como é que pode? Você me dar uma bandeira dessa".

Chegou ô, ô, ô, a Mangueira chegou... sem JAMELÃO, mas com Mato Grosso. Dá para entender? Explicar? Aceitar?

"EU SOU EU E AS MINHAS CIRCUNSTÂNCIAS"

As circunstâncias estão presentes na vida de todos. Até que um dia o jornalista e filósofo ORTEGA Y GASSET derramou luz sobre o tema. E muitos entenderam equivocadamente o que disse. As circunstâncias fazem parte da vida de todos. Mas a decisão de como navegar e se aproveitar – ou afundar – nas circunstâncias é de cada um. Como explicou pouco mais adiante, "Não são as circunstâncias que decidem a nossa vida. Assim, é falso dizer que na vida decidem as circunstâncias. Pelo contrário, as circunstâncias são o dilema, sempre novo, ante o qual temos de nos decidir. Mas quem decide é o nosso caráter".

Agora, um dos grandes nomes do ambiente digital, decidiu empreender. CHRIS ANDERSON, 51 anos, editor de uma das duas mais importantes revistas do admirável mundo novo, a WIRED, de dois dos livros-teses mais aclamados, *A cauda longa*, e *Free*, decidiu mergulhar de cabeça e não limitar-se mais a analisar as outras empresas. DEBORA FORTES, de PEQUENAS EMPRESAS & GRANDES NEGÓCIOS o entrevistou, em sua nova empresa em SAN DIEGO, CALIFÓRNIA, a 3D ROBOTICS. A entrevista de CHRIS é, simplesmente, devastadora. De causar comichões e constrangimentos nos dinossauros do mundo antigo, as grandes empresas de hoje feridas mortalmente e a partir de um pequeno chip, saído dos laboratórios da INTEL, em 1971. Prepare-se!

Como abrir um negócio – "Minha principal motivação é ter a ideia de um produto e encontrar pessoas dispostas a trabalhar comigo nele. No caso da 3D ROBOTICS, não tínhamos. Simplesmente percebemos que havia uma grande comunidade de pessoas interessadas em desenvolver hardware e criar DRONES. Em 2009, abrimos a empresa".

Plano de negócios – (Atenção, Leitor) – "Eu não dou nenhuma importância ao business plan. Eventualmente, anos depois de ter aberto o negócio, poderíamos ter feito um... Eu não acredito em plano de negócios. O que você precisa é ter clareza sobre o que vai fazer e se assegurar de que seus sócios concordam com isso".

O capital é o conhecimento, não o dinheiro – "Tudo o que investi na 3D ROBOTICS foi o dinheiro de meu cartão de crédito. Algo em torno de US$ 10 mil. Na história inteira da empresa – 4 anos – devemos ter investido uns US$ 100 mil".

A importância dos filhos – "Tudo o que queria era impressionar meus filhos. Procurava coisas que pudéssemos fazer juntos. Foi assim que comecei a mexer com robótica. Trabalhamos juntos num projeto para criar um DRONE, só que deu errado e não consegui impressioná-los. Acabaram perdendo o interesse".

Oportunidade de mercado – "Já existem mais de 30 mil DRONES nas ruas. Podem ser usados em diferentes áreas e aplicações. Na educação, agricultura, mineração, energia, mapas, esporte, em tudo o que demande fotos ou vídeos aéreos".

A organização – (Atenção, Leitor) – "Temos 50 funcionários e criamos uma comunidade que já conta com mais de 35 mil pessoas. Trabalhamos num esquema de programação com código aberto. Qualquer um pode participar e temos centenas de colaboradores nos ajudando no desenvolvimento".

O principal compartilhamento – "Se você está pensando em sair de seu emprego e empreender, fale com sua esposa primeiro. Certifique-se de que você e sua companheira estão na mesma página. É fundamental discutir quanto é o mínimo de dinheiro que vocês precisam para viver e por quanto tempo seu par pode segurar a onda. Se você fizer isso e sua parceira estiver a bordo, ela lhe dará suporte. Se não estiver engajada, quando os tempos difíceis vierem você estará sozinho".

CITI, O MAIS RESILIENTE DOS BANCOS

Por infinitas razões o antigo CITIBANK, hoje mais conhecido como CITIGROUP, resiste, sobrevive, preserva-se. Mas, se dependesse das barbaridades e loucuras que seus dirigentes cometem, há muito tempo já deveria ter desaparecido do mundo das empresas, dos negócios, do ambiente corporativo. Independentemente de seus dirigentes – com raríssimas e honrosas exceções – sobrevive. E até cresce. Imagina se seus dirigentes ajudassem...

No Brasil já fez e já foi de tudo. Da alta à baixa renda, de nenhuma agência a muitas agências, de cartões de crédito, financeira, e centenas de outras iniciativas que foram abortadas na decolagem, em pleno voo, e até mesmo depois de vencedoras e consolidadas. Não tente estudar o "case CITI". Não tem e não faz o menor sentido.

Leio agora, perplexo, que o novo diretor-presidente do CITIGROUP INC vai se dedicar a dar notas para os executivos sob sua liderança. MICHAEL CORBAT, 52, de BRISTOL, CONNECTICUT, fez HARVARD, e destacou-se na equipe de futebol americano da Universidade. De certa forma, trabalhou toda a sua vida no CITI, a partir de empresas que foram incorporadas. Entusiasta do "fly fisherman" e "downhill skier". E agora, revela-se, uma espécie de fita métrica de seus colaboradores.

Outro dia reuniu-se com 300 executivos do CITIGROUP no HILTON de East Brunswick, Nova Jersey. O mantra da reunião era, "Você é o que você mede". Será? Na saída, o WALL STREET JOURNAL perguntou a um dos participantes como seria a metodologia CORBAT e ele resumiu: "todos receberemos cartões e seremos classificados pelo nosso desempenho em cinco categorias... e o critério é "você disse que faria isso; já fez?".

Não vai funcionar. Não vai dar certo. CORBAT durará pouco. De causar perplexidade como os dirigentes do CITI não têm a mais pálida ideia da força e dimensão de sua MARCA. De qual deveria ser sua verdadeira missão. Em vez de olhar para a floresta como um todo e sua inserção num ambiente em permanente mudança carregado de oportunidades, CORBAT vai gastar seu tempo, energia, dinheiro e, eventualmente, talento, em fiscalizar e metrificar milhares de executivos mundo afora. Concentrar-se nas árvores. E quem vai cuidar do CITIGROUP? Quem vai orientar uma MARCA, não obstante tudo, mais que energizada e vocacionada para realizar a missão de ser o banco dentre todos os demais bancos. Uma MARCA que sobreviveu a duas dúzias de guerras, a uma crise, logo após sua fundação, que quebrou 985 bancos. Que acaba de completar 200 anos.

Desgraçadamente, os dirigentes do CITI não têm a mais pálida ideia da força de sua narrativa. E, por essa razão, expõem a mais importante marca do mercado financeiro mundial a situações ridículas e constrangedoras.

HASHIMA, PRIPYAT, ORDOS, ORKUT

Abro o ARCHDAILY – portal e rede integradora dos arquitetos ao redor do mundo. Digito, CIDADES FANTASMAS. Abre com uma foto de Hashima Island. O texto diz: "Cidades abandonadas são uma consequência infeliz da vida e do crescimento em nosso planeta. As razões para o abandono de uma cidade são tão variadas quanto as pessoas que habitaram seus edifícios e caminharam em suas ruas. Muitas dessas cidades são esquecidas e simplesmente alinham as páginas da história. Algumas são exemplos de mau planejamento urbano, algumas, o resultado do esgotamento dos recursos naturais, enquanto outras são lembranças tristes da fragilidade da vida em um mundo nuclear". Faltou dizer no ambiente digital.

O ARCHDAILY relaciona quatro exemplos emblemáticos. Ilha de Hashima, Japão – construída pela MITSUBISHI em 1890 para explorar o carvão. Chegou a contabilizar 5.259 habitantes. Em 1974, com o prevalecimento econômico do petróleo, a cidade se inviabilizou e o último habitante de Hashima deixou a ilha em abril de 1974. Pripyat, Ucrânia – pequena cidade construída em 1970 para os trabalhadores das centrais nucleares de CHERNOBYL. Em 26 de abril de 1986, a usina vazou. Cinquenta mil habitantes deixaram a cidade acreditando que um dia iriam voltar. Ordos, China – paraíso para criminosos e notabilizada pelos bordéis, salões de cocaína e antros de ópio, foco de crise diplomática entre Grã-Bretanha e China viu seus 50 mil habitantes serem retirados por absoluta e total falta de condições de saúde e segurança. Fenômeno que hoje se torna recorrente em muitas regiões da China com a multiplicação de cidades e vilas abandonadas...

Abro a REVISTA O GLOBO do dia 24 de março de 2013, domingo. Na capa, uma matéria histórica. A primeira cidade abandonada do ambiente digital, descoberta pelo talento e sensibilidade de ROBERTO KAZ: "ORKUT, UMA CIDADE FANTASMA".

Quem diria, um ambiente que nasceu ontem, 1995, com uma mega cidade abandonada, e centenas de milhões de manifestações perdidas para sempre no espaço digital. ROBERTO começa a matéria, dizendo: "Uma das últimas vezes que escrevi uma frase no ORKUT foi em abril de 2010. Eu tinha 28 anos, morava em São Paulo e acabara de aparecer, por acaso, no programa da ANA MARIA BRAGA. Um parente que me vira na TV, escrevera na minha página da comunidade social: 'Ninguém aparece na ANA MARIA BRAGA para responder pegadinhas impunemente!'. Retruquei com uma piada, e fechei a página. Era 19 de abril de 1910. Desde então, meu perfil no ORKUT tornou-se um moribundo virtual...".

O ORKUT nasceu em janeiro de 2004. Por um engenheiro turco que trabalhava no GOOGLE, BUYUKKOKTEN ORKUT. Durante 6 anos reinou absoluto – a maior rede social do Brasil. Metade dos 70 milhões de usuários eram originários de nosso país. Em 2010 foi ultrapassado pelo FACEBOOK. Hoje, abandonado, empoeirado, fantasmagórico, agoniza; como o samba, agoniza, mas não morre. E assim permanecerá moribundo, para sempre.

Recomendo a todos a leitura da magnífica matéria. Mas, que antes mesmo da leitura, aprendam e assimilem a lição. Tudo o que é vivo, aberto e universal, é passível de tudo. E assim é a segunda pele, ou o segundo ambiente do admirável mundo novo – o digital. Cochilou, um único momento que seja, no seguinte, você, seu blogue, o portal de sua empresa, sua comunidade convertem-se em almas penadas para todo o sempre; e, sem amém.

MARKETING, MAIS FORTE DO QUE NUNCA

Em 1954, no livro e divisor de águas *Prática de administração de empresas*, PETER DRUCKER anunciou ao mundo a administração moderna. E, ao fazê-lo, advertiu – todas as empresas, de todos os setores de atividades, só têm duas e exclusivamente duas funções: marketing e inovação. Segundo DRUCKER, a empresa precisa pensar, incorporar a seu DNA e praticar o marketing, planejando-se sempre de fora para dentro, sob a ótica do mercado, para conquistar e preservar clientes; e inovar, para sobreviver, superando seus concorrentes.

Disse mais, que o marketing jamais deveria se restringir ao departamento ou à diretoria de marketing; deveria estar presente em toda a empresa, deveria contaminar positivamente toda a organização. E foi exatamente isso que aconteceu. Quase 60 anos depois, todas as demais áreas das empresas reconhecem que precisam pensar e planejar o tempo todo de fora para dentro; sob a ótica do cliente, sob a ótica do mercado. A gestão do marketing continua sendo de responsabilidade da área do marketing; a ativação do marketing, de toda a empresa. O marketing deixou de ser uma exclusividade da área de marketing; passou, finalmente, a ser a razão de ser das empresas.

Como assim? Isso mesmo, agora é assim. Se você parou no tempo e ainda alimenta alguma dúvida, recomendo que visite publicações especializadas das áreas de finanças, RH, logística, produção, tecnologia e de todas as demais áreas. Veja o que falam os profissionais líderes dessas especializações. Parecem, na maior parte do tempo, executivos e profissionais de marketing falando de suas crenças, deveres, compromissos.

Em mãos o suplemento especial GESTÃO FINANCEIRA do jornal VALOR. Já na capa, a chamada, "Atuação estratégica – Os Novos Desafios do Executivo de Finanças". E, no texto, afirmações como, "o executivo de finanças precisa desenvolver outros predicados essenciais como conhecimento profundo da operação, do chão da fábrica, das estratégias de marketing, dos produtos, dos serviços, das necessidades dos clientes" – PAULO SERGIO DORTAS, da consultoria GRANT THORNTON; ou declarações de diferentes profissionais de finanças, como "Além de ser o dono do cofre, o executivo de finanças precisa ser um profundo conhecedor da indústria em que opera, do mercado e dos concorrentes, e capaz de sensibilizar todas as demais áreas da empresa para níveis de custos adequados e garantidores de competitividade".

Hoje, profissionais de todas as áreas das empresas estão mais que conscientes de que precisam aprimorar seus desempenhos em suas áreas específicas por uma única e exclusiva razão – agregar competitividade aos produtos e marcas na derradeira linha, no ponto final, no decisivo e vital embate com seus concorrentes e perante suspects, prospects e clientes.

O marketing não enfraqueceu. A visão e os compromissos do marketing é que estão presentes hoje em todas as áreas da empresa e não exclusivamente na área de marketing, como alertou DRUCKER há exatos 59 anos. Apenas isso.

AS MELHORES MENSAGENS AOS FORMANDOS

Há muitos anos não vou a solenidades de formatura. A última em que fui estava uma bagunça tão generalizada, que os convidados da família do formando, não sabendo das brincadeiras e dos códigos que compartilharam entre eles durante 4 ou 5 anos, sentiam-se, mais que deslocados, perdidos e incomodados. De qualquer maneira, ainda existia e creio que continuem existindo as mensagens finais que mestres e paraninfos passem para os formandos. BUSINESS INSIDER foi atrás e selecionou algumas das mensagens em formaturas de cursos nos Estados Unidos que consideraram, verdadeiramente, relevantes, e que fogem ao chamado "lugar-comum". Separei algumas delas.

Começo com a do educador do momento, o genial SALMAN KHAN, da KHAN UNIVERSITY. Falando aos formandos do MIT, classe de 2012, disse, "Imaginem que aconteceu um milagre, que vocês estão tendo uma segunda chance. De fazer melhor, de aprofundar os relacionamentos, de rir mais, de dançar mais, de amar mais. Seus pais ainda estão por aqui. Então aproveitem, façam como se esta fosse uma segunda chance e não a primeira". Já SHERYL SANDBERG, falando para os formandos de HARVARD, 2012, disse, "Se em algum momento, alguém, não importa quem, oferecer para você um lugar numa nave espacial, não pergunte qual é o lugar; embarque".

JEFF BEZON, o AMAZON MAN, falando aos formandos de PRINCETON, 2010, "Você vai permitir que a inércia o conduza, ou vai mergulhar de cabeça em sua paixão?". MICHAEL LEWIS, falando também em PRINCETON, 2012, "Aconteça o que acontecer com você jamais se esqueça o quão sortudo você é e todas as responsabilidades que daí decorrem". ROBERT KRULWICH, falando aos formandos de jornalismo de BERKELEY, 2011, "Não mande seu *curriculum* e fique esperando; mande e corra atrás".

Ele, STEVE JOBS, em STANFORD, 2005, "Seu trabalho ocupará a maior parte de sua vida e a única maneira de ser feliz é fazer o que você considere um grande trabalho. Como você já deve saber, a única maneira que existe de se fazer um grande trabalho é amando o que se faz". Já BONO falou para os calouros da Universidade da Pensilvânia, em 2004, "O mundo é muito mais maleável do que você pensa e está apenas aguardando que você imprima nele o seu formato; o futuro não é fixo, é fluido; faça-o do seu modo".

JK ROWLING, falando aos calouros de HARVARD, em 2008, "Fracassar definitivamente não é divertido. É um horror. Mas passar a vida não tentando para não se arriscar é muito pior". RUSSEL BAKER, falando aos calouros do CONNECTICUT COLLEGE, em 1985, listou 10 conselhos, "1 – Incline-se sempre para sentir o aroma de uma flor; 2 – Evite roupas que falem além do que você verdadeiramente é; 3 – Ouça, sempre; 4 – Durma pelado; 5 – desligue a TV; 6 – Jamais leve seu revólver na cintura; 7 – Aprenda a desconfiar do automóvel; 8 – Tenha muitos filhos; 9 – Case-se; 10 – Sorria".

OPRAH WINFREY falou para os calouros de STANFORD em 2008, "Não perca tempo em querer entender por que está acontecendo – use todo o tempo para descobrir o que o que está acontecendo diz a você". BADLEY WHITFORD, UNIVERSITY OF WISCONSIN, 2004, "No final da jornada você será julgado pelo seu galope, não pelos seus tropeços". E termino com HENRY KRAVIS, na COLUMBIA SCHOOL, em 2011, "A integridade profissional começa com a integridade pessoal. Jamais comece o que quer que seja com a ideia de que os produtos de sua empresa têm menos defeitos que os dos concorrentes, ou os serviços não são tão ruins como o dos outros. Não existe a possibilidade de se relativizar nesses pontos; estou me referindo à honestidade e lealdade. São absolutas. Acredite nisso e sua vida ficará mais fácil e trará recompensas verdadeiras".

A VELHA DEMOCRACIA AGONIZA

Se nos últimos vinte anos tudo já mudou, por que precisamos continuar entregando nosso dinheiro, futuro e esperanças a mãos inábeis e de pouca ou nenhuma aderência à ética, princípios e costumes? Se estamos eliminando de nossas vidas intermediários ineficientes e descuidados, por que continuar confiando em intermediários medíocres e desonestos o destino de nosso país? O futuro de nossos filhos e netos?

A INTERNET LIVRE está comemorando seus primeiros vinte anos. No dia 30 de abril de 1993, o CERN – Centro Europeu de Pesquisas Nucleares – fez publicar um comunicado informando ao mundo que, a partir daquela data, toda a base tecnológica que sustentava a até então inacessível e obscura WORLD WIDE WEB estava aberta, escancarada, disponível e querendo a adesão e colaboração de qualquer pesquisador sem cobranças de royalties, sem as amarras de patentes. Nascia, naquele momento, o mais importante e emblemático passo em direção ao Admirável Mundo Novo. Plano, Líquido, Livre e Colaborativo.

Coube a um dos criadores da WWW, TIM BERNERS-LEE fazer o primeiro site. Em seu computador NeXT que também converteu-se no servidor. Nesse primeiro site uma única página descrevendo o que era a rede, como acessar documentos de outras pessoas, e como as pessoas poderiam criar seu próprio servidor. Essa primeira página de TIM é hoje considerada a Bíblia dos tempos modernos.

De início, a proposta de TIM, escrita em março de 1989, tinha como objetivo único converter-se em importante ferramenta de trabalho para os físicos e engenheiros do CERN. Por meio dela, poderiam compartilhar dados, soluções, dúvidas, inquietações, com outros cientistas de outros lugares e centros de estudos, e, entre si, também. Isso posto, coube ao engenheiro belga ROBERT CAILLIAU sair pelo mundo na busca dos recursos necessários. Em 1991, os primeiros testes confirmaram todas as esperanças. Dois anos depois se decidiu conceder liberdade ampla, geral e irrestrita para que a ferramenta pudesse decolar, voar, alcançar alturas inimagináveis, e transpor todos os limites das mais otimistas expectativas. O Admirável Mundo Novo, finalmente, se revelava.

Dos 500 servidores de 1993, hoje são 630 milhões de websites online. A média de crescimento do tráfego de dados na rede é de 140% a cada novo ano. Assim, e em seus primeiros vinte anos, esse tráfego aumentou em 44 mil vezes. Segundo o CERN, o que circulou pela rede até o final de 2012 demandaria 200 mil anos de uma conexão discada, como era no início.

Falando sobre a efeméride, ROLF HEUER, diretor do CERN, disse: "Não há nenhum setor na sociedade que não foi transformado por essa invenção realizada num laboratório de física. Da pesquisa aos negócios, passando pela educação, a web redesenhou a forma pela qual nos comunicamos, trabalhamos, inovamos e vivemos...".

O que estamos esperando, então, para colocar na mesa de discussões que democracia queremos, daqui para frente, para cuidar de todas as nossas conquistas. Vamos continuar insistindo em conviver com um cadáver insepulto? Vamos continuar apostando todas as fichas na democracia indireta?

VESPÚCIOS E COLOMBOS

Já ouvi pessoas algumas vezes dizerem "fulano é um líder nato", ou qualquer coisa semelhante, mesmo que jamais tenha conseguido motivar e mobilizar quem quer que seja. Ou seja, não é líder coisa nenhuma. Liderar é ter o poder de conseguir a confiança e a adesão de outras pessoas; de mobilizar. É plural, é social, não é singular nem individual. Liderança solitária pode ser qualquer outra coisa menos liderança.

David Ogilvy sempre repetia uma de suas referências preferidas: "Quando Ésquines falou foi uma exclamação só – como fala bem! Quando Demóstenes falou, disseram: Vamos marchar contra Felipe! Todas as minhas simpatias estão com Demóstenes". E é isso, liderar é ter a capacidade de comunicação que não necessariamente leve as pessoas ao delírio, às gargalhadas, à felicidade; mas as motive, mobilize, e as faça seguir atrás.

Assim, é da natureza do líder a capacidade de produzir comunicação mobilizadora, independentemente de falar bem ou mal, certo ou errado. Segundo um livro que acaba de ser lançado pela Universidade de Yale, Colombo, isso mesmo, Cristóvão Colombo era um líder de verdade, e sempre revelou uma capacidade extraordinária de administrar e superar conflitos (*Mutiny and Its Bounty*, de Patrick J. Murphy e Ray W. Coye). Empolgava seus comandados que embarcavam com ele em expedições de final imprevisível, mas altamente motivados pelas eventuais e possíveis conquistas e glórias. Tinha uma espécie de inteligência específica.

No entanto, o mesmo Colombo, "o rei do gogó" para seus subordinados, era absolutamente incompetente no comunicar-se com os demais stakeholders. No mais que legendário livro de Ries e Trout, *Posicionamento*, os autores relatam que Américo Vespúcio, no tocante à comunicação, deu de dez a zero em Colombo, "Enquanto Colombo preocupava-se com o ouro em suas conquistas e ficava com a boca fechada, Américo Vespúcio fez duas coisas certas. Primeiro, posicionou o Novo Mundo como um continente separado, totalmente distinto da Ásia, causando uma revolução na geografia da época. Mas, e mais importante, escreveu copiosamente a respeito de suas descobertas e teorias. Especialmente significativas são as cinco cartas de sua terceira viagem. Uma delas, *Mundus Novus*, foi traduzida para 40 línguas diferentes num período de 25 anos…". Em síntese, "o grande líder Cristovão Colombo morreu na prisão". Já Américo Vespúcio recebeu todas as honras, cargo oficial e ouro da Espanha, e ainda seu nome batizou a descoberta, América.

Parafraseando OGILVY, todas as minhas simpatias para Américo Vespúcio. Sua prática de comunicação decorrente de sua personalidade, infinitamente mais adequada em termos de branding do que as de Colombo. COLOMBO privilegiava exclusivamente o público interno, ignorando todos os demais. VESPÚCIO conseguia o mesmo com sua equipe, sem jamais negligenciar na comunicação com os demais públicos. Vespúcio era um líder maior, mais completo. Colombo, limitado.

Assim, e por essas razões e motivos, Marketing & Branding precisam hoje muito mais de Vespúcios do que de Colombos. De maestros, do que de solistas, por mais exímios que sejam.

capítulo 8

INOVAR É PRECISO, VIVER NÃO É PRECISO

Para inovar, segundo SETH GODIN, muitas vezes é preciso voltar a ser criança e mexer nas coisas. Inverte-se a suposta ordem natural das coisas: diferente de antes, alguns novos lançamentos de filmes primeiro acontecem no on-line e no vídeo on demand, e, depois, nos cinemas.

Desponta o novo ícone da moda de rua. Um japonês UNIQLO. UNIQLO, mesmo. E desta vez é para valer: o dinheiro despede-se e leva junto o cheque e o cartão de crédito. Lembra quando a melhor maneira de criar era por brainstorm. Agora é na solidão.

MARKETING e BRANDING são as duas faces de uma mesma moeda. Mas a energia flui em sentidos opostos. MARKETING é de fora para dentro; BRANDING, de dentro para fora. PEGN é o modelo dos provedores de conteúdo do presente/futuro. De forma relevante em todas as principais plataformas, ainda que a editora não concorde.

Agora é para valer. HOME OFFICE, ou HOME BASED amplo, geral e irrestrito, com exceção da empresa que deveria dar o exemplo e manda seus home based voltarem para trás. Se "você só pode melhorar o que você pode medir", como nos ensinou LORD KEVIN, finalmente podemos emagrecer e ser mais saudáveis porque agora podemos medir.

Você conhece ALBERTO SARAIVA? Não tente repetir seu espetacular exemplo de sucesso em sua empresa – não vai dar certo. Existem 80% de chance de você ser um NAMOFÓBICO. Confira. E conheça o japonês do MEDIA LAB. Vale a pena.

MEXA NA VIDA; SEJA INFANTIL!

Ao apagar das luzes de nove meses completos, nascemos. Alguns um pouco antes; outros, depois. Em verdade, as luzes da gestação se apagaram e acenderam as da vida fora da barriga de nossas mães. Existia um mundo antes de nós. Que nos foi dado. Que não perguntamos nem contribuímos para sua construção. Existia. E passamos a interagir com esse mundo sem fazer perguntas. Pura e simplesmente mexíamos.

Jamais nos passou pela cabeça de onde vinha a água que saía por um tubo de metal que nos ensinaram chamar de torneira, todas as vezes que girávamos uma espécie de borboleta metálica da parte de cima. Assim como não gastamos um milésimo de segundo para saber, por falar em luz, porque todas as vezes que acionávamos um botão na parede acendia-se uma luz e vice-versa. E a maioria das pessoas até hoje não tem a mais pálida ideia e a menor curiosidade sobre qual o caminho que percorre toda a eletricidade que brota de uma queda d´água até acender a luz, luzes, cidades, mundo.

Em um de seus livros recentes, SETH GODIN conta sobre a caixa de seu tio: "Quando meu primo nasceu, meu tio, com doutorado pelo MIT – Massachussets Institute of Technology –, construiu uma caixa de luz e som. Era um objeto pesado de metal, com um fio grosso e preto que ficava plugado na parede. Parecia algo de uma usina nuclear, não um brinquedo infantil, mas isso não o dissuadiu de enfiá-lo no berço. A caixa tinha dois interruptores, algumas luzes e outros controles. Aperte um interruptor, e uma luz acende. Aperte os dois, e uma sirene soa. Aterrorizante, é claro, a não ser que você seja uma criança. Uma criança vê uma caixa dessas e começa a mexer nela. Se eu fizer isso aquilo acontece. Os matemáticos chamam isso de função. Ponha uma variável e receba um resultado. A ação e reação. A vida é como a caixa de meu tio. Mexa nela".

Mas nós, adultos, temos uma dificuldade abissal de limitarmo-nos a mexer. Queremos saber. Mesmo que não perguntemos, olhamos e ficamos nos questionando. Fomos!

Mais que nunca, e num esforço supremo, precisamos diante de todas as novidades do mundo moderno, voltarmos a ser criança, a nos infantilizar. Não no nosso comportamento social, claro, até porque levaríamos porrada a 3 por 4. Mas, na nossa atitude em relação ao novo, precisamos, mais que nunca, voltar a MEXER EM TUDO.

BACHELORETTE

BACHELORETTE passaria para a história do cinema como mais uma daquelas comédias que tratam de casamentos. A história de quatro amigas – ou não – da "high school". REGAN (KIRSTEN DUNST), GENA (LIZZY CAPLAN), KATIE (ISLA FISHER) e BECKY (REBEL WILSON), roteiro e direção de LESLYE HEADLAND, que mereceu uma nota média de 5.2 na opinião de 1.534 pessoas que assistiram ao filme. Já a crítica pegou pesado: "De comédia não tem nada – cruel, insolente, desagradável" (BRYAN THOMPSON), ou "uma repetição da fórmula de HANGOVER e BRIDESMAIDS – engraçado, mas inferior aos anteriores" (ZEBA BLAY), ou "pior que BRIDESMAIDS, mas com momentos engraçados" (TODD WILLCOX). Ou seja, um filme absolutamente descartável. Não fosse um pequeno detalhe.

Estreou primeiro na WEB, e só chegou aos cinemas, nos Estados Unidos e na Rússia, no dia 7 de setembro. Mas os que possuem o apple tv no Brasil e em todo o mundo já podem assistir BACHELORETTE desde o dia 10 de agosto. Ou seja, pela primeira vez, inverte-se a mão de direção na distribuição de filmes. Quem sabe, daqui a poucos anos, para sempre.

Lá atrás o filme ia para os cinemas. Meses depois comercializado na versão "rentall" para as locadoras. Meses depois lançamento em DVD. Ano depois, vendido para emissoras de televisão. Mais recentemente, e numa atitude arrojada e inovadora, em todas as plataformas quase que simultaneamente. E agora, a inversão, com BACHELORETTE, se completa.

O filme estreou em 10 de agosto on-line e também em serviços de vídeo on demand. No dia 7 de setembro foi para os cinemas. E no NATAL saiu em DVD. E o que aconteceu?

Claro que a novidade atraiu muita gente, mas o filme não merecia tantas apostas. De qualquer maneira, até hoje, bateu todos os recordes de filmes mais alugados no iTunes nas primeiras 36 horas depois de lançado. Nos três primeiros dias on-line a receita total foi de US$ 500 mil, receita semelhante a um filme descartável em seus primeiros três dias nas salas de cinema.

Olhando para trás e para frente o que se vê? Uma inevitável e irreversível mudança na mão de direção. No ano passado, 2011, os filmes vistos através da internet – vendas digitais – apresentaram um crescimento de 51% em relação ao ano anterior, e totalizaram uma receita de US$ 3,4 bilhões. Todas as demais formas de acesso ao conteúdo de filmes em casa, incluindo venda e aluguéis de DVDs e BLU-RAYs, bateram nos US$ 18 bilhões, mas, pela primeira vez, registrando uma queda de 2% sobre o ano anterior. O mesmo aconteceu com as bilheterias de cinema que totalizaram US$ 10,2 bilhões, uma queda de 4%.

Apenas mais uma daquelas comédias sobre casamento. Mas BACHELORETTE insere-se na categoria dos "tipping points", pequenos detalhes que sinalizam e anunciam grandes mudanças.

O UNIQLO TADASHI

TADASHI YANAI, 63 anos, é o homem mais rico do Japão. Filho de um pequeno empresário da moda masculina – HITOSHI – depois de formado mergulhou nos EUA pesquisando as principais marcas e redes de varejo. Voltou para o Japão e decidiu reescrever a história da família. No mês de junho do ano de 1984 – há menos de 30 anos – inaugurou em HIROSHIMA uma loja de "casual fashion", a UNIQUE CLOTHING WAREHOUSE, hoje mais conhecida como UNIQLO – a maior novidade e revolução no mundo da moda desde a virada do milênio. Tem consistência? O tempo dirá. Por enquanto, é admirada, cortejada, festejada, incensada em todos os cursos de marketing e administração em todo o mundo.

Conheci a UNIGLO no ano de 2007, na minha viagem a NYC, no Carnaval. No lugar onde existia uma mega loja com milhares de produtos de todos os gêneros, tamanhos, cores, para homens, mulheres e crianças, o susto de uma loja maximalista – pela dimensão – e minimalista – pelo design, ordenação, disciplina, tons.

Suas paredes e tetos infinitos, decorados com roupas de cima a baixo formando uma espécie de pantone dresscode. Naquele momento, a sensação de um achado. De alguém que tinha intuído, finalmente, que os consumidores modernos, do mundo novo, plano, colaborativo e líquido, mais que roupas querem plataformas para seus conteúdos, ou como canta GILBERTO GIL, "é a sua vida que eu quero bordar na minha / Como se eu fosse o pano e você fosse a linha". UNIQLO, o pano das novas gerações. A possibilidade de customizar e individualizar cada peça de roupa.

Corta para hoje, e a UNIQLO é a sensação. Com todas as demais redes de streetwear em crise de identidade – ZARA, H&M, GAP, dentre outras –, TADASHI é a bola da vez, a pauta das principais publicações. E aí você vai lendo e ficando preocupado porque a consistência inicial já não é a mesma. Apoia-se em celebridades – NOVAK DJOKOVIC, SUSAN SARANDON, CHARLIZE THERON – o que nem é errado nem grave, mas, e ao mesmo tempo, aceita a caligrafia de fashion designers nas coleções mais recentes – ressuscitou JIL SANDER. E aí a consistência se dissolve.

Falando ao WALL STREET JOURNAL, NAOKI TAKIZAWA, diretor de criação da UNIQLO e ex-designer de ISSEY MIYAKE, fala do momento de sua contratação e do primeiro papo com TADASHI: "Eu fui treinado para focar em clientes específicos em meu processo de criação; não era isso que ele queria e muito menos acreditava. "Pense em todos", me disse – made for all é o slogan da empresa – queria que eu conseguisse um mesmo desempenho de JOBS na APPLE".

TADASHI investe pesado em inovação, desenvolvendo novos tecidos, mudou a história da exposição em pontos de venda com suas lojas encantadoras e magnetizantes. Intuiu, com rara sensibilidade, o que os novos consumidores querem. Mas, começa a derrapar. No passado, os tombos eram em câmara lenta. Hoje, duas ou três coleções levam a lona. Começo a temer pelo futuro da UNIQLO, ou a UNIQLO quase já não é mais a mesma que conheci em 2007. E isso pode ser fatal.

DESTA VEZ O DINHEIRO VAI ACABAR, MESMO

Tentou-se de tudo. Mas nada consistente. Em 1970 ITAÚ, UNIBANCO e CITY ao lançarem o CREDICARD anunciaram a CASHLESS SOCIETY – sociedade sem dinheiro. Quarenta e um anos depois o dinheiro continua por aqui, e em algumas classes sociais, ainda muito mais presente que cheques e cartões. E também se falou no fim dos cheques que acabou não acontecendo. E voltaram as moedas que desaparecem na gaveta dos colecionadores ou na barriga dos porquinhos das crianças, mas o fato é que o dinheiro permanece. Agora, por pouco tempo. Desta vez é pra valer.

Há quarenta anos, todo alfabetizado que se prezasse expunha uma BIC no bolso da camisa. Hoje, todo cidadão que se preze não sai de casa sem seu celular; gradativamente, evoluindo para smartphones. E são esses smartphones que, e finalmente, darão um fim no dinheiro. Pagaremos tudo e muito mais teclando, digitando, transferindo. Fim ao dinheiro, aos cheques e, principalmente, aos decadentes cartões de crédito, lembra...?

Entre as empresas que melhor entenderam as novas verdades de um mundo com dois ambientes, o analógico e o digital, pontifica o reinventor do café, STARBUCKS. Desde o início, entendeu as extraordinárias oportunidades contidas nos desafios do digital e mergulhou de cabeça. Em NYC, por exemplo, enquanto os hotéis continuam se queixando da baixa utilização de seus serviços de café da manhã, o STARBUCKS recebe todas as manhãs quase metade dos hóspedes que tomam o café da manhã por lá, enquanto usam seus serviços de internet grátis! Os hotéis, burra e cegamente, continuam cobrando...

Em 2009 inovou com um aplicativo ajudando seus clientes a encontrarem o endereço das lojas, mais informações sobre café, mais outros serviços adicionais. Em 2011, lançou o STARBUCKS CARD MOBILE APP permitindo o pagamento das despesas nas lojas da rede confrontando um código de barras na tela do smartphone com os scanners das lojas. E agora, e apenas teclando, os clientes passam a pagar debitando diretamente e em questão de segundos suas despesas em suas contas de cartão de crédito. Além de um upgrade fantástico no relacionamento com seus clientes, o STARBUCKS vê suas filas quase acabarem pela rapidez da nova forma de pagamento.

Assim, e referenciando-se no STARBUCKS, todos os demais varejos correm atrás. TARGET, BEST BUY e WALMART associaram-se para desenvolver um aplicativo próprio de pagamentos. E todos rediscutem, com as operadoras de cartões de crédito, uma redução consistente nas tarifas que ainda insistem em cobrar.

Isso posto, e finalmente, o dinheiro começa a se despedir. Assim como os plásticos, e os cheques de papel, e até mesmo as queridas e incômodas moedas. Desta vez aconteceu, e é para valer.

SOLIDÃO OU BRAINSTORMING?

A edição de EXAME CEO de agosto de 2012 é, de longe, a melhor de toda a série. Tematizada, estressa o assunto INOVAÇÃO melhor que todos os livros que já li sobre a matéria até hoje, na palavra de diferentes jornalistas, autores, celebridades. Leitura obrigatória mais que recomendo a meus leitores. Pouco mais de 100 páginas, duas dúzias de matérias e artigos, que todos lerão e no mínimo umas três vezes cada.

E é exatamente num desses artigos, da escritora americana SUSAN CRAIN, é que brota a questão da SOLIDÃO X BRAINSTORMING. E SUSAN é definitiva: 1 – "Sessões de brainstorming, inventadas por um carismático publicitário, representam a pior maneira possível de estimular a criatividade"; 2 – "Numa época em que se faz apologia ao trabalho em grupo, o esforço individual ainda parece o melhor caminho para se chegar a novas e boas ideias"; e 3 – As empresas deveriam encorajar interações casuais, mas permitir que as pessoas desapareçam em espaços privados, quando quiserem ficar sozinhas".

Segundo SUSAN "a solidão saiu da moda. Empresas, escolas e nossa cultura escravizaram-se a ideia que chamo de NOVO PENSAMENTO GRUPAL, segundo a qual criatividade e realização provêm de um lugar estranhamente gregário. A maioria de nós trabalha hoje em equipes, em escritórios sem paredes. Gênios solitários estão fora da moda. A colaboração é que conta". Mas pondera SUSAN: "pesquisas realizadas por renomados psicólogos comprovaram que muitas das pessoas mais espetacularmente criativas são introvertidas e não são gregárias por natureza. Ficam confortáveis trabalhando sozinhos. E a solidão é o catalizador da inovação, conforme os registros do psicólogo alemão, HANS EYSENCK, – a introversão promove a criatividade ao concentrar a mente nas tarefas à mão, evitando a dissipação de energia em assuntos sociais e sexuais não relacionados ao trabalho". E arremata, "uma pessoa sentada em silêncio, embaixo de uma árvore no quintal tem mais chance de lhe cair uma maçã na cabeça, como aconteceu com Newton".

Um dos melhores exemplos citados por SUSAN é do gênio da APPLE. Não, não é de STEVE JOBS, é de seu parceiro dos primeiros dias, STEVE WOZNIAK. Em seu livro de memórias, o criador do primeiro computador amigável confessa, "a maioria dos inventores que conheço é como eu. Eles vivem na própria cabeça. São como artistas. Aliás, os melhores deles são artistas. E artistas trabalham melhor sozinhos. Vou lhes dar um conselho que pode ser difícil de aceitar: trabalhem sozinhos. Jamais em equipe".

Em nossa experiência de consultores, e agora contando com as infinitas possibilidades de pesquisa do ambiente digital sem ter de tirar a bunda da cadeira, adotamos um formato híbrido. Primeiro, e diante de um desafio, todos trabalham sozinhos e de seus computadores abastecendo-se de informações e referências. E só depois sentam-se juntos para compartilhar e definir o caminho a seguir. O velho e festejado brainstorming não faz mais o menor sentido. Pura perda de tempo. SUSAN está certa.

SENTIDOS OPOSTOS

Não obstante as estultices dos incompetentes e desinformados, MARKETING e BRANDING são as duas faces da mesma moeda. Primeiro a empresa se planeja estrategicamente sob a ótica do mercado – MARKETING –, e, na sequência, põe em prática o planejado sob a ótica do mercado – ativação – BRANDING. Na primeira parte, monitora o ambiente PEST – Político, Econômico, Social, Tecnológico – identificando tendências, oportunidades, desafios, benchmarks; simultaneamente fotografa e registra o PERCOGNITIOM – Percepção, Reconhecimento e Reputação da empresa no mercado, assim como de seus principais concorrentes; e, considerando a cultura, equipe, DNA da empresa, grau de unidade de pensamento no comando, constrói seu planejamento estratégico, que, obrigatoriamente, contempla um plano de ações. Ativar essas ações, através dos produtos e serviços, pessoas, comunicação, parceiros, trade, nos ambientes analógico e digital, até chegar-se ao final da linha, suspects/prospects, é o BRANDING.

Assim, se MARKETING é sempre e obrigatoriamente de fora para dentro, BRANDING é sempre e obrigatoriamente de dentro para fora. Não se arremessa comunicação direto para o final da linha. A comunicação tem de brotar dentro da empresa como as águas de um rio em sua nascente. Primeiro comunica-se internamente, depois para parceiros, fornecedores, vendedores, trade e, finalmente, para suspects, prospects e clientes. A maior das crises empresariais da atualidade – a da HP que se encontra ferida de morte – tem tudo a ver com isso. O maior problema da HP, entre muitos, mas de forma destacada e evidente, é o caos interno, o desgoverno, a incompetência crônica de seus quatro últimos líderes. E, 80% por causa disso, nos últimos cinco anos a HP viu suas receitas despencarem, seus lucros de US$ 5,1 bi de 2007 converterem-se em prejuízo de US$ 5,8 bi em 2012, suas dívidas de longo prazo saltarem dos US$ 4,9 bi de 2007 para US$ 24,1 bi de 2012, e suas ações despencarem no dia 9 de novembro de 2012, para sua menor cotação nos últimos dez anos.

De 2005 a 2012, o comando da HP foi entregue a quatro comandantes diferentes. Primeiro o desastre de CARLY FIORINA que comprou e matou a COMPAQ e juntou a galinha de ovos de ouro – impressoras – com o patinho feio – computadores. Demitida, para seu lugar veio MARK HURD, carregado de esperanças; afundou mais a empresa e foi demitido com humilhação por assédio sexual à apresentadora de TV JODIE FISHER. Para seu lugar, o escolhido foi LEO APOTHEKER que iniciou o desmembramento da divisão de PCs e, antes mesmo de concluí-lo, foi substituído por MEG WHITMAN que acaba de declarar à imprensa e ao mundo que sua empresa é recordista em produtos desatualizados, processos internos medíocres, e sem nenhuma carta na manga e muito menos qualquer perspectiva de reversão da crise a curto e médio prazo. E arrematou: "não me cobrem nada até 2015". Que não seja a demissão imediata de 29 mil colaboradores...

Cada um dos quatro presidentes substituiu os colaboradores diretos e, assim, nesse mesmo período, foram mais de 20 vice-presidentes trocados. E esse mesmo processo foi descendo na hierarquia. Conclusão, a HP agoniza absolutamente debilitada por estratégias abortadas na decolagem, pensamentos antagônicos, arcaicos e inconsistentes na cúpula, e esquizofrenia empresarial crônica decorrente e em toda a organização.

Se BRANDING é de dentro para fora, e é; se o organismo interno absolutamente desgovernado agoniza, mais que óbvio que o único BRANDING possível de acontecer é plantar desconfiança, medo e, até mesmo, vontade de se preservar a distância de uma marca de duas letras outrora muito respeitada e mais que desejada. A agora agonizante HP.

PEGN – O EXEMPLO

Talvez nem mesmo SANDRA BOCCIA, a competente editora da revista, tenha se dado conta de quão avançada encontra-se nesse processo de transição, travessia, operação balsa. É o que se depreende de seu último editorial, novembro 2012, da revista PEGN – Pequenas Empresas & Grandes Negócios. Diz SANDRA, "Revista tem vida útil longa, quase perene. A não ser que você derrube sua xícara de café no papel, é bem provável que seu exemplar dure muitos anos, e possa sempre ser revisitado como fonte de consulta. Revistas não podem ser deletadas. E frequentam harmoniosamente a intimidade da sua casa, da sala de estar à cabeceira da cama. Um slogan já usado por revisteiros diz tudo: Você pode surfar na internet, mas mergulhar nas revistas". Tudo bem SANDRA, mais que compreensível sua paixão pelo produto sob sua responsabilidade e direção. Mas tudo o que coloca em seu editorial, é rigorosamente válido para o conteúdo digital e muito mais.

Mas saltando de forma simpática e educada o emocionado editorial de SANDRA, vamos ao exemplar da revista. E, na prática, como diria JOELMIR BETTING, a teoria é outra. A PEGN, de forma sensível e inteligente, coloca seus leitores na balsa e, de forma segura e consistente, os ajuda na longa e demorada travessia.

Na revista tudo está integrado a multiplataformas. Vamos conferir. Começa que existe uma versão da revista on-line para os tablets iPAD, mais todos os demais que rodam com o sistema ANDROID. Mais ainda, assinaturas podem ser realizadas diretamente na Newsstand da APPLE. A edição digital inclui bônus todos os meses. Todos que desejarem podem receber notícias permanentemente da revista pelos smartphones. Mais 116 mil fãs no FEICE, 97 mil seguidores no TWITTER e 37 mil no GOOGLE +.

Tem mais. Matéria da página 24 sobre Óleo Reciclado. Em box lateral, a informação e integração da revista com outras plataformas: "No dia 18 de novembro às 7h30 o programa PEQUENAS EMPRESAS & GRANDES NEGÓCIOS, da TV GLOBO, exibe uma reportagem sobre sacolas descartáveis. Reapresentação na mesma data às 9h05 na GLOBONEWS, e no dia 19, às 16h30, e no dia 17 às 6h e às 13h no CANAL FUTURA.

Já na matéria O BRASIL DAS EMPREENDEDORAS, transporta seus leitores para o jornal O GLOBO – "no caderno BOA CHANCE, no dia 11 de novembro, uma reportagem sobre MULHERES".

Assim, PEGN, além da revista, também se faz presente nas plataformas jornal, televisão, tv a cabo, mais smartphones e tablets. Se decidir mergulhar mais forte em sua estratégia, seguramente descobrirá que, dentre os players do ambiente analógico de seu setor de atuação, talvez seja quem melhor se preparou para a travessia. Sua, e de seus leitores.

EMAGRECER, FINALMENTE, É POSSÍVEL

LORD KEVIN alertou: "O que não pode ser medido não pode ser melhorado". E assim, durante décadas, pessoas fizeram infinitas tentativas, adotaram, a cada ano, o regime do ano, fartaram-se de abacaxi, capricharam nas proteínas, compraram todo o tipo de aparelho e, invariavelmente, resultados pífios. A razão principal: Só conseguiam monitorar e acompanhar seus resultados uma vez por dia ou por semana, quando subiam na balança. E, assim, tornavam-se mais susceptíveis as tentações de toda ordem. Faltava uma espécie de "fiscal" ou "anjo da guarda" impedindo os pequenos pecados.

Esse tempo chegou ao fim. O ambiente digital, diferentes aplicativos e, muito especialmente, a NIKE – na sequência virão outras empresas – acabam de oferecer os recursos mais que necessários para a conquista crescente, verdadeira, motivadora e consistente de resultados. Que permitem o acompanhamento passo a passo, subida, caminhada, descida, respirada, teclada, conversa, sorriso, sexo – TUDO QUEIMA CALORIA – em tempo real.

Pesquisas realizadas nos EUA acabam de demonstrar que todos os que querem se manter em forma, ou recuperar a forma, ou perder peso, e que recorrem a aplicativos para o acompanhamento, perdem, em média, 3,9 quilos a mais por ano do que os que não usam esses recursos. A mais conhecida dessas pesquisas foi realizada durante um ano com 69 adultos obesos ou com sobrepeso, divididos em dois grupos. Todos os participantes receberam as mesmas orientações, assistiram às mesmas palestras, passaram igualmente por médicos, psicólogos e nutricionistas. Mas apenas um dos grupos recebeu um gadget para controlar seu consumo de calorias em tempo real. Depois de 12 meses os que tinham o gadget emagreceram em média 3,9 quilos a mais que os do outro grupo.

No início de 2012, a NIKE anunciou sua pulseira mágica, revolucionária e redentora FUEL BAND. No dia 22 de fevereiro, filas se formavam para comprar a pulseira – data de seu lançamento. E até hoje, 2013, as filas continuam e as pessoas que compraram estão na maior felicidade. Você coloca no pulso e esquece. E tudo o que você vai fazendo é contabilizado. Monitora todas as suas atividades físicas no correr de um dia – TODAS. Tudo conta pontos. Você estabelece suas metas e a pulseira mágica vai informando através de um led que muda de cor – do vermelho para o verde – à medida que vai alcançando a meta. E tudo conectado e registrado para acompanhamento e melhoria de desempenho em seu smartphone, tablet e notebook. Nos EUA, custa US$ 150, e no Brasil pode ser encontrada no MERCADO LIVRE por R$ 500. Mas a NIKE promete lançar a FUEL BAND por aqui em 2014.

Assim, finalmente, ficaremos mais elegantes e mais saudáveis. Agora, e repetindo LORD KEVIN, "o que pode ser medido pode ser melhorado". O amigo que faltava chegou. Por meio de sites e portais, ou em nossos pulsos mesmo, com a FUEL BAND. Não seria exagero dizer que a NIKE, uma vez mais, mudou o mundo. PARA MELHOR.

MARISSA AÇODADA

Incapaz de suportar a pressão para resultados, trabalhando numa empresa que há cinco anos perdeu o rumo e não consegue reencontrar, MARISSA MAYER, CEO da YAHOO!, foi à loucura, e pôs fim radicalmente ao HOME OFFICE. Talvez, uma das últimas empresas que devesse considerar essa decisão radical, absurda, patética.

Comunicar a decisão da CEO coube a VP de RH JACKE RESES. Em seu e-mail enviado à galera que trabalhava quase a totalidade do tempo de casa, da rua, do Starbucks, dos botecos, JACKE disse que a "folga" terminava em maio e a partir de junho todos se reapresentassem as suas bases...

De novo, o culpado é a ferramenta, o prego, o martelo. HOME OFFICE é o caminho e a solução. Para pessoas e empresas. Para se trabalhar melhor, ser mais produtivo, e valorizar-se os momentos de contato físico e presencial. E para a sociedade – a única solução possível para o trânsito das grandes metrópoles do mundo. Mas, esse milagre não acontece do dia para a noite. É uma transição cultural, e a galera tem de estar preparada. O problema não foi da ferramenta, do prego, do martelo do HOME OFFICE. Foi da YAHOO! que não se preparou e não preparou sua equipe para a mudança.

E aí fica ridículo. Uma pessoa do mundo novo, plano, líquido e colaborativo, uma empresa que já foi referência em seu campo de atuação, comportar-se como os carcomidos dinossauros? Pior ainda, até os dinossauros estão correndo atrás e tentando sobreviver adotando as práticas do novo mundo. Que o diga a UNILEVER que tem flexibilizado a forma, o horário e o local de trabalho de parte de seus colaboradores.

A notícia que causa perplexidade foi divulgada pela BUSINESS INSIDER. O fim do HOME OFFICE, segundo a fonte da publicação, se deveu à incapacidade da empresa preservar-se produtiva e eficaz com pessoas trabalhando a distância. E pela sensação, diante do fato de não ver a galera toda num mesmo local, de que tinha uma força humana desproporcional e inchada.

Ou seja, o problema não era e não é o HOME OFFICE. Em verdade, "o problema" são dois: O primeiro por ser uma empresa à deriva. Por ter-se desposicionado e não conseguir reencontrar o eixo original. E, o segundo, por gestão temerária e incompetente. Aí pune-se o prego, o martelo, a ferramenta, o sofá, o HOME OFFICE.

EU VOU, EU VOU, PRA CASA AGORA EU VOU...

O HOME OFFICE ou HOME BASED é uma tendência irreversível e ponto. Eu disse tendência. Longe de ser uma realidade. Mas será. Temos um caminho a percorrer e as empresas, ontem, já deveriam começar a preparar parcela expressiva de seu contingente de colaboradores para aprender a trabalhar de casa. Em verdade, ótimo para as empresas, ótimo para os colaboradores e, melhor ainda, a única solução para o trânsito caótico das grandes metrópoles do mundo.

INOVAR É PRECISO, VIVER NÃO É PRECISO

O assunto voltou a pegar fogo porque numa crise de incompetência crônica e incapacidade de conviver com a ambiguidade MARISSA MEYER, nova presidente da empresa e tirada do GOOGLE onde trabalhou por 13 anos, determinou, e JACKIE RESE, vice-presidente executiva de pessoas e desenvolvimento do YAHOO! decretou, naquela que deveria ser uma empresa emblemática das vantagens do HOME OFFICE, o fim do HOME OFFICE! E aí outras empresas com presidentes capengas e RHs acomodados, retrógrados e incapazes de jogar a velha moldura fora, seguiram o grito de recuar do YAHOO! BEST BUY, por exemplo, outra empresa em crise, fez o mesmo.

E aí o Caderno Negócios, Empregos e Carreiras da FOLHA foi atrás e produziu material da melhor qualidade e com ensinamentos decisivos – a partir das empresas que já adotam a prática – sobre o assunto.

Primeiro grande ensinamento: Não se chega no final da tarde de sexta, reúne-se a galera e diz: "A partir de segunda todos passam a trabalhar de casa". É uma transição que precisa, obrigatoriamente, ser planejada, prevendo treinamento para as pessoas, revisão dos processos, treinamento da família das pessoas que passarão a trabalhar de casa, e uma espécie de "soft opening" até tudo voltar à normalidade.

E outros aprendizados básicos que todos devem considerar, como, o depoimento de DIEGO GOMES, 28, CITIBANK, que trabalha dois dias por semana em casa, "Com a família, você precisa ser duro: das 9h às 18h estou trabalhando. Eu não vou ao mercado e não vou consertar chuveiro. Tem de deixar claro". Ou a recomendação de EDNA BEDANI, diretora de Rh e responsabilidade social da TICKET – estagiários não devem trabalhar de casa: "são pessoas em formação que precisam de orientação presencial e permanentemente". Na HP, mais de 50% dos 8.500 colaboradores no Brasil, têm a possibilidade de adotar o trabalho móvel. O VP de RH da empresa, ANTONIO SALVADOR, afirma: "A atuação em equipe pode acontecer virtualmente. Eu mesmo participo de times virtuais com gente do mundo inteiro, que não vai se encontrar em café nenhum".

Muito interessante e orientadora a política do CITYBANK, e como implementar o HOME OFFICE: "No CITI, os funcionários que se interessam primeiro têm de participar de um workshop e precisam fazer uma autoavaliação, com aspectos pessoais e profissionais, para analisar se podem trabalhar em casa. Eles precisam avaliar, por exemplo, se trabalham com independência ou se sua performance precisa de acompanhamento constante". Mais ainda, em determinados setores, enquanto os clientes não aprenderem a receber os serviços a distância, é obrigatório o atendimento presencial, "Não são elegíveis os funcionários que têm contato com os clientes...".

Na matéria exemplos de empresas que se adiantaram em relação a seus concorrentes e aderiram à prática. SERPRO – todos que quiserem podem migrar desde que passem por um processo seletivo. Todos, a cada quinze dias, compareçam na empresa; CISCO – todos os colaboradores trabalham remotamente e vão à empresa quando julguem necessário; AES BRASIL – caso a caso, dependendo da função. Muitos fazem HOME OFFICE parcial, e alguns já chegam a trabalhar 90% do tempo de suas casas; IBOPE – após o período de transição – 6 a 10 meses – dois dias por semana trabalhando de casa; INTEL – os colaboradores e suas chefias decidem: 100% home office ou modelos mistos. A empresa dá todo o treinamento, subsidia a montagem do escritório em casa, e promove eventos periódicos para manter a "galera" integrada.

E sua empresa, quando vai começar o processo? Esqueça MARISSA MEYER. Em breve, cairá em si e cancelará a decisão absurda que tomou. Mas providencial: colocou o assunto na pauta de reunião de todas as empresas com um mínimo de sensibilidade e voltadas para o futuro.

ECONOMIA, R$ 3,5 MILHÕES; VENDAS, +40%; RECEITAS, + 70%!

Não se trata de 1º de abril e passa a quilômetros de distância da ficção. Se sua empresa continua parada, mais que na hora de acordar e se reorganizar e repensar – fluxo de operações e serviços – para ingressar numa das mais fascinantes facetas do admirável mundo novo, a do HOME OFFICE, ou HOME BASED.

Quem está comemorando os números anteriores? A TICKET! Conforme declarações de sua diretora de RH e Responsabilidade

Social, EDNA BEDANI. Em matéria sobre o assunto, na revista oficial da ABRH-NACIONAL – MELHOR –, EDNA apresentou os resultados decorrentes da decisão de colocar toda a sua força de vendas trabalhando HOME BASED: "Em números, isso representa uma economia de 3,5 milhões de reais em custos fixos; crescimento de 40% no volume de vendas novas; e incremento de 70% na receita vinda dessas vendas". O chamado ganha-ganha se traduz do outro lado, no depoimento de um dos executivos de negócios da TICKET, beneficiado pela decisão, CHRISTIANO CORBALON: "Ganhei mais qualidade de vida. Hoje, não tenho mais de ir ao escritório entre uma reunião e outra. Antes, quando a reunião era no final da tarde na região de SANTANA, onde eu morava, tinha de ir até o escritório da TICKET na zona sul. Essa era a pior situação, eu queria morrer...".

Na mesma matéria de MELHOR, números de assustar empresas que não estão nem considerando e muito menos levando a sério o assunto. Em pesquisa recente realizada pela ONG americana, WDW – WORLD DATA WORK –, hoje 31,2% das empresas em todo o mundo já adotam o HOME OFFICE. A premissa é quem tem melhor qualidade de vida – no trabalho – produz mais, permanece na empresa por mais tempo, e pensa 10 vezes antes de considerar uma nova proposta de trabalho.

A TICKET se preparou para o HOME OFFICE. Assim, se você começa a se motivar nessa direção, não é dizer para seus colaboradores que a partir da próxima segunda todos poderão trabalhar de casa, é durante todos os próximos meses se preparar, planejar e reorganizar para a mudança. Caso contrário, vai fazer o mesmo ridículo de uma empresa que deveria ser exemplar nessa prática, mas revelou-se um desastre, a YAHOO! Sua vice-presidente executiva de pessoas e desenvolvimento, JACKIE RESE, diante dos péssimos resultados da empresa, colocou a culpa no "sofá", como na velha piada: "velocidade e qualidade são muitas vezes sacrificadas quando se trabalha de casa". Mais que errado! Velocidade e qualidade são muitas vezes sacrificadas quando não se faz direito. Apenas isso.

Mas quem mais agradece às empresas que estão aderindo ao HOME BASED são as cidades, seus habitantes e o planeta. As cidades e seus habitantes que voltarão a ganhar de duas a três horas por dia por não terem de enfrentar um trânsito caótico; o planeta por uma diminuição sensível da população decorrente da menor movimentação das pessoas em direção ao trabalho. E todos, todos, sem exceção, radiantes diante de, finalmente, ao se trabalhar melhor, ter se resolvido o problema do trânsito das grandes metrópoles.

O ERRADO QUE DEU CERTO

Toda regra tem exceção; e, felizmente, tem mesmo, caso contrário o mundo seria uma chatice absolutamente insuportável. ALBERTO SARAIVA, 59 anos, e seu HABIB'S mais outros nove negócios são uma consistente e poderosa exceção que, mais que confirmar, valida a regra. Pegue tudo o que você aprendeu nos livros de administração. Aplique todo esse aprendizado como filtro sobre os negócios de ALBERTO. Nada bate! Fez tudo ao contrário e errado. Mas o errado deu certo. E daí? Daí que só se meta a contrariar o aprendizado médio da administração e dos negócios se você for um ALBERTO SARAIVA. Caso contrário, siga os fundamentos.

A história do médico ALBERTO todos sabem. Diante de uma fatalidade, a perda do pai, assassinado num assalto na padaria de sua propriedade, aos 18 anos, iniciando o curso de medicina na Santa Casa de São Paulo, teve de assumir o negócio para sustentar a mãe e dois irmãos. Quarenta anos e 7,6 bilhões de esfihas depois, deu no que deu. Em verdade, a primeira loja do HABIB´S acaba de completar 25 anos. E a partir dessa primeira loja a construção de uma das maiores empresas de refeições rápidas do país: R$ 2 bilhões de faturamento em 2012. E muitos e mais ambiciosos planos para os próximos anos.

Os 7 mandamentos de ALBERTO, conforme entrevista para DINHEIRO, "1 – Administrar o negócio com o mapa de despesas sempre à mão; 2 – Manter a folha de pagamento enxuta; 3 – Verticalizar o que puder gastando o mínimo possível com serviços terceirizados; 4 – Escolher os produtos adequados para o público-alvo e qualificar bem a força de vendas; 5 – Motivar os funcionários com recompensas e reconhecimento; 6 – Cercar-se de funcionários eficientes, que sejam como coluna para o negócio; e 7 – Servir bons produtos, de maneira rápida e atenciosa, aos menores preços possíveis, em um local agradável e limpo". Em verdade, as discordâncias, ou a exceção em que se transformou ALBERTO não se referem à totalidade de seus mandamentos, mas a dois ou três deles. Muito especialmente o que enaltece a verticalização, num mundo novo, plano, colaborativo e cada vez mais horizontalizado.

Em função desse apreço exacerbado e radical à verticalização possui, hoje, uma indústria de laticínios, PROMILAT; uma fábrica de sorvetes, ICELIPS/PORTOFINO; uma fábrica de massas, ARABIAN BREAD; uma empresa de telemarketing, VOXLINE; uma agência de propaganda, PPM; uma agência de viagens, BIB'STUR; um escritório de arquitetura, VECTOR 7; uma consultoria em franquias, FRANCONSULT; e uma consultoria imobiliária, PLANNEJ.

Isso posto, jamais se referencie no exemplo de ALBERTO. Jamais considere a possibilidade de cometer as mesmas loucuras que as circunstâncias o levaram a fazer somadas as suas crenças e personalidade. ALBERTO É A EXCEÇÃO QUE CONFIRMA A REGRA. Como você não é o ALBERTO, e como provavelmente não existe um outro ALBERTO, siga os fundamentos.

RODEADO POR NOMOFÓBICOS: TALVEZ, VOCÊ.

Depois de algum atraso, chega o diretor de um dos maiores bancos do país, com sua assistente, para a reunião. Cumprimentos, cafezinho, e papo esquentando. Sentam-se. Automaticamente depositam o celular sobre a mesa. Ligado. Quase como se tivessem sacado uma arma. Duas horas de reunião e apresentações. Olhos nos celulares e nas pessoas; nos celulares e no vídeo; nos celulares e nas balinhas em cima da mesa; nos celulares, nos celulares, nos celulares. Vez por outra, impunham o gadget e respondem ou mandam mensagens. No carro, em casa, no restaurante, na vida.

A NOMOFOBIA – (no + mobile + fobia) é o mal da década. Ou, se preferirem, e por enquanto, do milênio. Falando ao O GLOBO, LUCIA-

NA NUNES, psicóloga do Instituto Psicoinfo, e pedindo ações imediatas e radicais do governo para os milhões de nomofóbicos, relaciona os principais sintomas da nova patologia: Dificuldade indisfarçável em permanecer no off-line; excitação enquanto na web e apagão quando não; Irritação por ter que se desconectar; fuga permanente para a internet diante de problemas, sofrimentos, impotência, culpa, ansiedade, depressão; mentir para os familiares sobre seus hábitos na rede; queda substancial de qualidade nos contatos off-line; lesões nos dedos pelo excesso de digitação... Você é nomofóbico? Se sim, cuide-se. É grave.

Segundo os especialistas trata-se de uma dependência como outra qualquer. Diferente do vício por drogas e bebidas – dependência química – estamos diante de uma grave dependência comportamental. Lembra daquelas pessoas que manifestavam diferentes tiques lá atrás? É por aí mesmo. Semelhante, praticamente igual. E por quê? Porque tanto como as drogas, a nomofobia provoca mudanças no cérebro das pessoas. Quase Parkinson...

Assim, e ainda, é tempo; tente o mais rápido possível deixar o vício. Faça uma análise crítica e radical de seu comportamento e adote uma nova disciplina. Da mesma maneira que você mergulhou aos poucos, retorne aos poucos. Vá, sistematicamente, desapegando-se de seu celular ou tablet. Não os leve a todo lugar. Mantenha-os totalmente desligados durante boa parte do dia. Jamais ingresse numa reunião e o mantenha ligado sobre a mesa e ao alcance da vista. Um dia JOHN LENNON que não era nomofóbico até porque morreu antes, sentenciou, "A vida é aquilo que acontece enquanto você faz planos". Hoje, se vivo, diria: enquanto você olha para uma pequena tela ignorando até mesmo as pessoas maravilhosas e lindas que tem a seu lado. Pior ainda, ignorando-se.

JOICHI ITO, O JAPONÊS DO MEDIA LAB

JOICHI ITO é o todo poderoso do talvez maior núcleo de inovação do planeta: o MEDIA LAB – Centro de Pesquisas do MIT. Foi entrevistado por ELISA CAMPOS para ÉPOCA NEGÓCIOS. E, literalmente, jogou mel – eu disse mel – no ventilador. Imagino até que o ventilador tenha quebrado, mas as pessoas que perseguem a inovação se lambuzaram toda e todas: "Buscamos responder às questões que as empresas não sabem nem como perguntar", disse ITO. Fundado em 1985, dez anos antes da eclosão da internet, muito rapidamente tornou-se um centro de convergência para muitas das empresas do ambiente analógico e para quase todas relevantes do digital. Mais que isso, o MEDIA LAB tem o poder de atrair as melhores cabeças, os alunos mais CDFs, e se dá ao luxo – dinheiro não falta – de realizar pesquisas aleatórias, sem a menor direção. Por isso, o MEDIA LAB, e por muitas outras coisas, é único.

ELISA perguntou para ITO por que as empresas investiam tanto no MEDIA LAB. "Algumas querem apenas ver o futuro, outras querem inspiração para seus próprios produtos. Há ainda aquelas que enviam seus pesquisadores para estudar e outras que querem recrutar nossos estudantes. Contudo, nossos melhores parceiros são aqueles que querem ter certeza de que, quando forem tomar suas decisões multimilionárias, já tenham conhecimento das tecnologias disruptivas que estão por vir".

Perguntado sobre quais os principais focos de interesse do MEDIA LAB neste momento ITO respondeu: "Estamos estudando como melhorar a qualidade de vida nas cidades, usando serviços compartilhados, mudando a natureza do transporte e acumulando BIG DATA para entender como as pessoas se comportam. Criamos o CITYCAR, um carro elétrico dobrável para uso compartilhado. Temos o centro de Extreme Bionics, que cria interfaces químicas, mecânicas e elétricas para o cérebro e o corpo, para superar as deficiências físicas...".

Sobre as escolas de hoje – o MEDIA LAB não exige diploma de nenhum de seus colaboradores –, disse, "acho que a relação custo-desempenho da educação formal precisa ser reavaliada. As provas e notas são um ótimo sistema quando o objetivo é criar pessoas iguais. Agora, no entanto, precisamos de diversidade". E sobre a internet: "É mais uma filosofia do que uma tecnologia. Acredito que a ideia da inovação aberta vai ganhar terreno, e o governo será profundamente afetado. Antes a imprensa explicava o que estava acontecendo, e os cidadãos votavam. Hoje, eles podem participar e expor suas opiniões...".

Mais que na hora de sepultarmos a velha e ineficaz democracia e construirmos, urgente, a DD – DEMOCRACIA DIRETA. No fundo, no fundo, todas as manifestações dos últimos anos e em todo o mundo referem-se à falência da velha democracia e do restolho roto e esfarrapado que sobrou de uma classe política moribunda e corrupta. Não exatamente os 20 centavos de aumento nas passagens...

capítulo 9

BALANÇO DE CATEGORIAS

A EMPRESA SONHA EM ALCANÇAR A LIDERANÇA. Caminha nessa direção. Chega lá. E em meios aos fogos de comemoração, barulhos estranhos. É um concorrente inusitado, comendo pelas beiradas e simplesmente devastador. É assim que a HP está passando a taça para a LENOVO.

São Paulo, a cidade, está mais que abastecida de shopping centers, mas cabe ainda mais. Não só porque se adensou em termos populacionais como o trânsito piorou várias vezes, obrigando as pessoas a comprarem na vizinhança – de onde moram ou trabalham.

Finalmente uma livraria que, por enquanto, tem conseguido fazer a travessia da ponte. E continuar bem nas duas fotografias, no analógico e no digital: a SARAIVA. E a KAISER não sabendo nem conviver e muito menos superar a possível lenda urbana da dor de cabeça plantada por um de seus concorrentes.

Agências de propaganda e, muito especialmente as de promoções, revelando-se, dia após dia, dependentes, submissas e incapazes de qualquer reação à crueldade das empresas. Sempre vale a pena lembrar, em situações como essa de ELEANOR ROOSEVELT "Ninguém pode fazer com que te sintas inferior sem o teu consentimento".

O comércio tradicional começa a viver e se dar conta, finalmente, do efeito cupim. Cadeira nunca foi e jamais será cerveja, e assim, não adianta delirar. E mais um raro e santo remédio completando seus primeiros 15 anos. Para a alegria dos homens, alguma alegria das mulheres, tristeza de muitas mulheres casadas, e desespero do INSS.

E os restaurantes vivem seu pior momento. Aluguel nas alturas, inflação na matéria-prima, inflação na mão de obra, arrastões sequenciais, e promoções que tudo o que conseguem é atrair pessoas que jamais voltarão em detrimento dos poucos clientes remanescentes.

UM NOVO LÍDER A CAMINHO

O ano era 1996. A NEW TECHNOLOGY DEVELOPER INC, nascida em 1984 em Beijing, organizou um grande evento para apresentar seu primeiro notebook com a marca LEGEND. Dois anos depois, e ao alcançar a marca de um milhão de computadores, decidiu comemorar o feito com uma cerimônia, onde o homenageado era o legendário ANDY GROVE (INTEL). ANDY agradeceu, recebeu de presente o milionésimo LEGEND, que hoje pertence ao Museu Intel. Em 2003, a empresa decidiu adotar a marca LENOVO – LE, de LEGEND + NOVO. Deu mais que certo e um ano depois a empresa mudou sua denominação para LENOVO. Nos próximos meses, assume a liderança mundial de PCs.

Desde a virada do milênio, a IBM sabia que seu modelo de negócios precisava de revisão radical e urgente, e que suas perspectivas no território dos PCs eram próximas de zero, não obstante ainda uma ótima participação de mercado. Quando isso acontece, quando essa consciência se revela, o melhor a fazer por absoluta e total falta de competitividade é cair fora. E, numa negociação fulminante, vendeu sua Divisão de Computação Pessoal – desktops e notebooks – para a LENOVO por US$ 1,75 bilhão. De uma única tacada IBM pulou fora de um negócio sem a menor perspectiva diante de seu modelo de negócios, e a LENOVO fortaleceu sua liderança na China e abocanhou todo o mercado e reputação da IBM na Europa e América do Norte.

Enquanto isso, DELL, COMPAQ e HP comemoravam a saída da IBM e a chegada de uma empresa que teria de investir muito para explicar-se capaz de preservar e melhorar os atributos comprados da

IBM. Durante alguns anos, a DELL sustentou a liderança. Um pouco mais para frente a HP comprou a COMPAQ e tornou-se a nova líder mundial. E durante as comemorações pela liderança, mais nervosismo e menos alegrias diante do estranho e ameaçador som que entrava pelas janelas da festa de uma LENOVO ainda distante, mas numa velocidade assustadora.

Saem os números do segundo trimestre de 2012. A HP ainda permanece na liderança mundial. Mas a LENOVO colou e prepara-se para realizar a inevitável ultrapassagem. Em 2011, no mesmo período, a HP vendeu 15,3 milhões de unidades, e a LENOVO 10,29 milhões. A HP detinha 17,6% do mercado, e a LENOVO 11,9%. Em 2012, a HP vendeu 13,42 milhões de unidades, uma queda de 12,3%, e a LENOVO vendeu 12,89 milhões de unidades, e um crescimento de 25,2%. Agora a HP detém 15,5% do mercado, e a LENOVO 14,9%. Curto e grosso, a HP já era.

Se tivesse a sensibilidade e gestão da IBM, a HP em vez de comprar a COMPAQ em setembro de 2001, por US$ 25 bilhões, deveria mesmo é ter vendido seu negócio de PCs. No alvorecer de um mundo novo, plano, colaborativo e líquido, assim como muitas empresas, estava e ainda está aprisionada a um modelo que não leva a lugar algum.

OS SHOPPINGS DA GRANDE SÃO PAULO

O mês era o de novembro de 1966. Num grande brejo que separava a Rua Iguatemi do Jockey Clube plantou-se o primeiro SHOPPING CENTER do Brasil – o IGUATEMI. E desde então, e gradativamente, os shoppings foram se integrando à paisagem das principais metrópoles do país. Obra de um visionário alucinado que sempre empreendia com no mínimo dez anos de antecedência, e deixava de colher os frutos do sucesso como seria de seu merecimento, ALFREDO MATHIAS. Em seu currículo, o EDIFÍCIO CONDE PRATES, a GALERIA NOVA BARÃO, o CENTRO EMPRESARIAL DE SÃO PAULO, o PORTAL DO MORUMBI e o IGUATEMI, claro.

Como não poderia deixar de ser, SÃO PAULO é, de longe, a cidade brasileira que mais abriga shopping centers. Durante os anos 70, 80 e 90, quando as pessoas precisavam se deslocar de grandes distâncias para comprar em lojas de shoppings da cidade, pela inexistência de um shopping próximo, fazia todo o sentido a exigência de megaestacionamentos. Hoje, além das vagas essenciais para idosos, deficientes físicos, e outras exceções, seria inteligente e saudável não estimular mais esses estabelecimentos comerciais a investirem em estacionamento. Muito ao contrário. Deveria se estimular toda a clientela de vizinhança e próxima, por questões de saúde, a caminhar a pé até o shopping, e, quando isso não fosse possível, utilizar os serviços do táxi, sob todos os ângulos de análise, mais eficazes e mais econômicos do que a utilização do carro próprio.

Mas, retornando a razão deste artigo, o novo ranking dos shopping centers da cidade de São Paulo, segundo O ESTADO DE S.PAULO e JORNAL DA TARDE. Todos os shoppings foram visitados pela equipe de jornalistas das duas publicações, que levaram em consideração e atribuíram pontos para: Alimentação, Banheiros, Cultura, Bem-estar, Estacionamento, Crianças, Lojas, Infraestrutura e Serviços.

Apurados os resultados, e pelo conjunto das avaliações, o ranking é o seguinte: 1º IGUATEMI ALPHAVILLE, 2º MORUMBI, 3º PARK SÃO CAETANO, 4º TAMBORÉ, 5º PÁTIO HIGIENÓPOLIS, 6º VILA OLÍMPIA, 7º IGUATEMI SÃO PAULO, 8º MARKET PLACE, 9º JK IGUATEMI e 10º VILLA-LOBOS. Parabéns aos vencedores.

OS NÚMEROS DA SARAIVA

Maior rede de livrarias do país – 102 unidades – após a compra e incorporação da SICILIANO, que hoje vende muitas outras coisas mais além de livros, e também tem uma presença forte, relevante e consistente no ambiente DIGITAL, a SARAIVA – é, talvez, a melhor fonte para entendermos o que tem acontecido com parcela expressiva do varejo no país.

Os números do primeiro semestre de 2012 revelaram um aumento na receita líquida de 8,3% – num total de R$ 889 milhões. Desse total, ainda a maior parte da receita decorrente da venda de livros – R$ 731,3 milhões –, sendo 33% pelo ambiente digital, e 67% das vendas no analógico – livrarias. Ou seja, naquela que talvez seja hoje a melhor amostra de como o processo de migração tem evoluído, é relevante a seguinte constatação: de cada 3 livros que a empresa vende, 1 já é pela internet.

Pelos números da SARAIVA, onde o segundo trimestre foi pior que o primeiro, evidencia-se, uma vez mais, a importância da volta às aulas no primeiro trimestre como fator decisivo de alavancagem da venda de livros.

Duas outras observações e referências da maior importância no balanço semestral da SARAIVA. A primeira é constatar-se que hoje, as vendas dos livros digitais pela empresa já superam a venda consolidada que acontece em 38 de suas 102 lojas. E a segunda é que a empresa ingressou numa nova etapa de sua presença no ambiente digital e, de forma mais madura e sensível, abriu mão de vendas agressivas e geradoras de prejuízo.

Isso fez com que, em decorrência desse ajustamento de conduta e implementação de nova política, as vendas na internet caíssem 2,1% e totalizassem R$ 242 milhões, mas, em compensação, com uma saudável e expressiva melhora em sua margem de comercialização. Falando ao jornal VALOR, JOÃO LUIZ HOPP, diretor financeiro e de relações com investidores da empresa, afirmou: "Perdemos vendas que eram ruins, que geravam prejuízo. Saímos dessa guerra de comércio on-line por Market share, e que não era rentável".

Se os negócios continuarem evoluindo com a mesma intensidade e na mesma direção, em 2020 a proporção se inverterá. A maior parte da receita e dos resultados virá do ambiente digital e não do analógico. Muito especialmente com a disseminação da compra de livros digitais, com a chegada de novos players no território, muito especialmente o GOOGLE e seu revolucionário tablet.

A MALDITA "DOR DE CABEÇA"

Algumas "lendas urbanas" pegam. Muito especialmente se não forem debeladas a tempo e com a força e determinação necessárias. Entre essas lendas, no território do marketing, uma das que mais pegou e foi devastadora refere-se à cerveja KAISER. Um dia, alguém disse, sem querer ou propositadamente, e depois, a concorrência se apossou do dito e colocou lenha na fogueira da disseminação, que a cerveja "KAISER dá dor de cabeça". E como o efeito placebo é mais que realidade, e como as pessoas são mais que impressionáveis e sugeríveis, pegou!

Agora leio no ESTADÃO que a KAISER, sob nova direção, HEINEKEN, retoma o assunto e parte, uma vez mais, para tentar reabilitar sua cerveja. Segundo a reportagem, a cerveja KAISER, lançada em 1982, partia do raciocínio básico de que, com a prática da venda casada, rapidamente o território seria conquistado. Quem vendia a KAISER eram os distribuidores da COCA-COLA – distribuidores e sócios no projeto – e, assim, só receberia COCA quem aceitasse goela abaixo o correspondente ou equivalente em KAISER. Durante algum tempo deu certo, muito especialmente pela qualidade da campanha publicitária onde pontificava a figura do BAIXINHO, atenuando a revolta dos pontos de vendas que tinham de vender KAISER mesmo que os clientes pedissem outras marcas.

Em 2002, a KAISER foi vendida para a MOLSON, os distribuidores perderam o interesse, e a marca voltou a encarar uma nova e verdadeira realidade. Desde 2010, a KAISER é HEINEKEN. E, segundo seus novos proprietários, "a rejeição vem sendo superada". Em pesquisa recentemente realizada pela empresa e depois de uma série de iniciativas, o índice de rejeição da KAISER caiu de 14,7% para 4,7%. Pode até ser, mas esse tipo de mágica demanda mais tempo para trazer algum resultado.

O que vem fazendo a HEINEKEN? Reconstruindo a relação com os distribuidores. Por contrato, e por mais dez anos, todas as cervejas fabricadas pela empresa são obrigatoriamente distribuídas pelos 19 engarrafadores de Coca-Cola. Eram e continuam sendo. Só que distribuídas, não necessariamente vendidas, e muito menos compradas pelos pontos de venda. Conclusão, ficava passeando nos caminhões – a maioria –, e a minoria dormente nas geladeiras dos bares e restaurantes. E ainda, quando superada a barreira da má vontade e desconforto, quando um cliente pedia cerveja gelada, ouvia invariavelmente como resposta: "Sim, só que é KAISER...".

Curto e grosso. Se a HEINEKEN não enfrentar o desafio com coragem, determinação e comunicação eficaz, independentemente da simpatia e adesão dos distribuidores, nada acontecerá. KAISER, mais do que nunca, precisa ser relançada. Eliminando, por completo, a "síndrome da dor de cabeça", e reconquistando a confiança de milhares de bebedores de cervejas que um dia, lá atrás, no tempo do BAIXINHO, a elegeram como a melhor. Mas, diante do cruzar de braços dos principais interessados, inclusive da fabricante, deixaram se seduzir por novos amores.

DEPENDÊNCIA E SUBMISSÃO

O assunto do momento é o muro da lamentação das agências de propaganda que se sujeitam, se submetem e tornam-se dependentes de concorrências perversas, burras e lamentáveis. Como nos ensinou a primeira-dama americana, ELEANOR ROOSEVELT, "Ninguém pode fazer com que te sintas inferior sem o teu consentimento".

Em 1971, fui contratado para montar a primeira área de marketing de uma instituição financeira no Brasil: a do hoje ITAÚ. Na entrevista com OLAVO SETUBAL, ele me contou sobre seus planos de crescimento, e seu sonho de um dia ser o maior banco privado do país. Comecei com um pequeno exército "Brancaleone", tendo como parceiros ALFREDO ROSA BORGES e VALTER BUENO, mais a supervisão de ALEX THIELE, a construir o MARKETING & BRANDING PLAN capaz de criar as bases mínimas e necessárias em consonância com os sonhos do "Dr. Olavo", como era chamado.

Diante do desafio, decidimos escolher uma nova agência de propaganda para cuidar da comunicação do ITAÚ. Selecionamos 4 –

McCANN, STANDARD, LINCE (que atendia o banco) e DPZ. Visitamos as agências, conhecemos o portfólio de todas, convivemos com seus executivos e equipes, e não pedimos absolutamente nada de trabalho porque tínhamos consciência do absurdo e burrice de semelhante solicitação. Escolhemos a DPZ, que continua cuidando do ITAÚ 41 anos depois. Mais para frente, repeti semelhante processo para uma outra instituição financeira. E jamais me arrependi. Sempre tive ao meu lado e de minha equipe, profissionais fantásticos e seres humanos extraordinários, que nos ajudaram na construção de marcas da melhor qualidade.

Em 1980, abri o MADIAMUNDOMARKETING. Em 1987 fomos procurados pela SUL AMÉRICA SEGUROS, na pessoa de seu diretor FELICE FOGLIETTI, para organizar o processo de seleção de uma nova agência para a seguradora. Fomos contratados, orientamos na seleção das agências, e, também – caso contrário não participaríamos – não pedimos qualquer trabalho às concorrentes. Venceu, na época, a W/BRASIL.

Nos 32 anos do MADIAMUNDOMARKETING, já fomos chamados mais de 60 vezes para processos semelhantes. Para aceitar o trabalho colocamos duas condições. Primeira, confirmar o briefing, ver se, verdadeiramente, o problema é a agência. E a segunda, não pedir qualquer trabalho às concorrentes. Mas, se o cliente decidir pedir, só continuaremos o processo se remunerar, com justiça, todas as convidadas participantes e que não forem escolhidas.

Assim, e de cada dez empresas que nos contrataram, depois de checkarmos o briefing, concluímos: em sete, o problema não era a agência, era o marketing do cliente. E assim salvamos da degola dezenas de agências inocentes. E em todas as concorrências de que participamos – todas sem exceção –, e que o cliente insistia na burrice de pedir trabalhos, só prestamos nossos serviços porque todas as agências participantes, com exceção da vencedora que levou a conta, foram merecida e justamente remuneradas.

No correr dos anos, outros profissionais passaram a prestar esses serviços. Mais recentemente, empresas formadas por profissionais que foram executivos e donos de agência também ingressaram nesse território, com princípios e comportamentos que, definitivamente, passam a quilômetros de distância de nossas crenças e da ética como conduzimos nossos serviços de consultoria.

E, desde então, agências ingressaram num circo de horrores, submetendo-se a todas as humilhações e barganhas, e emprestando legitimidade a um processo deplorável, que não leva a nenhum outro resultado, que não seja o apequenamento e submissão cada vez maiores das agências de propaganda. E ainda, depois, aceitam negociar o preço com as mesas de compras das empresas, entre vendedores de papel higiênico, feijão, melancia, cola, prego parafuso e tomate.

Como nos ensinou EDUARDO ALVES DA COSTA, num poema durante anos atribuído a MAIAKÓVSKI, "Na primeira noite eles se aproximam e roubam uma flor de nosso jardim. E não dizemos nada..." Até quando, agências?... "Conhecendo nosso medo, arranca-nos a voz da garganta e já não podemos dizer nada"... Até quando, agências?

O EFEITO CUPIM

Segundo a WIKIPÉDIA o cupim é um inseto eussocial da ordem isóptera e que contém cerca de 2.800 espécies catalogadas no mundo. Os eussociais são as sociedades mais complexas de animais, com rigorosa divisão de tarefas entre os membros da prole. Organizam-se e comportam-se à semelhança das formigas, abelhas e vespas. Mas, e mais que isso, são devoradores vorazes de madeira. Trabalham silenciosamente e, muitas vezes, edificações descomunais vêm abaixo num vento mais forte em função de estruturas corroídas. O chamado "efeito cupim", a cada dia que passa, revela-se mais presente no varejo convencional.

As tradicionais redes e lojas têm hoje sua base minada por todos os lados e direções. Desde a indústria invadindo o varejo com lojas de marcas, além das de "brand experience", e onde ocorrem vendas de verdade, passando pelos microshoppings com centenas de lojas em espaços mínimos devidamente organizados, até novos entrantes que começaram vendendo a partir das sucatas de espaços em veículos de comunicação e hoje ocupam muitos dos principais pontos físicos de shopping centers, mais todo o comércio eletrônico, e milhares de novos comércios dentro de comércios eletrônicos consagrados, como tem ensinado ao mundo a AMAZON.

Nos últimos dias, dois exemplos mais que consistentes do chamado "efeito cupim" que ameaça varrer para sempre o varejo convencional. O primeiro do MERCADO LIVRE, que, seguindo os passos da AMAZON, passa a aceitar a partir de agora lojas virtuais inteiras dentro de seu ambiente. Até ontem, os vendedores habituais do MERCADO LIVRE podiam cadastrar até 8 produtos por hora. Agora, no mesmo período de tempo, e através das novas lojas, são 100 itens. Falando a BRASIL ECONÔMICO, HELISSON LEMOS, diretor geral do MERCADO LIVRE no Brasil, afirmou, "A expectativa é que todo o lojista online tenha uma espécie de subsidiária em nosso portal. À medida que oferecemos um ambiente seguro e com circulação garantida de clientes, nos igualamos a um SHOPPING CENTER só que no meio virtual".

E o segundo exemplo é da POLISHOP que começou em 1999 como um canal de televendas, comprando sucata de espaços dos canais de televisão e vendendo o 7 DAY DIET também conhecido como "a dieta do EMERSON FITTIPALDI", e hoje é uma empresa que já fatura mais de R$ 1 bilhão por ano, e se prepara para um novo e grande salto. Um investimento de R$ 60 milhões aumentando em 50% as áreas de vendas físicas que possui em muitos dos principais SHOPPINGS CENTERS do país, e totalizando 163 lojas. Segundo seu criador, fundador e presidente, JOÃO APPOLINÁRIO, utilizam diferentes plataformas de vendas, e oferecem a possibilidade, através da rede de lojas, dos clientes se encantarem e divertirem com os produtos. Falando ao VALOR, declarou, "Cada vez mais nossas lojas se transformam em parques de diversões onde o cliente tem a possibilidade de experimentar todos os produtos". Que viu na TV, na internet, e até mesmo no porta a porta.

O varejo tradicional resistirá ao chamado "efeito cupim"? Provavelmente não, principalmente se continuar comportando-se como o faz uma outra espécie, os *struthio camelus*, ave não voadora originária da África, que pesa entre 90 e 130 quilos, mais conhecida como AVESTRUZ.

CADEIRA NÃO É CERVEJA

Era uma vez duas empresas debilitadas organizacional e societariamente, que dominavam um mercado de norte a sul do país, e possuíam uma malha de distribuição extraordinária, além de marcas líderes e consagradas. Três aventureiros bisbilhotaram os livros, compraram as empresas na bacia das almas, e injetaram competência, trabalho, meritocracia (chicote e cenoura) nas líderes agonizantes quase hibernadas. Curto e grosso – azeitaram a máquina. E deu no que deu. AMBEV, INBEV, liderança nacional, regional, mundial no negócio das cervejas.

Agora três de seus discípulos, SERGIO SARAIVA, MAGIM RODRIGUEZ JUNIOR e LUIZ CLAUDIO NASCIMENTO, mais outros quatro sócios, através de um fundo que constituíram, o GALICIA INVESTIMENTOS, compram e assumem o comando de outra marca igualmente emblemática em seu território de atuação, a GIROFLEX. Cabendo a um dos três, SERGIO SARAIVA, o comando executivo da empresa.

Uma empresa que nasceu em 1951, sonho de dois alemães naturalizados, PEDRO e JOACHIM SCHMIDT, que, mediante acordo com a suíça GIROFLEX, lançaram a marca no Brasil. Em 1975, PEDRO doou suas ações para a ABT – Associação Beneficente Tobias –, criada por ele em 1969 para desenvolver ações nos territórios da medicina social, agroecologia e educação. Como a empresa mergulhasse em crises recorrentes nos últimos anos, pediu ajuda a GALÍCIA mediante opção de venda do controle. Em dezembro, exerceu a opção e comprou 51% da empresa.

Próximo de completar um ano no comando executivo e societário da empresa, SERGIO SARAIVA revela seus planos em matéria do ESTADÃO. Fábrica deixa de ser fábrica e vira montadora, cultura "AMBEV" na empresa a começar pelo fim das vagas demarcadas no estacionamento e, também, das salas dos diretores e executivos. Métrica para tudo, softwares de gestão, e... Multiplicar o faturamento da empresa por cinco, em cinco anos. Dos atuais R$ 200 milhões para R$ 1 bilhão em 2017.

Como o mercado onde a marca se consagrou não tem potencial suficiente para suportar tamanha ambição, a GIROFLEX, da Galícia, envereda por outros territórios assemelhados, mas, completamente diferentes. Como o de fornecer as 80 mil cadeiras no novo MARACANÃ, e já de olho nos outros estádios da COPA de 2014. Como lembraria ALVARO COELHO DA FONSECA, uma coisa é uma coisa – cadeiras corporativas e para profissionais e executivos –, outra coisa é outra coisa – assentos para praças de esportes.

Segundo SARAIVA, na matéria do ESTADÃO, a eficiência da empresa já aumentou em 35%, as despesas fixas caíram 33% pela revisão dos processos, e a terceirização avança rapidamente: "agora 30% do processo é terceirizado. Levávamos um mês para produzir a quantidade de rodinhas para cadeiras que o nosso fornecedor entrega em um dia".

Tomara que tudo dê certo, e que a legendária GIROFLEX sobreviva. E se isso acontecer será muito mais na memória de seus admiradores, do que nessa nova empresa que tem a mesma denominação, mas não tem mais nada a ver com o sonho de dois emigrantes alemães. Gestores de investimento entediam-se com legendas, sonhos e legados. Para eles, BRANDING é conversa para boi dormir. E depois que os bois engordam, passam nos cobres e seguem em frente.

RESTAURANT WEEK, OU RESTAURANT YEAR?

Na carona de uma ação promocional que se faz em muitos países e cidades do mundo, a chamada RESTAURANT WEEK, que não é uma semana, são três – 24 de fevereiro a 17 de março – acabou se estendendo por muitas cidades/estados do Brasil. São Paulo ingressa na 12ª edição, Rio na 7ª, Espirito Santo na 6ª, e por aí vai. Em São Paulo, e nessa semana de três semanas, almoços completos por R$ 34,90, e jantares idem por R$ 47,90. Cada restaurante participante paga uma taxa de adesão e assume compromissos.

O pressuposto da promoção é gerar fluxo em momentos de baixa frequência nos restaurantes, e oferecer a oportunidade para que demonstrem a excelência de sua decoração, cardápio, cozinha e serviços.

E conquistar novos frequentadores para os dias, semanas e meses que seguem.

Nesse período, em tese, os restaurantes abrem mão de suas margens para a ação promocional. Na expectativa de serem recompensados depois, pela aquisição de novos clientes.

Enquanto no Brasil a promoção, aparentemente, cresce. Fora do Brasil se esvazia. Pelas razões obvias que não necessariamente compradores de promoções e clientes potenciais constituem o mesmo público. Que o digam os restaurantes que entraram equivocadamente na onda dos CLUBES DE COMPRA e até hoje se arrependem amargamente. Durante uma ou duas semanas, bateram todos os recordes de venda, formaram fila, ofereceram um péssimo atendimento, perderam dinheiro, e afugentaram – muitas vezes para sempre – a verdadeira e querida clientela.

Em depoimentos de restaurantes famosos lá fora que desistiram das RESTAURANT WEEKs, o de JOHNNY BALLEN, do THE SQUEAKY BEAN, de Denver, Colorado, "Tudo o que conseguimos é atrair quem jamais veio e que nunca retornará". FRANK BONANNO, outro dono de restaurante, afirmou, "Não participamos neste ano e nossos clientes fiéis ficaram extremamente felizes com nossa decisão". E ALEX SEIDEL, de um dos restaurantes mais festejados dos Estados Unidos, o FRUITION, depois de participar por seis anos pulou fora: "Para me enquadrar na ação promocional terei de receber pessoas que jamais vi em minha vida e servir pratos que em hipótese alguma pretendo manter no cardápio nas restantes 50 semanas do ano".

Sempre existirão restaurantes novos, sempre existirão restaurantes em crise em busca de salvação, mas, em nosso entendimento, esse tipo de promoção e nada não é a mesma coisa. É pior. Porque quando bem-sucedida, causa uma péssima impressão mesmo nos francos atiradores que não perdem promoções e descontos.

15 ANOS DE UM SANTO REMÉDIO

TIM MAIA não mora mais aqui. Antes de partir, cantava, "Ah! Se o mundo inteiro me pudesse ouvir / Tenho muito pra contar / Dizer que aprendi. E na vida a gente tem que entender / Que um nasce para sofrer / Enquanto o outro ri... Mas quem sofre sempre tem que procurar / Pelo menos vir a achar / Razão para viver... Ver na vida algum motivo pra sonhar / Ter um sonho todo azul / Azul da cor do mar..." De tanto procurar, de tantas loucuras fazer, o ser humano acabou encontrando. Acabou-se o sofrimento, pararam as risadas e gozações. Mais uma vez o serendiptismo – quem procura nem sempre acha, mas às vezes tromba e encontra – e há 15 anos finalmente temos um sonho todo azul, azul da cor do mar.

Foi assim. 1985. De repente os lençóis começaram a levantar. De pacientes de angina que experimentavam um novo tratamento com a enzima PDE5 para aumentar o fluxo sanguíneo. Enfermeiras admiradas e sorridentes logo avisaram os médicos que avisaram os pesquisadores que redirecionaram os estudos. Três anos depois, a pílula azul chega às farmácias nos Estados Unidos, abril de 1998. Três meses depois, no testemunho de PELÉ, chega ao Brasil.

Começava, assim, um novo momento na história do mundo, nas relações sexuais, nos casamentos, na vida. Embora ainda distante de ser uma ASPIRINA, o mais santo dos santos remédios, tendo como princípio ativo o sildenafil, mas para sempre conhecido como VIAGRA – agora todos são VIAGRA assim como todas as laminas de barbear GILLETTE e as gomas de mascar CHICLETES – consagra-se, aos 15 anos de vida, como um SANTO E REVOLUCIONÁRIO REMÉDIO. Um dos poucos que podem merecer a graduação PMQP – PRODUTO MAIS QUE PERFEITO – cumpre o que promete.

Em 15 anos nasceu uma nova categoria. Uma categoria mais que bilionária no Brasil. Em 15 anos, métodos, crenças e procedimentos absurdos foram aposentados. GERALDO EDUARDO FARIA, chefe do Departamento de Sexualidade Humana da Sociedade Brasileira de Urologia, assim traduz a conquista, "Não dá mais para pensar em 1997, quando não existiam os medicamentos para disfunção erétil. Os homens eram órfãos de um medicamento eficaz e tinham de passar por tratamentos injetáveis. Foi uma revolução". Já GERSON LOPES, coordenador do Departamento de Medicina Sexual do Hospital Mater Dei, comemora a solução de mais de 90% dos problemas de impotência, "O aparecimento do VIAGRA mostrou a possibilidade de ter ereções eróticas, não mecânicas, com a presença da parceira. Salvo alguns casos de cirurgia radical de próstata por câncer ou alguns homens com diabetes avançado, a grande maioria se viu com o problema resolvido".

Oito anos depois, a pílula azul da PFIZER ganha seu principal concorrente no Brasil, o CIALIS. Em 2010 o Superior Tribunal de Justiça extingue a patente do VIAGRA e autoriza a produção de genéricos em todas as cores...

Obrigado, ACASO, pela graça alcançada! Obrigado, ACASO, por nos dar mais um PRODUTO PERFEITO!

COMER BEM E SE CUIDAR

Nada acontece do dia para a noite a não ser a escuridão. E assim mesmo não é instantânea: escurece, gradativamente. Não se induz uma nova cultura do dia para a noite, de um ano para o outro. Mas, com comunicação relevante e permanente, no correr de duas ou três décadas é possível ver-se seres humanos reconsiderando suas atitudes e práticas; repensando-se; querendo viver mais desde que melhor. E assim, e depois de três décadas, pode-se dizer que comer bem e cuidar do corpo integra o kit básico de parcela expressiva da população brasileira. Mais que na hora!

Ginástica é mais velha que andar para trás. Do grego *gymnádzein* – treinar – era o momento preferido dos soldados na Grécia Antiga. Seu primeiro grande renascimento foi na Europa de Jean Jacques Rousseau por volta do século XVIII. Desde 1896, presente nos Jogos Olímpicos renasce, novamente, com extraordinário vigor nos ensinamentos de KENNETH COOPER e os métodos que desenvolveu para a capacitação física dos astronautas. Ganha glamour e charme nas estripulias da Barbarella JANE FONDA e seus vídeos de treinamento. E multiplica-se a partir das grandes metrópoles e das pessoas sem tempo em centenas de milhares das novas academias pelo mundo. Muito especialmente, no Brasil. Para o desespero dos clubes tradicionais que, com raríssimas exceções, definham, ou já fecharam as portas.

VALOR foi atrás com DANIELA ROCHA e apresenta os exuberantes números do negócio em nosso país. Em cinco anos o mercado dobrou. De um faturamento total de US$ 1,2 bilhão em 2007 para US$ 2,4 bi em 2012, segundo a IHRSA – International Health, Racquet & Sportsclub Association. Em número de academias – 23,4 mil –, o Brasil só perde para os Estados Unidos. Já em número de pessoas matriculadas – 7,3 milhões – ainda ocupa apenas a sexta colocação, atrás dos Estados Unidos, Espanha, Alemanha, Reino Unido e Canadá. Ou seja, mesmo tendo crescido absurdamente, o negócio tem um descomunal potencial a ser realizado.

No ranking das principais redes de academia os números levantados por VALOR revelam que as seis maiores detêm apenas 0,7% do número de unidades, 4,2% dos alunos, e 11,7% de todo o faturamento. São elas, pela ordem de número de alunos, já que recusam-se a revelar o faturamento, 1ª BIO RITMO, 200 mil; 2ª BODYTECH, 85 mil; 3ª RUNNER, 45 mil; 4º COMPANHIA ATHLETICA, 35 mil; e na 5ª e 6ª colocação SMART FIT e FÓRMULA que também não revelaram o número de matriculados.

Assim, e depois de muita comunicação, leitura, aprendizado, conversas, pressão social, reflexão, milhões de brasileiros vão deixando de fazer ginástica de vez em quando e passam a TREINAR regularmente. De comer mal e engolir sem mastigar em direção a uma alimentação comedida e saudável. Mais que na hora!

Queremos viver mais; mais e melhor; sempre.

ORAÇÃO PELOS DONOS DE RESTAURANTES

Queridos leitores, rezem pelos donos de restaurantes; rezem para que consigam manter seus restaurantes abertos; rezem para que sempre privilegiem a matéria-prima da melhor qualidade; rezem para que tenham uma boa carta de vinhos; rezem para que consigam formar e treinar uma brigada de chefes, maîtres, garçons da melhor qualidade; rezem pela saúde de seus proprietários; rezem, acima de tudo, para que permaneçam abertos e sobrevivam.

BALANÇO DE CATEGORIAS

Na cidade de São Paulo, de cada 100 restaurantes que abrem apenas 10 permanecerão "vivos" 10 anos depois. Nos JARDINS, a proporção reduz-se drasticamente para 3; isso mesmo, 3. Todos os anos – minha empresa de consultoria, o MADIAMUNDOMARKETING, é nos JARDINS – sou testemunha do incessante e doloroso abrir e fechar de restaurantes.

Escrevo este artigo porque no ESTADÃO (edição 05/05/2013), uma grande matéria falava sobre a praça de guerra que se transformou a relação entre restaurantes e clientes – nós, necessitados de, ou apreciadores, de uma refeição fora de casa.

O acirramento chegou a tal ponto que existem sites com milhares de seguidores convertendo-se em verdadeiras trincheiras nessa briga sem o menor sentido. 1 – A lei da oferta e da procura, não obstante o empenho de nossos parlamentares, ainda não foi revogada – assim, amigos, e na medida em que existem infinitas alternativas, e você não concorde com a política de preços de determinados restaurantes, procure outros – e existem em quantidade mais que suficiente – que caibam no seu bolso e correspondam ao seu paladar; 2 – Considere que a explosão imobiliária que tomou conta da cidade de São Paulo nos últimos 4 anos levou o preço dos imóveis para o céu; e junto, a locação comercial. Muitos restaurantes fecharam simplesmente porque não conseguem mais suportar o aluguel; 3 – Considere o conjunto, e não apenas o prato que está a sua frente; lembre-se de que naquele prato não está apenas a matéria-prima e o talento do chefe. Vem junto, e não tem como separar e não calcular no preço, todo o restante da brigada humana do restaurante; mais a toalha e guardanapos que precisam ser lavados e vez por outra repostos; vem pratos – diferentes variedades em função dos pratos servidos – e talheres que se quebram ou "somem"; vem os copos para água, vinhos brancos e tintos, espumantes, licores. Vem os móveis, a luz, agora e nos melhores o wi-fi, a água e os impostos – principalmente os impostos.

Assim, queridos amigos, rezem pelos donos de restaurantes para que continuem malucos e alucinados pelo que fazem. Se tivessem um mínimo de juízo, ou um único instante de lucidez, jamais se meteriam nessa loucura de riscos desproporcionais e inimagináveis que é ser dono de restaurante. Que sejam cuidados, guardados e protegidos por SANTA GENOVEVA, a que cuida das vítimas das catástrofes; por SÃO JUDAS TADEU, o das causas perdidas; por SANTA EDWIGES, protetora dos endividados; por SÃO JOÃO NEPOMUCENO, o das difamações; por SANTA DINHA, a dos "doentes mentais"; por SÃO PEDRO CLAVER, protetor dos escravos – de seus sonhos, naturalmente; por SÃO EGIDIO, protetor dos loucos; SÃO BRIACO, doenças nervosas; E todos os demais santos porque vão precisar de todos.

Amém.

capítulo 10

MARKETING LEGAL

O CERCO APERTOU, ACABOU A BRINCADEIRA. Nos países com uma sociedade de consumo mais avançada, radicalização total. Nos outros, as empresas que se cuidem. Nos Estados Unidos, muitas empresas que não honraram o que prometeram ao assinar termos de conduta de integridade administrativa. E tendo muitos fiscais trabalhando e dormindo junto. Perderam a confiança e vão ter de trabalhar duro para reconquistá-la.

Dia sim outro também, alguém tentando regular o ambiente digital. Em nosso entendimento, uma impossibilidade absoluta, mas não custa permanecer atento e forte. E no futuro, se não houver outra solução, nada melhor do que a autorregulamentação.

Em dois artigos, o prevalecimento do bom senso. Esquece-se as denominações exclusivas de determinados tipos de produtos e valoriza-se a procedência dos mesmos. Os chamados IP – Índice de Procedência ou IGP – Índice Geográfico de Procedência.

Enquanto em outros países os proprietários de automóveis são seduzidos pelas atenções e carinhos, e assim continuam recorrendo aos préstimos das revendas onde compraram, no Brasil isso só prevalece durante o período de garantia. Uma espécie de prisão.

AMBEV devastando com a cerveja em todas as partes do mundo, segundo os verdadeiramente entendidos. Criadores de porcos ramente revelam-se bons cervejeiros. As cinzas do crematório de VILA ALPINA amontoando-se pelos canteiros locais. E a Prefeitura da cidade, incapaz de criar um espaço adequado.

Finalmente, alcançamos a era da portabilidade. Tudo é passível de troca. A opção é sua, nossa, dos clientes. Como nos ensinava a música, "Ninguém é de ninguém, na vida tudo passa", a menos que alcance a conquista de uma permanente sedução.

E as tristes histórias de mulheres que engravidam, bêbadas, nas baladas, e nem mais se lembram e muito menos sabem quem é o pai.

MÁ CONDUTA CUSTA CARO

Má conduta custa caro, muitíssimo caro; ainda não por aqui, mas qualquer dia desses, num mundo em tempo real, a moda pega ou o exemplo prospera, e os absurdos que frequentam os anúncios e as práticas de empresas médicas e de produtos de consumo em nosso país terão fim. Mais que tempo.

Onde má conduta custa caro, muitíssimo caro, é nos Estados Unidos da América. No início de julho de 2012, a GSK (GLAXOSMITHKLINE) concordou, finalmente, em pagar a bagatela de US$ 3 bilhões por violações apontadas pelo Departamento de Justiça daquele país.

Entre as violações, direcionamento da propaganda do medicamento antidepressivo PAXIL a pacientes com menos de 18 anos de idade, mesmo sabendo que a aprovação era exclusivamente para adultos; o mesmo aconteceu com outro antidepressivo da empresa, o WELLBUTRIN, aprovado contra o vício em fumo, mas promovido pela empresa para tratamento de obesidade e disfunções sexuais; e para que esse direcionamento inadequado prosperasse distribuiu artigos de revistas médicas potencialmente enganosos, assim como investiu no oferecimento de entretenimento e lazer para médicos; sonegou informações para o FDA, agência que regula os alimentos e os fármacos nos EUA, sobre seu medicamento AVASTIN, usado no tratamento de diabetes. E outros truques e omissões lamentáveis em todos os sentidos.

Falando em nome da GSK, ANDREW WITTY, CEO, disse que aquela empresa que adotava esses comportamentos não existe mais: "Quero expressar meu arrependimento e reiterar que aprendemos com esses erros... de uma outra era da empresa".

A GSK não é a primeira farmacêutica a sentir o peso de suas irresponsabilidades no bolso. É a recordista em multas e punições, mas, anteriormente, em 2009, a PFIZER andou prevaricando com 13 de suas medicações e pagou uma multa de US$ 2,3 bilhões.

Mas não para por aí. Além de morrer com os US$ 3bi, a GSK assinou um termo de integridade corporativa, submetendo-se, nos próximos cinco anos, para ver se verdadeiramente aprendeu a lição, a uma supervisão extra do Departamento de Saúde.

E nós? Ainda muito distantes dessa realidade, mas não tão distantes assim. Se no passado essas referências levavam décadas para repercutirem por aqui, hoje a repercussão é instantânea. E assim, todas as empresas que negligenciam, recorrendo a práticas de marketing condenáveis, diante de notícias e multas dessa dimensão, pensam ao menos duas vezes antes de reiterarem em seus crimes e contravenções. Brevemente, muito brevemente, má conduta também custará caro no Brasil.

DOIS AMBIENTES, UMA MESMA JUSTIÇA

Quando o pau quebra, todas as empresas, inclusive as de tecnologia e do chamado mundo novo, digital, líquido e colaborativo, batem às portas da velha, manca, esclerosada, burra, e injusta, justiça analógica. Se lá atrás o brocardo jurídico dizia que justiça tardia é injustiça, o que se dizer hoje, então? Quando a velocidade, desde 1971, com o advento do microchip, acelerou numa velocidade exponencial, e a justiça continua trabalhando na base da carroça, do burro de carga, do lampião de gás, do episcópio e mimeógrafo. A justiça? Foi!

Mas não tem jeito. O melhor seria se rapidamente os grandes players do mundo novo tivessem se organizado, estabelecido minimamente códigos de autorregulamentação, e privilegiado tribunais arbitrais nas nuvens. Mas não o fizeram, e, de certa forma, principalmente as empresas líderes, contrariando sua natureza de digitais, não revelam o menor interesse. Assim, as batalhas continuam. Questões sobre propriedade de domínio se arrastam durante anos, cópias grosseiras prevalecem porque até as providências da justiça analógica acontecerem o valor econômico em disputa evapora, desaparece, extingue-se.

E as disputas continuam. No mês de julho de 2012, a SAMSUNG continuava impedida de comercializar seu GALAXY TAB 10.1 no maior mercado do mundo – Estados Unidos – porque a justiça de lá deu ganho de causa a APPLE nas suas acusações de violação de algumas de suas patentes pela empresa sul-coreana. Mais ou menos como uma luta entre dois grandes lutadores de boxe, que se repete, com circunstâncias e características diferentes dependendo das idiossincrasias e labirintos processualísticos das justiças locais dos diferentes mercados. Assim, brigam legalmente em outros nove países. Em cada um, questões semelhantes, contestadas sob ângulos específicos.

E na batalha de liminares, os players aproveitam na comunicação, para tirar "casquinhas" dos concorrentes. Nas recentes tentativas da SAMSUNG de se livrar do processo aberto pela APPLE em 2011, acusando a sul-coreana de "copiar, descaradamente, o iPHONE e iPAD, a SAMSUNG respondeu com outros processos, e comentários do tipo, "A SAMSUNG está desapontada com a decisão dos tribunais americanos que negam petições de suspensão liminar. Acredita que essas decisões limitam a disponibilidade de recursos tecnológicos superiores para todos os consumidores dos EUA".

Talvez um dia essas mesmas empresas se arrependam de chamar para questões digitais a velha e péssima justiça analógica. E, tardiamente concluam, como a velha e boa justiça dos antigamente nos ensinou, que *a bad settlement is better than a good lawsui*t (mais vale um mau acordo do que uma boa causa).

SEU PRODUTO TEM IP? OU IGP?

IP, para quem não sabe, é Indicação de Procedência. Alguns preferem IGP – Indicação Geográfica de Procedência. Que, de uns anos para cá vem ganhando importância crescente no Brasil e no mundo, e associações de produtores batem às portas do INPI, solicitando essa "proteção". Primo-irmão da Denominação de Origem que contém, na própria designação genérica do produto, o lugar ou região onde foi produzido (champagne, roquefort, cognac).

Segundo o INPI, "Ao longo dos anos, algumas cidades ou regiões ganham fama por causa de seus produtos ou serviços. Quando qualidade e tradição se encontram num espaço físico, a Indicação Geográfica surge como fator decisivo para garantir a diferenciação do produto. As Indicações Geográficas se referem a produtos ou serviços que tenham uma origem geográfica específica. Seu registro reconhece reputação, qualidades e características que estão vinculadas ao local. Como resultado, elas comunicam ao mundo que certa região se especializou e tem capacidade de produzir um artigo diferenciado e de excelência".

Recentemente, no mês de maio de 2012, quem mereceu o IGP foi a Associação de Cafés Especiais do Norte Pioneiro do Paraná (ACENPP). E agora, a mesma conquista foi alcançada pelos produtores de cachaça da região de Salinas. Anteriormente, não mais que 20 associações de produtores alcançaram essa importante distinção e que fortalece e distingue o marketing de seus produtos. Entre outras, as dos produtos de café do Cerrado Mineiro e também da Serra da Mantiqueira; a do couro acabado do Vale dos Sinos; a de Pinto Bandeira para vinhos tintos, brancos e espumantes; a de carne bovina e derivados para a Pampa Gaúcho da Campanha Meridional; e a de Paraty para aguardentes tipo cachaça e aguardente composta azulada.

Na mesma reunião em que concedeu a distinção às cachaças da região de SALINAS – cinco cidades do norte de Minas –, o INPI também concedeu o IP, ou IGP ao algodão naturalmente colorido, mais conhecido como "algodão colorido da Paraíba", para aquele produzido na cidade de Campina Grande e vizinhança.

Neste momento, em diferentes partes do país associações de produtores rapidamente se mobilizam na busca da importante conquista. E, de certa forma, ao conceder à região de SALINAS o mais que merecido IGP, ratificando a manifestação unânime dos bebedores de cachaça, o INPI reverência a figura legendária de ANISIO SANTIAGO que sempre dizia, "a melhor cachaça de qualquer outro lugar do Brasil é inferior a pior cachaça produzida na região de SALINAS.

APRISIONADOS PELA GARANTIA

Em todos os últimos anos, o mercado de automóveis brasileiro não para de bater recordes de vendas. A cada novo dia milhares de automóveis são despejados nas ruas e avenidas entupidas do país. Mas a relação entre quem vende e quem compra continua parada na história, quando o mercado era disputado por 4 ou 5 montadoras. É a pior possível ou, pior ainda, não existe. A "lealdade" traduz-se por "enquanto estiver na garantia". Depois... "tô fora".

A ROLAND BERGER acaba de divulgar um amplo estudo sobre a relação entre revendas e compradores de automóveis em nosso país. E confrontou o resultado com pesquisas semelhantes realizadas na Europa e Estados Unidos. Conclusão, "passados três anos, apenas 10% dos consumidores continuam levando o carro à concessionária após o fim do período de garantia. Em países da Europa, como a Alemanha, a frequência é mantida por 60% a 70% dos clientes" – STEPHAN KEESE, responsável pelo estudo, em matéria do ESTADÃO.

Além de reclamarem dos preços das peças de reposição, os consumidores dizem não confiar nos serviços das revendas (36%), dizem-se vítimas de serviços mal executados (33%), reclamam da demora na realização dos serviços (17%), e oferta fraca de outros serviços (14%). Assim, e a única razão que sustenta o tênue e frágil laço que une revendas e clientes é a garantia. Terminada a garantia...

Aos poucos, nas revendas do país, foi se cristalizando uma cultura exclusiva de vendas de automóveis – prestar serviços, um mal necessário. E se os números remetiam a essa conclusão nos anos 70, 80, agora a certeza é total: hoje as concessionárias sobrevivem do que ganham na venda do automóvel novo. Também diferente do que acontece na Europa e Estados Unidos, como constata a ROLAND BERGER. "Nas revendas de lá, apenas 10% ou 15% do lucro vêm da venda de veículos novos, enquanto 15% a 25% vêm da venda de usados, e 65% a 75% dos serviços prestados pós-venda".

Ouvido pela reportagem do ESTADÃO, o presidente da FENABRAVE, FLÁVIO MENEGHETTI revelou-se otimista e aposta bastante na chamada Garantia Estendida: "Hoje, 35% dos consumidores americanos compram carro com três anos de garantia estendida e saem da loja com um plano de seis anos de garantia. Ao adquirir o serviço na hora da compra, o custo é menor e pode ser financiado junto com o veículo".

Não vai funcionar. Jamais testemunhamos alguém pagar para estender um serviço que lhe foi imposto, que é caro, e em que não confia.

ASSASSINATO DA CERVEJA

Matéria de capa da edição de 29 de outubro/04 de novembro da BLOOMBERG BUSINESSWEEK diz: "A Conspiração Para Destruir a Cerveja Americana". E a acusada é a INBEV. Segundo a revista, seu CEO, o brasileiro CARLOS BRITO, recusa-se a falar com a imprensa.

A BLOOMBERG diz que hoje a AB INBEV detém 48% do mercado americano de cerveja, 69% do brasileiro, é a segunda maior na Rússia, e a terceira na China. Possui mais de 200 marcas pelo mundo, e está acabando com a cerveja em benefício da rentabilidade.

Na matéria, a história de um americano – BRIAN RINFRET – que bebeu a vida inteira a cerveja alemã BECK´S. Em janeiro deste ano parou num "liquor" em MONROE, N.J., e comprou um 12-pack da BECK´S. Assim que chegou em casa, abriu uma garrafa e "I was like, what a hell? It tasted light. It tasted weak. Just you know, night and day. Bublly, real fizzy. To me, it wasn´t German beer. It tasted like a Budweiser with flavoring...".

Ao examinar o rótulo cuidadosamente, descobriu que a "alemã" BECK'S é, agora, produzida nos USA. Pagou pelo que acreditava ser, e recebeu o que jamais desejou. A partir daí começou a questionar a empresa, e nada. Aí colocou um aviso na página oficial das BECK´S no FEICE: "BECK'S made in the U.S.A not Worth drinking. Bring back German BECK'S, please". E aí os protestos foram aumentando. Um outro fã da cerveja postou na mesma página no FEICE, "This is a travesty", e outro completou, "I´m pretty bummed".

O que fez a INBEV? Baniu BRIAN de sua página no FEICE. Proibiu um admirador, apóstolo, evangelizador, de uma de suas marcas, de se manifestar! BRIAN criou sua própria página, milhares aderiram ao protesto, e as vendas da BECK´S nos USA caíram 14% nas últimas quatro semanas.

É esse o DNA da AB INBEV, que por aqui chamamos coloquialmente de AMBEV. Segundo a revista, trata-se de uma empresa que não dá a mínima para os componentes emocionais das pessoas apaixonadas pelas marcas que comprou em sua trajetória de sucessos. Sem mais nem menos fechou plantas tradicionais, como uma de Manchester, U.K, onde era fabricada a BODDINGTONS, com mais de 227 anos de existência.

De certa forma, a revista acredita que o negócio da companhia seja o de quebrar todos os recordes de lucros, colocar o preço de suas ações no topo, ainda que para isso seja preciso acabar com a cerveja. Recentemente, e nessa linha de raciocínio, para horror dos verdadeiros bebedores de cerveja, a empresa reduziu o teor alcoólico de STELLA ARTOIS e lançou a MICHELOB ULTRA DRAGON FRUIT PEACH!!!

Cá entre nós, isso é sucesso? Você, como brasileiro, se orgulha dessa espécie de mensalão das cervejas do tipo os fins justificam os meios? Se "tudo vale a pena se a alma não é pequena", como ensinou PESSOA, na INBEV, na AMBEV, apenas e tão somente não existe alma. Que legado pretendem deixar seus dirigentes? Começa que para eles esse compromisso não existe e, se existisse, seria, os que vierem depois que se...

O marketing genuíno, verdadeiro, DRUCKERIANO, passa a quilômetros de distância desse tipo de mentalidade empresarial.

ESPARZIR OU ESPARGIR?

São Paulo, acidentalmente, de início; e, por miopia dos eleitores da cidade, depois, teve um dia um prefeito que nem merece ter o nome citado. Uma gestão medíocre, desastrada, ridícula e, felizmente, esse tal prefeito foi embora. Um mês depois de sua despedida descobriu-se que fornecia sacolas plásticas brancas em vez de urnas de madeira, como acontecia anteriormente. Nem mesmo esse cuidado, essa pequena gentileza, esse ato derradeiro de respeito o lamentável "alcaide" teve. Banalizou as cinzas. Tudo bem, "és pó e ao pó voltará", mas com um mínimo de consideração e amor.

O ESTADÃO registrou o absurdo no caderno Metrópole em matéria assinada por DIEGO ZANCHETTA. Na matéria uma foto de um cartaz: "Srs. Munícipes, não é permitido acender velas, colocar pedras ou identificar local onde foram esparzidas as cinzas. A Administração". E foi aí que me veio a dúvida, ESPARZIR ou ESPARGIR. Fui ao AURÉLIO e veio a informação que as duas formas são possíveis pelo "protocolo 8", que até este momento não tenho a mais pálida ideia do que seja.

O fato é que os munícipes agora recebem as cinzas de seus entes queridos em sacolas plásticas – não sei se recicláveis – do único crematório da cidade de São Paulo. Que neste momento, quando escrevo, completa 459 anos. Todos os dias o CREMATÓRIO DE VILA ALPINA transforma em cinzas uma média de 25 corpos. No passado entregava essas cinzas aos familiares que levavam para casa, lançavam ao vento em algum lugar previamente definido pelo ente querido ou de sua escolha, e assim, o ciclo da vida – e da morte – seguia em frente. Agora, e com a adoção de sacolas por incompetência, negligência, preguiça e desrespeito, muitas famílias preferem deixar as cinzas nos jardins de VILA ALPINA. E assim, e na medida em que cada corpo produz em média 200 gramas de cinzas, os montinhos vão se formando nos jardins. Por essa razão, o estranho cartaz. Até porque muitas famílias começaram a deixar mensagens sobre as cinzas dos falecidos, como o fez uma criança, "VOVÔ, EU TE AMO".

O que custa a uma prefeitura milionária, pessimamente gerida, criar um espaço ecumênico onde possam ser depositadas as cinzas dos "munícipes" ou "forasteiros" mesmo, cremados na cidade, para homenagens, recordações, cultos ecumênicos, celebrações à vida? Quem sabe, como a cabeça da maioria dos políticos é um mero adereço, passe a ideia de que "morto não vota" e, assim, não podem perder tempo com quem se foi, não obstante as pessoas que o amem e sintam vontade de reverenciá-lo sistemática e dignamente continuem por aqui, e votando.

NINGUÉM É DE NINGUÉM, OU PORTABILIDADE

Objetivamente, ninguém é de ninguém, e as pessoas se pertencem, ou eu me pertenço, com todos os ônus e bônus dessa condição de vida. Na música cantada por ANGELA MARIA e AGNALDO TIMÓTEO e composta por TOSO GOMES, UMBERTO SILVA e LUIZ MERGULHÃO, traduzia-se essa condição de vida, da vida, "Ninguém é de ninguém na vida tudo passa, ninguém é de ninguém até quem nos abraça, não há recordação que não tenha seu fim, ninguém é de ninguém a vida é mesmo assim...".

E assim, mais que atrasado, mas antes tarde do que nunca, ingressamos na era da PORTABILIDADE. Ou, como certa feita disse o ex-ministro EDUARDO PORTELLA, "não sou ministro; estou ministro". Em quase tudo na vida, 99%, estamos e não somos. Estamos no ITAÚ ou no BRADESCO, na VIVO ou na CLARO, na APPLE ou na SAMSUNG, na COCA ou na ÁGUA. Já, no território das paixões, a PORTABILIDADE ou o ser e estar praticamente não existe. Feita a escolha, caminhamos para sempre em 99,99% das situações, naquela mesma direção. Certo? Corinthiano, você trocaria seu time pelo São Paulo? Calma, não quis ofender...

Assim, a melhor atenuante, ou antídoto em relação à PORTABILIDADE – conquista tardia, mas inexorável de consumidores e cidadãos 2.0 do admirável mundo novo – é a capacidade de despertar paixão das empresas, produtos e marcas. Como conseguiu a APPLE nos últimos anos e enquanto STEVE esteve por aqui.

Entre as diferentes PORTABILIDADES, uma das mais recentes, com os primeiros dados já divulgados, está no território da PREVIDÊNCIA PRIVADA. E o que aconteceu nos primeiros 4 ou 5 anos? O mesmo que acontece com pássaros nascidos e criados em gaiolas onde se deixa a porta aberta. Via de regra, demoram para alçar voo. Mas, se os carinhos, água, alimentação, atenções, não evoluírem, mais cedo ou mais tarde realizam que a porta está aberta e sentirão o desejo de voar.

De 2008 a 2012, os valores portados saltaram de R$ 2,1 bi do primeiro ano para R$ 5,7 bi do ano passado. O total de pedidos foi de 40.144 para 57.774 no mesmo período. Embora na aparência os números sejam expressivos, e mesmo considerando-se que não existe incidência de imposto de renda no ato de portar para outra previdência, em termos relativos a maioria dos "pássaros" investidores permanece acomodada em suas posições. Por desconhecimento, por preguiça, por acreditar que tudo é a mesma coisa. As "aves de migração" de 2012 correspondem a menos de 0,5% do universo dos "previdentes".

A PORTABILIDADE é uma conquista preciosa e recente. Brevemente saberemos tirar proveito dela. Ou as empresas nos seduzem, conquistam e nos aprisionam pela paixão, ou trocaremos nossas preferências como mudamos de roupa.

"ENGRAVIDEI NA BALADA E NÃO SEI QUEM É O PAI"

"BEBA COM MODERAÇÃO" não basta. Depois de milhões de veiculações de comerciais de bebidas recomendando – cá entre nós, cinicamente – que as pessoas bebam com moderação, as pessoas – nós, brasileiros – aumentaram consideravelmente o consumo de álcool. Assim não podemos exclamar "BINGO!, estamos evoluindo!". Só nos resta exclamar "BING! A bebida está vencendo!", diferente do que tem acontecido, ainda que vagarosamente, com o cigarro.

BING é a expressão originária do dialeto Lincolnshire – um pequeno condado na Inglaterra – usada para definir as pessoas que bebiam muito num curto espaço de tempo. E acabou se generalizando para todo o consumo em excesso – bebida, comida, e até mesmo consumo de bens e serviços. O número desse tipo de "bingueiros" em nosso país, desgraçadamente, adensa-se dia após dia. É o que acaba de ser revelado pelo SEGUNDO LEVANTAMENTO NACIONAL DE ÁLCOOL E DROGAS, da UNIFESP, mediante 4.607 entrevistas com pessoas de 14 ou mais anos e em 149 municípios brasileiros.

Imaginado, mas não esperado e muito menos desejado, salta no estudo a adesão da mulher ao álcool. Segundo o responsável pelo trabalho e professor titular de psiquiatria da UNIFESP, RONALDO LARANJEIRA, o aumento do consumo de álcool pelas mulheres decorre da maior frequência de beber socialmente, e não em casa: "mulheres que socializam como homens estão bebendo tanto quanto eles".

Direto aos números. O PRIMEIRO LEVANTAMENTO foi realizado em 2006, e o que agora tem seus dados divulgados, o SEGUNDO LEVANTAMENTO, no ano de 2012. O percentual de homens adultos não abstêmios que bebem uma vez ou mais por semana saltou de 56% para 64%, ou, analisando os números absolutos, um crescimento de 14%; nas mulheres o crescimento foi de 34%; saltaram dos 29% para 39%. Já os "bingueiros" – pessoas que bebem 5 ou mais unidades de álcool em 2 horas ou menos – saltaram de 51% para 66% – homens – crescimento de 29% –, e de 36% para 49% – mulheres – crescimento de 36%.

RONALDO LARANJEIRA estabelece, também, a diferença substancial que existe entre o bebedor brasileiro, e os da Europa e Estados Unidos. "Lá, existe uma baixa taxa de abstêmios, mas uma alta taxa de bebedores moderados; Aqui o número proporcional de abstêmios ainda é maior, só que os que já bebiam passaram a beber mais e com maior frequência".

A FOLHA foi atrás repercutindo o resultado do ESTUDO e colheu importantes depoimentos. Entre esses, o da dona de casa SUELI, 46 anos, que só recentemente conseguiu abandonar a bebida. Até hoje desconhece quem é o pai de uma de suas filhas: "aos poucos comecei a beber a partir da quinta-feira. Aos 21 anos engravidei na balada. Não me lembro de nada. Não sei quem é o pai da minha filha. Mesmo grávida continuei bebendo...".

Mais que na hora de o mercado da comunicação repensar e endurecer as normas sobre publicidade de bebidas alcoólicas. Mais que na hora de se considerar a obrigação do contraditório. Das empresas fabricantes destinarem 50% de tudo o que usam para comunicar as supostas virtudes de suas bebidas, para alertarem sobre as graves consequências de um consumo excessivo. Os 3 ou 2 segundos finais de comerciais e spots de rádio, ou os minúsculos rodapés da publicidade impressa, são, mais que insuficientes; revelam-se cínicos e ridículos diante da brutal realidade.

A GUERRA DAS CÁPSULAS DE CAFÉ

O mais que previsível, aconteceu. A nova categoria de cafés em cápsulas, que ganhou consistência tecnológica e econômica com o lançamento do sistema NESPRESSO – da NESTLÉ – em 1986, vive desde o ano passado uma espécie de "batalha final". Mas, uma "batalha final" que está apenas começando e levará, no mínimo, toda a década em que vivemos.

A NESTLÉ poderia ter evitado esse "salve-se quem puder", se tivesse desde o início apostado com maior decisão e vontade todas as fichas na última linha do processo, no relacionamento com seus clientes leais e mais que dispostos a intensificar esse relacionamento.

Mas, prepotente e orgulhosa, confiante na exclusividade e qualidade de seu sistema, na conquista espetacular decorrente de sua máquina, com design relevante, lúdico, instigante, excepcional, apaixonou-se pelo sistema e pela máquina, e mandou, nas entrelinhas, o seguinte recado para seus clientes – "das butiques das ruas e dos shopping centers não passo; se quiserem, vinde a mim". Ou seja, deu as costas para todas as facilidades no Admirável Mundo Novo, do ambiente digital, e colocou-se "bonitinha e confortável" esperando seus clientes em suas lojas. Só recentemente decidiu converter seu "CLUB" em uma peça de verdade de sua estratégia, e não apenas uma ação promocional como vem funcionando desde seu lançamento.

Assim seria e tudo continuaria às mil maravilhas se centenas de empresas em todo o mundo não se interessassem pela nova categoria. A NESTLÉ tentou e ainda tenta preservar suas conquistas nos tribunais sob o pretexto do direito autoral, mas, na prática, vê-se atacada por todos os lados e em seus principais mercados.

Próximos capítulos da "batalha final". 1 – Nestlé insiste – faz parte de sua cultura ganhar a batalha nos tribunais. Até agora só perdeu;

2 – O contrato com seu garoto propaganda GEORGE CLOONEY, um investimento anual de US$ 10 milhões – provavelmente não será renovado diante da divisão interna na companhia – diretores que defendem a renovação, e diretores que acham CLOONEY um "mal desnecessário" – já cumpriu sua missão; 3 – Fortalecer O CLUB e não investir mais nas butiques – segundo fontes da empresa, os investimentos nas boutiques estão acabando com as elevadas margens do sistema. Hoje são mais de 300 butiques em todo o mundo – 11 no Brasil – e os concorrentes estão "atalhando" investindo fortemente na internet e entrega domiciliar das cápsulas.

A grande vantagem competitiva da NESTLÉ e seu SISTEMA NESPRESSO. Como nos lembram RIES e TROUT, "Mais vale ser o primeiro do que ser o melhor". Por enquanto, além de ter sido a primeira e criado a categoria, o SISTEMA NESPRESSO, porque assim concebido, bate todos os seus demais concorrentes que investem exclusivamente na cápsula. Assim, os clientes NESPRESSO, mesmo constrangidos e incomodados com a prepotência e arrogância da NESTLÉ, ainda CONFIAM no SISTEMA, e na EMPRESA. E resistem a experimentar, quanto mais a mudar. E, pior ainda para as centenas de concorrentes, todos os que experimentaram as "novas cápsulas dos concorrentes", acabaram se decepcionando pela referência padrão de desempenho que tem em suas cabeças e que foi construída pelo NESPRESSO. E para "ajudar" a NESPRESSO, alguns dos concorrentes produzem um café ruim, e volta e meia as cápsulas falham e emperram a máquina, como vem acontecendo no Brasil com o similar da MASTER BLEND – CAFÉ DO PONTO L'OR – que já causam uma primeira e não confiável impressão por serem de plástico e não de alumínio. E ainda, decepcionam e falham no resultado.

Por enquanto, NESPRESSO segue firme e forte. Com a chegada de novos concorrentes mais empresas investem no hábito das cápsulas e máquinas, a categoria só tende a crescer, e, até agora, a NESTLÉ/NESPRESSO tem crescido junto e mais rápido. Uma boa parte desse sucesso pela decisão do ano passado de reduzir o preço de todas as suas cápsulas em 25%. Vamos continuar acompanhando. Uma das mais emocionantes guerras de marketing da atualidade.

MEDICINA? WHO CARES...

No ano passado, o MadiaMundoMarketing, pequena empresa que é – hoje faz parte de uma apólice de saúde com muitas outras pequenas empresas –, pura e simplesmente foi notificado do novo valor dos "prêmios" – deveriam se chamar "castigos" ou "punições". Claro e sempre, em todos os últimos anos, bem acima da inflação. Aí reclama-se, protesta-se, e nada. Quando muito uma resposta insinuada... "os incomodados que se retirem". Agora é assim. Tornamo-nos reféns e dependentes dos Planos de Saúde. Quem deveria fazer a regulação acabou compactuando e deu no que deu. As despesas com os planos de saúde, em termos relativos, "comem" hoje dos assalariados mais que o dobro do que há 20 anos. E os serviços prestados, em contrapartida, reduziram-se no mínimo pela metade... Éramos infelizes e não sabíamos; agora estamos desgraçados!

Leio a entrevista do Dr. LUIZ ROBERTO LONDRES a DUILO VICTOR de O GLOBO. Fala que "temos que voltar à medicina antiga". Não sei se é exatamente isso, mas alguma coisa tem de ser feita. Antes que as despesas com a medicina matem todos os clientes das empresas de medicina. Mas fala outras coisas que deveriam inquietar a todos nós, cidadãos 2.0, futuros pacientes 2.0, de um admirável mundo novo, plano, líquido e colaborativo, em processo de construção:

Sobre a medicina – "Medicina é uma missão. Hoje a gente vê que outras dimensões estão sendo mais valorizadas que as pessoais: tamanho, empresa, dinheiro, conglomerados. Está se pervertendo uma atividade que é basicamente humana".

Sobre medicina diagnóstica – "O que se vê por aí é uma mentira. O que existe é exame complementar. Um bom médico consegue ter uma hipótese correta em 90% dos casos, porque conversa com o paciente. A medicina seria baratíssima se ela se fiasse nesse encontro. Haveria menos hospitalização, menos cirurgias e menos exames complementares. Como hoje as escolas não ensinam mais, estão cada vez piores, os médicos não conversam, pedem exame e operam sem saber".

Sobre a possibilidade de melhorar a medicina – "Acho que falta comprometimento de todos. Todos estão preocupados com sua coisinha, sem participar. Temos que fazer a diferença como autoridade. A presidenta é apenas nossa representante. Como a gente aceita que a saúde pública seja um lixo? Antes, os presidentes não se tratavam no SÍRIO-LIBANÊS, mas no Hospital dos Servidores do Estado. É uma inversão de valores, quem paga o atendimento deles no SÍRIO-LIBANÊS somos nós...".

Sobre o modelo ideal de hospital – "O modelo de hospital geral há muito tempo está se desfazendo. Tem que segmentar. Há pacientes que não precisam vir ao hospital. Vai-se hoje em qualquer CTI e se vê mortos-vivos, pessoas que não precisam mais de tratamento intensivo, mas sim de vigilância intensiva. É possível inclusive desonerar os seguros, desocupando os leitos de CTI e destinando-os àqueles que realmente precisam. O que existe hoje não é falta, é distribuição. Hospitais hoje passaram a ser o centro da medicina. Está errado. O centro da medicina é o consultório e o ambulatório. Procure saber a quantidade de exames normais e outros que sequer têm os resultados procurados depois".

Perguntado se é romântico... "Posso ser, mas se o meu modelo de medicina há 15 anos dava 40% de economia, daria muito mais hoje, mas não interessa a ninguém. Nem aos seguros, aos hospitais, aos laboratórios, às farmacêuticas, a ninguém. Só ao paciente...".

Em tempo: nos últimos anos... Acumulado 6 anos AMIL – 69,87%, acumulado 6 anos IGP-M – 38,22%.

ENFIM, AS RAÍZES

Como não poderia deixar de ser, prevaleceram as raízes. A fonte, o berço, a procedência, a origem. Perfeito!

Nascemos num mundo com manias de cartórios e pouco ou nenhum merecimento. Se você fosse filho de um abençoado pelas circunstâncias, não necessariamente de competência específica, em tese, não só teria uma vida de luxo e fausto garantida como estenderia esse absurdo e desmerecimento a seus filhos e netos. Assim era o mundo, assim era o Brasil. Até hoje ainda sentimos as consequências e os reflexos das Capitanias Hereditárias, e cá entre nós, desde Juscelino Kubitschek, seis empresas, mais conhecidas como empreiteiras, e ainda, mas certamente não por muito tempo mais, dão as cartas em nosso país.

Sob o pretexto do direito autoral, que em muitas situações perdurava por 100 ou mais anos, as maiores barbaridades foram cometidas, e a inovação, que regenera e revigora, se viu asfixiada. E isso invadiu o território dos produtos e marcas. Onde empresas e regiões apropriavam-se de denominações no plano legal, como se na prática isso fosse possível. Assim, e durante a segunda metade do século passado testemunhamos brigas absurdas de regiões do mundo, especialmente da FRANÇA, em defesa de denominações como Champagne, Cognac, Bordeaux, Chablis, Beaujolais, Muscadet... Só produtos originários dessas regiões poderiam ostentar essas denominações. Só que se esqueceram de avisar aos consumidores que continuaram chamando de champanhe o espumante produzido em Caxias do Sul, por exemplo.

Mais que nunca, e para muitos produtos, a região de onde se retira ou colhe a matéria-prima, a terra, o clima, o sol, a água, é fundamental. E assim, claro que o DOC – Denominação de Origem Controlada – mais que válido, é essencial. Mas já a MARCA que vai prevalecer dependerá exclusivamente da competência de BRANDING dos gestores desses produtos. E foi para onde acabou caminhando a legislação e a prática em nosso país. E o que inevitavelmente prevalecerá em todo o mundo.

Segundo o INPI – Instituto Nacional da Propriedade Industrial – existem hoje em nosso país mais de 600 produtos agroalimentares e artesanais que poderiam e deveriam ter sua procedência reconhecida. Neste momento, e através de parcerias com as secretarias estaduais, técnicos já correm atrás de 200 desses produtos. Decidiu-se adotar no Brasil o código IG – Indicação de Origem –, quando, em nosso entendimento, melhor seria já adotar-se a sigla prevalecente na maioria dos países, DOC. Mas, na prática, e em nosso entendimento, é o que vai acabar acontecendo.

Os primeiros beneficiados com o IG, em matéria da revista DINHEIRO, falam da extraordinária valorização de seus produtos após a certificação. Os produtores de vinho do Vale dos Vinhedos, na Serra Gaúcha, por exemplo, os primeiros a receberem a certificação, registram uma valorização espetacular do hectare de terras na região em 10 anos: de R$ 10 mil para um valor, dependendo da terra, entre R$ 250 a R$ 500 mil. E no preço do vinho de mais de 50%.

É esse mundo novo, plano, líquido e colaborativo recuperando a essência do que, verdadeiramente, tem VALOR.

Referências

Capítulo 1
O Globo, 29/07/2012, Economia, capa
DCI, 05/09/2012, p. A-7
O Globo, 02/09/2012, p. 39
O Globo, 24/09/2012, p. 17
Folha de S.Paulo, 01/11/2012, p. B-8
Valor Econômico, 10/01/2013, p. B-8
Revista Melhor, edição nº 305, p. 40 a 46
EU&Final de Semana Valor, 22 a 24/03/2013, Capa e p. 18 a 23
Revista Época Negócios, Maio/2013, p. 18

Capítulo 2
Valor Econômico, 13/08/2012, p. C-12
Valor Econômico, 17 a 19/08/2012, p. B-6
O Estado de S.Paulo Caderno PME, 26/09/2012, p. X-7
Valor Econômico, 25/10/2012, p. B-14
Valor Econômico, 26/11/2012, p. D-5
Revista Quatro Rodas, Dez/2012, capa e p. 65 a 88
Valor Econômico, 17/12/2012, p. C-12
Revista Exame, 23/01/2013, p. 86 e 87
Agora São Paulo, 04/04/2013, p. A-8
O Globo, 19/04/2013, p. 25
Revista Época Negócios, Abril/2013, p. 82 a 90
Valor Econômico, 28 a 30/06/2013, p. B-4

Capítulo 3
DCI, 12/07/2012, p. A-8
Folha de S.Paulo, 12/07/2012, p. B-5
Revista O Globo, 22/07/2012, p. 12 a 14
Agora São Paulo, 31/08/2102, p. A-5
Revista Marketing Direto, nº 123, p. 8 a 10
Folha de S.Paulo, 19/10/2012, p. E-9

Valor Econômico 28 a 31/12/2012 e 01/01/2013, p. B-4
O Estado de S.Paulo, 14/01/2013, p. N-4
Folha de S.Paulo, 17/02/2013, p. A-18
Folha de S.Paulo, 15/02/2013, p. A-12
Valor Econômico, 27/02/2013, p. B-6
Diário do Comércio, 13/03/2013, p. 11
Folha de S.Paulo, 11/04/2013, p. B-8
Valor Econômico 25/04/2013, p. B-1

Capítulo 4
Revista IstoÉ Dinheiro, 11/07/2012, p. 74
O Estado de S.Paulo, 24/07/2012, p. C-8
Revista Exame, 25/07/2012, p. 114 a 118
Folha de S.Paulo, 14/08/2012, p. D-4
O Estado de S.Paulo, 11/08/2012
Valor Econômico, 04/09/2012, p. B-6
Revista Consumidor Moderno, Agosto/2012, p. 30
Folha Top of Mind – Toda a Edição
DCI, 23/11/2012, p. A-7
Valor Econômico, Wall Street Journal Americas, 27/12/2012, p. B-10
Valor Econômico, 16/05/2013, p. B-3
O Estado de S.Paulo, 25/05/2013, A-38
Folha de S.Paulo, 25/05/2013, D-1

Capítulo 5
Revista IstoÉ Dinheiro, 25/07/2012, p. 58 a 63
Valor Econômico, 19/07/2012, B-2
Valor Econômico, 02/08/2012, p. B-5
Brasil Econômico 02/08/2012, p. 22
Diário de S.Paulo, 31/08/2012, Suplemento Pequeno Empreendedor
Valor Econômico, Wall Street Journal, 28 a 30/09/2012, p. B-11

Valor Econômico, 05 a 07/10/2012, p. B-4
Revista Shopping Centers, Setembro/2012, p. 24 a 28
Revista Época Negócios, Janeiro/2013, capa e p. 46 e 47
O Estado de S.Paulo, 07/01/2013, p. N-4
Valor Econômico, 14/01/2013, p. B-1
DCI, 28/06/2013, p. A-9
Valor Econômico, 03/07/2013, p. B-5

Capítulo 6
Folha de S.Paulo, 03/07/2012, p. B-3
O Estado de S.Paulo, 25/07/2012, p. X-7
O Globo, 16/08/2012, p. 4
O Estadão de S.Paulo, 19/08/2012, p. B-8
Valor Econômico, 18/10/2012, p. B-6
Revista TPM, nº 125, capa e quase toda a edição
O Estado de S.Paulo, 12/11/2012, p. N-6
O Estado de S.Paulo, 06/01/2013, p. C-8
Folha de S.Paulo, 16/01/2013, p. C-9
Folha de S.Paulo, 24/01/2013, p. B-4
Valor Econômico, 23/01/2013, p. B-1
Eu&Fim de Semana Valor, 08 a 10/03/2013, capa e p. 8 a 35
Agora São Paulo, 05/04/2013, p. A-5
Revista ESPM, Março/Abril/2013, capa, p. 30 a 51
O Estado de S.Paulo, Pequenas e Médias Empresas, 29/05/2013, p. X-10
O Estado de S.Paulo, 09/07/2013, p. A-4

Capítulo 7
Revista Veja, 11/07/2012, p. 98 e 99
Folha de S.Paulo, 27/09/2012, p. B-11
Folha de S.Paulo, 19/10/2012, p. B-5
O Globo, 27/11/2012, p. 3
Revista Exame, 05/12/2012, edição 1030, p. 9
Folha de S.Paulo, 09/02/2013, p. A-3
Revista Pequenas Empresas & Grandes Negócios, Março/2013, p. 42 a 46
Valor Econômico, 07/03/2013, p. B-13
Revista O Globo, 24/03/2013, p. 24 a 32
Revista Valor Especial Gestão Financeira – toda a edição

O Estado de S.Paulo, 12/05/2013, p. B-11

Capítulo 8
Valor Econômico, 24, 25 e 26/08/2012, p. B-3
Valor Econômico, 31/08 a 01 E 02/09/2012, p. B-12
Valor Econômico, 03/09/2012, p. B-3
Revista Exame CEO, p. 94 a 100
Valor Econômico, The Wall Street Journal Americas, 12/11/2012, p. B-10
Revista Pequenas Empresas, Grandes Negócios, Novembro/2012, toda a revista
O Estado de S.Paulo, 25/12/2012 p. A-13
Folha de S.Paulo, 10/03/2013, Caderno Carreiras, capa e p. 4 a 7
Revista Melhor, edição nº 305, p. 22 a 26
Revista IstoÉ Dinheiro, 08/05/2013, p. 53 a 57
O Globo, 10/06/2013, p. 18
Revista Época Negócios, Junho/2013, p. 54-57

Capítulo 9
Brasil Econômico, 16/07/2012, p. 24
D Divirta-Se nº 5, 27/07/2012 – tabloide inteiro
Valor Econômico, 15/08/2012, p. B-5
O Estado de S.Paulo, 05/10/2012, p. B-14
Valor Econômico, 01/10/2012 B-1
Brasil Econômico, 01/10/2012 p. 26
O Estado de S.Paulo, 12/11/2012, p. N-4
Diário do Comércio, 28/03/2013, p. 14
Valor Econômico, 28/03/2013, p. F-2

Capítulo 10
Folha de S.Paulo, 03/07/2012, p. C-11
Brasil Econômico, 04/07/2012, p. 25
Folha de S.Paulo, 16/07/2012, p. B-3
O Estado de S.Paulo, 28/10/2012, p. B-12
O Estado de S.Paulo, 24/01/2013, p. C-6
Valor Econômico, 19/02/2013, p. D-1
Folha de S.Paulo, 11/04/2013, C-7
Valor Econômico, 25/04/2013, p. B-4
O Globo, 09/06/2013, p. 42
Revista IstoÉ Dinheiro, 10/07/2013, p. 40 e 41